U0560457

浙江省习近平新时代中国特色社会主义思想研究中心课题成果

"八八战略"
二十周年研究丛书

绍 兴

行稽山鉴水
谱胆剑新篇

章越松 等 著

ZHEJIANG UNIVERSITY PRESS
浙江大学出版社
·杭州·

图书在版编目(CIP)数据

绍兴:行稽山鉴水 谱胆剑新篇 / 章越松等著. —
杭州:浙江大学出版社，2023.9(2024.3 重印)
("八八战略"二十周年研究丛书)
ISBN 978-7-308-24113-7

Ⅰ.①绍… Ⅱ.①章… Ⅲ.①社会主义建设－研究－
绍兴 Ⅳ.①D619.553

中国国家版本馆 CIP 数据核字(2023)第 154479 号

绍　兴:行稽山鉴水　谱胆剑新篇

章越松　等　著

出 品 人	褚超孚
策划编辑	张　琛　吴伟伟　陈佩钰
责任编辑	丁沛岚
责任校对	黄梦瑶
责任印制	范洪法
封面设计	周　灵
出版发行	浙江大学出版社
	(杭州天目山路 148 号　邮政编码 310007)
	(网址:http://www.zjupress.com)
排　　版	浙江大千时代文化传媒有限公司
印　　刷	浙江新华数码印务有限公司
开　　本	710mm×1000mm　1/16
印　　张	16.5
字　　数	222 千
版印次	2023 年 9 月第 1 版　2024 年 3 月第 2 次印刷
书　　号	ISBN 978-7-308-24113-7
定　　价	78.00 元

版权所有　侵权必究　印装差错　负责调换

浙江大学出版社市场运营中心联系方式:(0571)88925591;http://zjdxcbs.tmall.com

编写说明

20 年前,习近平同志担任浙江省委书记期间,经过深入调查研究和系统谋划,为浙江量身打造了"八八战略"这一总纲领总方略,并为浙江发展倾注了大量心血、汗水和智慧,在之江大地书写了波澜壮阔的奋斗篇章,给浙江留下了宝贵的思想财富、精神财富和实践成果。20 年来,"八八战略"引领浙江在省域层面率先开启了中国式现代化先行实践之路,推动浙江大地发生了全方位、系统性、深层次的精彩蝶变,实现了从资源小省向经济大省、外贸大省向开放大省、环境整治向美丽浙江、总体小康到高水平全面小康的历史性跃迁。

在"八八战略"实施 20 周年的重要时间节点,浙江省习近平新时代中国特色社会主义思想研究中心和浙江省社会科学界联合会共同组织力量编写"'八八战略'二十周年研究丛书",并将之纳入"浙江文化研究工程"。丛书重点论述了"八八战略"在浙江省 11 个地市(杭州、宁波、温州、湖州、嘉兴、绍兴、金华、衢州、舟山、台州、丽水)深入落实的全过程,以及所带来的深刻影响。我们希望,通过这套丛书,能让读者用心感悟习近平总书记的关心关怀和殷殷重托,学深悟透、感恩奋进、实干争先,持续推动"八八战略"走深走实,坚定不移沿着习近平总书记指引的道路奋勇前进;推动浙江在新时代新征程上奋力谱写共同富裕和中国式现代化先行的靓丽篇章。

目 录

导　论

　　绍兴从新石器时代中期的小黄山文化开始,至今已有约 9000 年历史。即便从公元前 490 年越国定都算起,绍兴也有 2500 多年的建城史,在浙江乃至全国都是历史最为悠久的城市之一。绍兴地处浙江省中北部、杭州湾南岸,东连宁波,南临台州和金华,西接杭州,北隔钱塘江与嘉兴相望,是长三角城市群重要城市、环杭州湾大湾区核心城市、杭州都市圈副中心城市。有着文化和区位等优势的绍兴自新中国成立以来,特别是改革开放以来,在"四千精神"的感召下,经济社会发展取得了前所未有的成就,城乡面貌和人民生活取得了翻天覆地的变化,实现了由资源小市向经济强市、由传统江南小城向现代化国际化城市、由满足温饱向追求品质生活的巨大转变。2003 年 1 月 20 日浙江省两会期间,习近平同志在出席绍兴代表团的讨论会时指出:"绍兴有很多典故值得我们借鉴和学习。今天,我们弘扬越王勾践卧薪尝胆、'十年生聚,十年教训'的精神,就是要围绕全面建设小康社会、提前基本实现现代化的目标,卧薪尝胆,艰苦奋斗,努力谱写新时期的'胆剑篇'。绍兴这块土地曾经在历史上创造了辉煌,相信将来能够创造更大的辉煌。"①

　　2003 年 7 月 10 日,浙江省委员会在第十一届四次全体(扩大)会议上,在总结浙江经济社会多年发展经验的基础上,全面系统阐释了浙江发展的八个优势,提出了指向未来的八项举措,即"八八战略"。

---

　　①　中央党校采访实录编辑室:《习近平在浙江》(上),中共中央党校出版社 2007 年版,第 234 页。

如今，绍兴人民牢记习近平同志的殷殷期望和谆谆嘱托，忠实践行"八八战略"，抓住机遇，在高水平全面建成小康社会的征程上接续奋斗、砥砺前行，在高质量发展的道路上蹄疾步稳、坚实迈进，全力实现"绍兴突围"，谱写新时期的"胆剑篇"，扛起"五个率先"重大使命，建设高水平网络大城市，打造新时代共同富裕地，奋力争做"两个先行"排头兵。

一、直面"成长烦恼"，发现问题，研究问题

在明确发展定位上，绍兴位于杭州和宁波两个副省级城市的中间，受到挤压，容易产生虹吸效应，比较优势相对较差。绍兴产业技术创新能力较弱，总体规模偏小，在资本及技术密集型产业的发展方面相对薄弱。而且在参与长三角洲地区合作与交流方面，一些地方和部门存在"无需接轨""无法接轨""无从接轨"的模糊认识，与市场经济的要求格格不入。另外，消除壁垒、打破垄断、促进要素自由流动，探索各种载体推进一体化的效果，仍不尽如人意。如何扬长避短、扬长补短，明确发展目标和定位是绍兴亟须解决的。

在提升产业品质上，绍兴以前是以纺织、化工、金属加工、黄酒、珍珠为主要产业，因其而富，这五大传统产业如同明珠，点亮了绍兴大地。但随着中国经济已由高速增长阶段转向高质量发展阶段，这些传统产业已不能适应新时代发展的需要。21世纪初，绍兴的化工、纺织业比较发达，有好几家龙头上市企业，然而从全国范围来看，绍兴的化工、纺织技术优势并不明显，产品竞争力相对较弱。如何解决较突出的资源消耗大、产业层次低、产品附加值低、高新技术产业薄弱等问题来提高产业品质、走新型工业化道路是绍兴的一大考验。

在挖掘文化资源上，长期以来，城市规模较小，发展空间不足，产业结构不尽合理，环境承载能力有限，是制约绍兴发展的重大瓶颈。今后"靠什么发展"，人民今后"靠什么吃饭"，是绍兴必须思考和解决

的重大问题。绍兴作为全国首批历史文化名城,发展文化产业本身具有文化资源富集、制造生产要素充分、民间资本充裕等独特优势,然而绍兴的文化资源优势没有得到充分挖掘,创新活力不足,导致经济效益较低。

在处理社会矛盾上,随着改革开放不断推进,生产要素增加,人口流动性增大,人口素质提高,群众法治意识增强,一些干群矛盾更加显化。怎样发扬优良作风,结合绍兴自身特色,充分珍惜"枫桥经验",大力推广"枫桥经验",不断创新"枫桥经验",适应时代要求,以创新群众工作方法,化解老百姓矛盾纠纷,解决涉及群众切身利益的矛盾和问题,处理好信访问题,推进基层治理现代化,维护社会稳定,建设平安和谐的社会是绍兴发展的一大考验。

在推进城乡一体化上,绍兴城市化正处于快速发展期,是农村人口、产业、资源要素等快速向城市集聚的重要阶段。城乡居民权益不平等,城乡公共服务差距较大,城乡收入差距过大,农民生活负担过重,农村人才流失严重等现象比较突出。如何真正打破城乡二元结构,推进城乡统筹,实现以城带乡、以工促农,以农村小康确保全面小康是绍兴一直在积极努力解决的问题。

在治理生态问题上,早年绍兴生态养殖方式和制造业生产方式曾造成严重的环境污染问题。对此,绍兴要坚持绿色发展、循环经济的理念,不以牺牲生态为代价,提高附加值,保护好环境,实现可持续发展,牢牢树立生态立市、生态立县的观念,主动抓好生态环境建设,做到人与自然和谐相处。

在加强党的建设上,绍兴在经济快速发展的同时,也在党建工作上与时俱进,不断创新。但也存在一定的问题,如一些干部的政绩观出现了偏差,把经济发展简单理解为"唯GDP",急于求成,搞"形象工程""政绩工程",还有一些干部则存在"干多干少一个样,干好干坏一个样"的思想。基层党组织出现管理松、党员违规违纪、党内腐败、党内基本制度落实不到位、干部人才选拔制度不完善、干部工作出现"南辕北辙"等让绍兴各级领导干部不得不重视的问题。

二、贯彻"八八战略"，转潜为显，再上新阶

审视发展定位，调整发展战略。绍兴全市上下深刻领会习近平同志推动长三角地区一体化发展的宏大视野和战略远见，全面贯彻落实"绍兴要放在'长三角'的范围来审视你们的发展地位"这一重要指示精神，切实增强融入长三角、接轨大上海、拥抱大湾区的政治自觉、思想自觉和行动自觉。产业集群是最具竞争力的经济组织形式，也是绍兴的比较优势。基于此，绍兴提出了融入长三角一体化发展国家战略的四大定位：长三角南翼先进智造基地；长三角文商旅融合先行区；长三角宜居宜业品质之城；融杭联甬接沪枢纽城市。在长三角一体化发展中，绍兴紧扣"一体化"这个关键，聚焦"高质量"这一要求，改革创新，担当作为，深入推进融杭联甬接沪，着重抓好现代产业体系、现代城市体系、城市文化体系、自然生态体系建设，持续打好以"两业经""双城计""活力城"为重点的高质量发展组合拳，服务长三角一体化发展国家战略的落实。另外，绍兴始终坚持稳中求进的工作总基调，坚持高质量发展要求，坚持深化市场化改革、扩大高水平开放，集中精力办好自己的事，推动绍兴经济社会持续健康发展。

调整经济结构，转变发展方式。党的二十大报告强调将构建高水平社会主义市场经济体制作为加快构建新发展格局、着力推动高质量发展的重要战略任务。为了繁荣经济，实现转型发展，绍兴一直以"胆剑精神"为引领，贯彻实施"八八战略"，以实现"率先发展、统筹发展、和谐发展"为目标，了解自身的优势和短板，思考怎样取长补短，走"腾笼换鸟"道路。2004年7月下旬，绍兴举办了专题读书会，深刻领会"八八战略"的内涵、实质和重大意义。7月底，绍兴市委又召开五届三次全会，就贯彻落实"八八战略"作出全面部署。根据习近平同志的要求，绍兴还成立了工作小组，对国家宏观调控政策进行全面梳理，并

在绍兴全市范围内召开了企业大会，与上千家企业一起，共同商讨如何在"八八战略"指引下，落实宏观调控，加快转型升级，推动科学发展。

挖掘优质文化，发扬"胆剑精神"。绍兴根据习近平同志的指示，结合自身拥有的深厚的人文资源，坚持发扬"胆剑精神"，认真贯彻落实科学发展观。按照"融合发展、特色发展、集聚发展、合力发展"的要求，着力推进绍兴富集的文化资源优势转化为兴旺的现代文化产业优势，着力发挥文化产业对其他产业的吸附渗透和转化带动作用，使文化产业成为绍兴服务业的核心产业、绍兴第六大重点支柱产业和战略性新兴产业。近年来，兰亭书法节、祭禹大典等活动对打造绍兴城市"IP"、提升绍兴城市影响力作用显著。绍兴各级文化旅游部门梳理了打造文旅融合样板地的十大支撑，包括三大"国字号"品牌、江南山水风光、名人雅士、两大文化旅游带、三大文化旅游高地等。绍兴将依托这十大支撑，全力推进全省乃至全国文旅融合样板地的打造，带动绍兴文化产业发展，努力让绍兴成为浙江的"罗马"。

发扬"枫桥经验"，建设平安绍兴。绍兴全市上下在习近平同志重要指示精神指引下，传承弘扬、创新发展"枫桥经验"，紧密结合各个不同时期形势任务的变化，与时俱进赋予其新的内涵，努力发挥好"枫桥经验"在服务经济转型升级、协调经济社会关系、预防化解社会矛盾、巩固基层政权中的重要作用，在促进经济、社会和人的全面发展，推进基层治理体系和治理能力现代化等方面进行了有益的探索，取得了显著的成效。践行以人民为中心的发展理念，"枫桥经验"这一长盛不衰的"传家宝"一定能绽放新彩，再立新功。

统筹城乡发展，保障和改善民生。绍兴牢牢把握城乡一体化的核心要义，深入实施乡村振兴战略。绍兴通过深入基层调查研究民生实情，结合实际，制定实施了一系列具有针对性的关于民生方面的方针政策。坚持协调发展城乡社会事业，扎实推进社会保障工作，推进城乡基础设施建设，持续改善农村人居环境，充分激发农村发展活力，并完善为民办实事长效机制,把人民群众最关心最直接最现实的民生问题解决好。设立绍兴滨海新区、镜湖新区、历史文化名城保护办公室,以"一线城市"标准开发建设新城,以"世遗"标准保护利用古城,以"五星达标、3A争创"标准助力乡村振兴,不断完善城市发展体系,不断提升城市品质能级,促进绍兴区域协调发展。2020年,绍兴"十三五"规划目标任务圆满完成,高水平全面建成小康社会取得决定性成就,城乡面貌日新月异,群众的获得感、幸福感、安全感不断提升。

保护生态环境,人与自然和谐共生。在习近平同志指示下,绍兴坚持走环境保护、转型发展的绿色之路。对于环保事件,将抓思想、组织工作队伍、关停企业生产环节中产生污染的部分、组织企业和周边的村民缔结友好关系、对地区开展全面治理等多种措施组成一套"组合拳",化被动为主动。另外,绍兴作出"以生态文明建设统领经济社会发展全局""建设生态绍兴、共享品质生活"的战略部署,深入实施"811"美丽绍兴建设行动,以改善生态环境、保障群众环境权益为根本出发点,大力发展生态经济,不断优化生态环境,积极弘扬生态文化,着力完善生态体制,全面深入推进生态文明建设,力求将绍兴打造成创新之城、人文之城、生态之城,成为国家生态文明建设示范市。绍兴始终认真贯彻实施"八八战略",对绍兴的生态环境发展作出了全面部署。在绿色理念的指引下,从空气质量和水质的连年好转到产业结构的不断优化,从打造最严环境执法地市目标的提出到两部地方性法规对空气和水资源的首要保护,从大量环保制度全国试点落户绍兴到全民生态文明理念的逐步树立,绍兴的生态文明建设实现了跨越式发展。

加强党建工作,全面从严治党。绍兴深入贯彻落实习近平同志对绍兴党建工作的重要指示批示精神。绍兴广大党务工作者始终坚持把抓好党建作为最大的政治、最大的政绩和最根本的任务,聚精会神,狠抓落实,为绍兴"两个高水平建设"提供有力保障。一方面,抓实理论学习、职责落实、制度落实、党员教育管理、政治监督等工作;另一方面,坚持逐条梳理、深化落实,创新发展契约化党建、民情日记、农村指导员等工作。坚持高质量抓好党建工作,组织工作各项重点任务,秉持"不提新口号、加速不变道、变化见成效"的工作理念,坚持问题导向、效果导向,推动干部、组织、人才工作推陈出新、提质增效。进一步改进作风、提升能力,持续深化组织部门"清优提转"工作,推进组织系统"最多跑一次"改革,全面杜绝形式主义、官僚主义,开展全领域学习、全岗位培训、全科型培养,着力强化组工队伍自身能力建设,切实提升组工干部把握全局、一抓到底的能力。绍兴以"永远在路上"的坚韧和执着,推动全面从严治党向纵深发展,带领人民开拓进取,砥砺前行,建设美好生活。

三、实践彰显真理,走在实处,干在前列

在"胆剑精神"引领下,绍兴党员干部带领人民群众深入贯彻落实"八八战略",卧薪尝胆、奋发图强,坚定扛起新使命、增强新本领、展现新作为,努力再造体制机制新优势、再创绍兴发展新辉煌,不断在经济、政治、文化、社会、生态各方面把握新发展阶段,贯彻新发展理念,推动高质量发展,打造创新发展全国样板。

"十四五"时期,绍兴将继续贯彻"八八战略",继续干在实处、走在前列、勇立潮头,努力书写好习近平新时代中国特色社会主义的绍兴篇章,为浙江省争创社会主义现代化先行省、浙江高质量发展建设共同富裕示范区作出新的更大贡献。

第一章 调整发展战略，
融入长三角一体化

习近平同志在浙江工作期间，多次讲到绍兴发展基础好、后劲足，要站得更高一些，看得更远一些，要跳出绍兴发展绍兴，要放在长三角范围内审视发展地位，调整发展战略，努力加快绍兴现代化建设进程。这些要求既是绍兴20年来不断提升城市化水平和城市发展能级的主要遵循，也是当前加快融入长三角一体化发展国家战略的主要指引。

第一节 接轨上海建设先进制造业基地

绍兴制造业量大、面广、占比高。对此，绍兴要扬长避短、扬长补短，主动接轨上海，加快现代化建设进程。

一、科学确定在长三角中的位置

（一）扬长避短，扬长补短

一个地方的发展，必须首先明确自己的症结所在，要看到自己的不足和与周围城市的差距，只有这样才能做到扬长避短、扬长补短。绍兴的症结就是夹在杭州和宁波两个高能级城市的中间，容易产生虹吸效应。这是不可能改变的客观事实，只能通过做一定的辅助工作，把长处拉长来弥补自身不足。

(二)加快现代化建设进程

习近平同志到绍兴调研工业企业和城市化建设后指出,绍兴基础坚实,发展态势好,发展后劲足。绍兴有良好的发展条件,发展前途不可限量,完全可以把目标定得更高一些,发展得更快一些、更好一些。要始终保持昂扬进取的精神状态,站得更高一些,看得更远一些,坚持与时俱进,不断开拓创新,努力加快绍兴现代化建设进程。习近平同志对绍兴的要求是绍兴提高发展目标,高水平建设现代化的指南。绍兴始终牢记习近平同志的要求,不断争先进位,提出了"重返全国城市综合经济实力 30 强"的目标。

(三)跳出绍兴发展绍兴

2003 年 3 月 27 日,习近平同志在浙江省委工作会议上关于浙江省参与长三角地区合作与交流存在的问题及加快合作交流作了讲话。他指出:"我省参与长江三角洲地区合作与交流虽然取得了很大进展,但还存在一些问题,特别是一些地方和部门的同志思想观念上还存在一些模糊认识。一是'无需接轨'的狭隘观念。……二是'无法接轨'的消极态度。……三是'无从接轨'的畏难情绪。……上述这些思想观念是狭隘的、片面的、消极的,也是与发展市场经济的要求格格不入的。我们一定要纠正和克服这种模糊的思想认识,一定要认识到主动接轨上海、参与长江三角洲地区合作与交流的重要性和紧迫性。同时,还要充分认识,尺有所短,寸有所长,我们与沪苏两省市相比,各有各的优势和特色,也各有各的短处与不足。……通过加强交流与合作,取长补短,互促共进,不断提高我省的综合实力和国际竞争力。"[①]浙江省一些地方和部门在参与长三角洲地区合作与交流方面存在三种模糊认识,绍兴也存在,绍兴一些干部中也有"无法接轨"和"无从接轨"的消极畏难情绪,一些干部认为绍兴距离上海较远,没有嘉兴的区

---

① 习近平:《干在实处　走在前列——推进浙江新发展的思考与实践》,中共中央党校出版社 2006 年版,第 107 页。

位优势，难以接轨。习近平同志要求消除三种模糊认识的讲话非常有针对性，对绍兴克服畏难情绪，加快接轨上海，实现更大发展起到了统一思想认识的作用，绍兴必须跳出绍兴发展绍兴，努力寻求更大发展。

（四）增强内外经济竞争力

2002年10月26日，习近平同志来绍兴考察调研，听取绍兴市委、市政府工作汇报后，就绍兴发展面临的重要问题作了讲话。他认为绍兴有很多好的经验，都是围绕如何建设社会主义市场经济进行系统考虑的，很多工作在全国都是走在前列的，很多都是结合绍兴实际的独特的东西。他认为绍兴建设"经济强市、文化名市、旅游大市"的定位非常准确。"绍兴要放在'长三角'的范围内来审视你们的发展地位，调整发展战略，以内增区域经济竞争力、外强国际经济竞争力为着力点，抓住城市化和开放型经济两个重点，也是很重要的。"①他要求绍兴发展视野要放宽，眼光不能局限于在绍兴行政区域内谋划发展思路，要看到区域合作发展是提升内外竞争力的重要路径。他认为绍兴市场经济发展充分，形成了许多走在全国前列的经验，应该把目光放得更高更远一些，要放在长三角的范围内分析自己定位自己，通过合作增强内外竞争力。这些指示和要求为绍兴践行"八八战略"，干在实处、走在前列提供了具体指引。

二、加快建设先进制造业基地

（一）在构建环杭州湾产业带中发挥先导作用

2003年12月10日，习近平同志在浙江上海经济社会发展情况交流会上，就构建环杭州湾产业带发表了重要讲话。他指出："杭州、宁波、嘉兴、湖州、绍兴和舟山等环杭州湾地区6个市，区位条件优越，经

---

① 习近平：《干在实处　走在前列——推进浙江新发展的思考与实践》，中共中央党校出版社2006年版，第504页。

济实力雄厚，产业基础扎实，具有较强的竞争力，是我省接轨上海、参与长三角地区交流与合作的前沿阵地。这一地区的核心任务是积极发挥先导作用，着力构建环杭州湾产业带，打造长三角'金南翼'。"[①]在此，他明确了在长三角一体化发展中，包括绍兴在内的 6 个城市的环杭州湾地区是前沿阵地，要发挥先导作用。这些要求成为绍兴确定在长三角城市群中的定位，践行"八八战略"，发挥开放优势，发挥制造业块状特色产业优势，融入长三角一体化发展国家战略的基础。

（二）强化比较优势，提升竞争优势

浙江建设先进制造业基地虽然有集群优势、产业和产品层次的优势，但是创新能力还比较弱，高新技术产业单薄。浙江的这些产业优势和弱势在绍兴都表现得很突出，绍兴的产业状况是浙江的缩影。定位为先进制造业基地就是要抓住国际产业分工格局变化带来的机遇，在参与国际分工合作中提升产业技术水平和延伸产业链。

三、抓住城市化和开放型经济两个重点

（一）推动民营经济实现新飞跃

关于建设环杭州湾产业带和城市群的积极作用，推进以上海为龙头的长三角城市群崛起的重要价值，习近平同志于 2004 年 3 月在接受中央人民广播电台采访时做了具体阐述。他认为，经过改革开放 20 多年的发展，浙江经济形成了颇具特色的"民营经济""块状经济""强县经济"的优势。尤其环杭州湾地区具有良好的产业基础和发展潜力，是浙江省经济社会发展最迅速、最具有活力的区域之一，是浙江经济的重心所在。"将这一地区的产业发展和城市建设纳入长三角大都市圈，使其成为大都市圈城市群的空间基本细胞，有利于充分发挥浙

---

① 习近平：《干在实处　走在前列——推进浙江新发展的思考与实践》，中共中央党校出版社 2006 年版，第 204 页。

江的优势,推动'民营经济'实现新的飞跃,促进'块状经济'形成'产业集群',引导'强县经济'向'都市经济'转变,从而进一步提高浙江的综合实力和国际竞争力。"①

（二）整合资源,推进环杭州湾地区可持续发展

习近平同志认为建设环杭州湾产业带、推进以上海为龙头的长三角城市群崛起还有一个重要意义,就是整合资源。他在 2004 年 3 月接受中央人民广播电台采访时指出,推进长三角一体化发展,有利于统筹协调和全面整合各类资源,实现环杭州湾地区的可持续发展。无论是产业带的规划还是城市群的建设,都必须注重全面、协调、可持续,发展的最终目的是为了人。"把环杭州湾地区的产业带和城市群统一规划、同步建设、一体发展,充分体现了各城市间的协调、城乡间的协调和产业发展与城镇建设的协调,全面考虑了区域内资源、基础设施、经济、社会、生态环境等方面的统筹协调、优化组合与合理布局。规划坚持了'以人为本'原则,较好地体现了'五个统筹'。特别是规划引入生态学概念,提出要'有限开发',以产业为支撑、以区域重大基础设施共建共享为基础,强化产业、城市、生态的和谐发展。这必将有力地推动环杭州湾地区实现全面、协调、可持续发展,更好地满足人民群众日益增长的物质文化生活的要求"②。一体化是更大范围整合资源、优化资源配置的天然路径。习近平同志对经济发展基础较好的环杭州湾地区寄予了厚望,希望把环杭州湾产业带建设成协调发展、绿色发展、共享发展的高质量发展高地。

（三）把环杭州湾建设成产城融合的城市群

关于如何建设环杭州湾地区,习近平同志提出了系统的方案。这

---

① 习近平：《干在实处　走在前列——推进浙江新发展的思考与实践》,中共中央党校出版社 2006 年版,第 206 页。

② 习近平：《干在实处　走在前列——推进浙江新发展的思考与实践》,中共中央党校出版社 2006 年版,第 206 页。

个方案是把城市群发展和产业发展融合在一起,目标战略定位高,是一个新兴产业、科技、生态相融合的创新、绿色、开放先行区,是支撑世界第六大城市群腾飞的翅膀。他指出:"规划建设环杭州湾产业带和城市群,我们主要考虑了三个方面的问题:一是战略定位;二是发展格局;三是支撑体系。在战略定位上,根据国内外产业带与城市群的发展规律和自身条件,我们提出要把环杭州湾产业带和城市群建设为'四区一翼'。'四区'是指:先进制造业基地核心区、改革开放与新型工业化先行区、科技创新先导区、生态建设示范区;'一翼'是指:世界第六大城市群的南翼,也就是打造长三角金南翼。在发展格局上,我们谋划的是:'一区一带两网'。'一区':即"先进制造业集聚区",重点培育电子信息、现代医药、石化、纺织、服装等五大产业集群以及六个成长性产业集群。'一带':即'城市连绵带',其核心是杭州、宁波两大城市经济圈,并与其他城市构成组合有序、功能互补、布局合理的区域城镇体系。"两网":即由绿色开敞空间、绿色廊道、各类保护区组成的'绿色生态网';由交通、物流、信息、给排水、能源供应、环保等设施构成的'现代化基础设施网'。在支撑体系建设上,为了强化环杭州湾产业带和城市群的国际竞争力,我们强调要构建现代化、高效能的支撑体系,规划实施'七大工程',即:综合交通与物流网工程;信息网络工程;水资源利用与保护工程;能源保障工程;生态基础设施工程;科技创新工程;人才开发工程。……简单说来,我们的建设目标是:要把环杭州湾地区建成一条产业集群优势明显、生产力布局合理、科教支撑有力、生态环境优良,产业区、城市群、物流网有机融合的'黄金产业带';一个汇聚各种先进生产要素和文明因子的城市群;一块充分体现人与自然和谐发展的生态区。"[①]为了确保环杭州湾产业带和城市群发展目标的实现所提出的七大支撑体系,与 2019 年 5 月《长江三角洲区

---

① 习近平:《干在实处　走在前列——推进浙江新发展的思考与实践》,中共中央党校出版社 2006 年版,第 206—207 页。

域一体化发展规划纲要》（以下简称《长三角区域一体化发展规划纲要》）中提出的一体化内容一脉相承。可见，顶层设计是浙江各市包括绍兴城市化发展走在前列的重要原因和坚实基础。

四、衔接好长三角区域发展规划

（一）接轨上海，加快推进国际化进程

习近平同志认为，浙江必须找准自己的位置，必须认识到上海的龙头地位和带动作用，必须向上海学习先进经验，只有结合自身比较优势进行区域分工，才能有效接轨。"主动接轨，就是要明确定位，接轨上海的国际化、现代化，积极参与长江三角洲地区的发展。……浙江地处长江三角洲南翼，是上海的腹地，是推进长江三角洲地区经济一体化、建设世界级大都市带的重要力量。浙江的发展离不开上海的辐射和带动，离不开上海的支持和帮助。主动接轨，主要是接轨上海；接轨上海，就是接轨机遇，就是接轨发展，就是接轨国际化和现代化。"[1]习近平同志要求浙江"乘上海之'船'出海，借上海之力发展，在上海加快建设国际经济、金融、贸易和航运中心的过程中寻求发展机遇，借助发展力量，拓展发展空间。要充分利用上海的信息、金融、市场、组织管理、科技、人才等优势，紧密加强与上海的全方位合作，强化区域分工、互补协作意识，淡化'楚河汉界'。要适应上海建设国际大都市的要求，加快推进国际化进程，以积极主动的姿态全面参与长江三角洲地区的经济社会发展，为建设以上海为中心的世界级都市圈作出应有的贡献"[2]。习近平同志将长三角都市圈的发展目标定位为世界级都市圈，浙江要在建设世界级都市圈中发挥自己的力量，作出自

---

[1] 习近平：《干在实处　走在前列——推进浙江新发展的思考与实践》，中共中央党校出版社2006年版，第108页。

[2] 习近平：《干在实处　走在前列——推进浙江新发展的思考与实践》，中共中央党校出版社2006年版，第108—109页。

已的贡献,必须通过接轨上海,学习上海,借上海之力,提升发展。这就要求包括绍兴在内的浙江各市提升机遇意识、职责意识,把本地发展规划和战略与上海对接,适应世界级都市圈发展目标要求。

(二)构筑新型合作体制机制,推进全方位合作

习近平同志要求通过制度化方式推进长三角一体化发展和浙江接轨上海。他认为,首先要在思想上达成共识,思想观念融合是先导,在思想的指引下,在遵循市场经济规律的基础上,重点推进七个方面的合作。2003年3月21日,在沪浙两省市经济社会发展情况交流会上,他讲道:"构筑新型的合作体制和机制,全面推进两地经济合作与发展。……我们要以思想观念的融合为先导,遵循市场经济规律,在基础设施建设、产业分工、旅游资源的开发和市场的拓展、环境保护以及科技、信息、教育、人才等方面加强交流,双向对接,努力实现市场相通、体制相融、资源共享、交通共连、人才互通、产业互补的全方位、多层次、宽领域的合作。"①合作主要包括七个方面:"一是在基础设施建设领域,共同参与上海国际航运中心洋山深水港区建设,加快建设功能完善、高效畅通的综合交通运输网络。二是在信息化建设领域,以电子政务和企业信用信息资源共享为重点和切入点,共同开发建设综合性或专门的共同信息交换平台。三是在产业分工领域,充分发挥浙江省民营经济发达和制造业的优势,积极呼应上海产业结构的调整和城市功能的升级,承接上海产业的辐射和转移,共同培育区域性的主导产业和支柱产业,形成布局合理、协作关系紧密的生产体系。四是在农业领域,把我省丰富的山海资源和发展效益农业的优越条件,与上海发达的城郊型、都市型农业基础和强大的市场需求有机结合起来,联手发展生态农业和优质高效农业。五是在科技教育文化领域,制定更加优惠的政策,采取更加有效的措施,推进人才交流、人员培

---

① 习近平:《干在实处 走在前列——推进浙江新发展的思考与实践》,中共中央党校出版社2006年版,第109页。

训、联合办学，通过产学研合作和网上技术市场等渠道，开展技术联合攻关，构建系统集成的技术创新体系；进一步加大文化交流力度，共同探讨解决如浙江卫视节目和上海卫视节目的互相落地进网问题。六是在旅游开发领域，以上海 2010 年'世博会'为契机，完善旅游合作协调机制，加快制定旅游合作规划，加大旅游市场拓展、项目开发和基础设施建设等方面合作力度，共同构建沪苏浙旅游经济圈。七是在环境保护领域，加强太湖流域、黄浦江源头地区及沿江、沿海等区域生态建设和环境保护工作，联合开发利用区域水资源。"①可见，早在 2003 年，习近平同志就对长三角一体化合作有了清晰具体的计划，七个领域的合作不仅为三省一市合作，推动一体化发展提供了框架，而且为浙江各市具体接轨方案提供了方向，为 2019 年 5 月审议通过的《长三角区域一体化发展规划纲要》具体内容奠定了基础，尤其为杭绍甬一体化发展奠定了重要基础。2003 年以来，通过"构筑新型合作体制机制"推进城市群合作发展的思想仍然是一体化最重要的支点。

（三）消除壁垒，促进要素自由流动

习近平同志认为，长三角合作发展必须以互利共赢为基础，互利共赢是动力。要实现互利共赢，就必须尊重市场规律，让市场配置资源，这就要拆除阻碍要素自由流动的壁垒，打破垄断。2003 年 3 月 21 日，他在沪浙两省市经济社会发展情况交流会上指出："推进长江三角洲地区的经济合作与发展，必须以互利共赢为基础和前提。我们要遵循市场经济规律，进一步加强政策的统一性和协调性，着力消除市场壁垒，打破部门垄断，规范市场秩序，为要素自由流动和各类经济主体的合作和竞争提供良好的政策环境和发展条件。"②他要求浙江坚持优势互补、互惠互利、共同发展，充分借助上海在人才、科技、信息、金融、市场等方面的

① 习近平：《干在实处 走在前列——推进浙江新发展的思考与实践》，中共中央党校出版社 2006 年版，第 109 页。

② 习近平：《干在实处 走在前列——推进浙江新发展的思考与实践》，中共中央党校出版社 2006 年版，第 110 页。

优势,积极发挥山海资源丰富、加工制造业基础良好、民营经济活跃、经营机制灵活的优势,利用空间上的整体性、文化上的同源性、产业结构的互补性,合力推进长江三角洲地区向更加协调、更有效率、更具国际竞争力的方向发展。[①] 要求浙江进一步完善合作与机制,在沪苏浙三省市经济合作发展座谈会制度的基础上,建立沪苏浙三省市党政主要领导定期会晤机制,以及相关的专项议事制度,定期举办"长江三角洲经济一体化发展论坛",共同制定长江三角洲地区经济一体化发展规划纲要和行动计划,并从政府、企业、民间等多方着手,通过友好市县、联络机构等载体,加强多方位、经常性的交流与合作,积极推进各类经贸活动的开展。[②] 2003 年以来,绍兴一直积极推动实现习近平同志强调的消除壁垒、打破垄断、促进要素自由流动,探索各种载体推进一体化的要求。党的二十大报告关于"促进区域协调发展""深入实施区域协调发展战略""构建优势互补、高质量发展的区域经济布局和国土空间体系"的精神,为绍兴更好地借区域一体化之力,融杭联甬接沪,强弱项、补短板、固底板、扬优势提供了指引。

第二节　加快融入长三角一体化发展国家战略

作为长三角重要节点城市、环杭州湾重要成员,绍兴始终按照习近平同志要求,放在长三角范围审视发展地位,调整发展战略,把融入长三角、接轨大上海、发展大绍兴作为提升城市开放水平、增强城市综合竞争力的重要着力点。《长三角区域一体化发展规划纲要》和《浙江省推进长江三角洲区域一体化发展行动方案》出

---

① 习近平:《干在实处　走在前列——推进浙江新发展的思考与实践》,中共中央党校出版社 2006 年版,第 110 页。

② 习近平:《干在实处　走在前列——推进浙江新发展的思考与实践》,中共中央党校出版社 2006 年版,第 110 页。

台以后,绍兴抢抓机遇,融入长三角一体化的步伐加快。绍兴立足自身比较优势,提出了融入长三角一体化发展国家战略的四大定位:长三角南翼先进智造基地、融杭联甬接沪枢纽城市、长三角宜居宜业品质之城、长三角文商旅融合先行区。

一、打造长三角南翼先进智造基地

(一)找准定位,发挥比较优势

长期以来,长三角城市的竞争多于合作,绍兴作为制造业重镇,较难享受到上海、杭州等高能级城市的生产性服务业带来的辐射效应。尽管绍兴在战略地位、城市能级、创新能力等方面相对较弱,短板明显,但也有自身独特优势,比如 2500 多年的古城文化优势、95%的民营经济主体支撑的制造业强市优势、低成本优质创新创业和生活环境优势,特别是文化资源禀赋优势和较强的产业集群优势。"中国轻纺城""精编之乡""童装之乡""领带之乡""袜业之乡""衬衫之乡""伞件之乡""五金之乡""珍珠之乡""轴承之乡""纺机之乡""贡缎之乡""厨具之乡"等块状经济,在 20 世纪 90 年代就有一定知名度。产业集群是最具竞争力的经济组织形式,也是绍兴的比较优势。以纺织业为代表的传统优势产业在全球有较强的话语权,"产业集群＋专业市场"发展模式优势明显。

(二)规划先导,全面融入

2018 年 8 月,绍兴市委、市政府印发了《杭绍甬一体化发展绍兴行动计划(2018—2020 年)》,提出聚焦杭绍甬一体化发展,加快推动杭绍甬融合发展,着力构建全方位、宽领域、多层次的对接共融格局,深化战略、政策、机制协同,实施综合交通网络化、公共服务同城化、产业平台协同化、城市发展融合化四大行动,打造杭绍甬融合发展战略枢纽、杭州湾先进智造基地,加快成为全省高质量发展的重要增长极。

（三）平台协同，建设先进制造业基地

坚持市场主导，深化产业、科创、开放、人才等平台合作，协同建设世界级制造业产业集群，构建一体化现代产业体系。一是加强先进"智造业"平台合作。深入实施绍兴传统产业和开发区（工业园区）改造提升省级试点，推进绍兴滨海新区与杭州江东新区、宁波前湾新区建立战略合作关系，共建产业合作"园中园"，加强高端装备、新材料、现代医药、电子信息等先进制造业合作，打造绍兴先进智造基地。对接杭州国家自主创新示范区和宁波"中国制造2025"试点示范城市建设，加强大数据、人工智能、区块链、物联网等新业态新技术新模式应用合作，建设一批产业互联网实验室，共建智能制造应用示范基地。二是加强开放平台合作。拓展提升柯桥经济技术开发区功能，谋划建设临空产业合作园，开展航空产业、临空智能制造、临空物流、跨境电商等临空指向性产业合作。对接杭州综合保税区建设，加快建设滨海保税物流中心（B型）。融入杭州和宁波跨境电商综合试验区，加强与阿里巴巴、亚马逊等平台的合作，建设中国轻纺城跨境电商产业园和市场采购贸易平台，探索建立跨境电商物流园和进口商品直销平台。接轨钱塘江金融港湾，推进上市公司引领产业发展示范区建设，深入实施"凤凰行动"计划，吸引知名金融机构在绍兴设立区域总部或分支机构。加强与杭州国际博览中心合作，建设绍兴国际会展中心，引进高端国际会议、展览，积极参与"西博会""休博会""义博会"等国际性展会，协同打造"国际会展之都"。

二、建立融杭联甬接沪枢纽城市

（一）强化战略对接

城市融合发展会出现虹吸和辐射两方面的效应。城市一体化发展过程中中心城市对附近城市的虹吸效应，在一定阶段是客观存在、不可避免的，同时溢出、洼地效应也是十分明显的。从"大树底下不长

草"到"大树底下好乘凉"，事在人为。绍兴在加快融入长三角一体化发展国家战略进程中，高度重视顶层设计和城市协作，率先制订实施长三角一体化绍兴行动计划、深度接轨上海和杭绍甬一体化绍兴行动计划。浙江省"十四五"规划纲要提出"支持绍兴融杭联甬""打造杭绍、甬绍一体化合作先行区""支持杭绍临空经济一体化发展示范区等重点合作平台建设"等，为"十四五"时期绍兴高质量推进长三角一体化发展提供了重要支撑和行动指引。坚持主动学习、主动对接、主动配套、主动服务，市主要领导带队赴上海、杭州、宁波对接举办"绍兴周"活动，与上海虹桥商务区、松江区等开展战略合作，与杭州签订《长三角一体化战略背景下共建都市区合作框架协议》，两市发改、交通、文化旅游、政务部门间签订公共服务一体化、综合交通一体化、文化旅游一体化、政务一体化"一网通办""H4"合作协议。

（二）以重大活动为契机，全面推进

绍兴将"融杭联甬接沪"作为城市发展"首位战略"，坚持"全市域全方位"融入要求，成立由市委主要领导任组长、市政府主要领导任第一副组长的推进长三角一体化发展工作领导小组。强化融杭工作力量，与杭州共同筹备成立杭绍同城发展办公室，选派优秀干部到杭州市集中办公。绍兴各县（市、区）分别制订各区域和各领域工作计划并扎实推进，诸暨市成立"与杭同城"推进工作委员会和八大推进组，专班推进融杭工作。在中央、省级主流媒体积极报道绍兴工作，努力营造社会参与氛围，"融杭联甬接沪"已成为绍兴市人民的思想共识和行动自觉。抢抓杭州2022年第19届亚运会等重大事件契机，全面实施绍兴亚运城市行动计划，聚焦"同城""同标""同创"，系统性实施亚运"城市更新"重点任务和重大项目。

（三）错位发展，突出特色

充分发挥既有的制造业优势，突出改革赋能、创新赋能、数字赋能、生态赋能和人文赋能，加快以数字经济为引领的传统产业智能化改造、新动能集聚和新产业集群形成，依托绍兴滨海新区、绍兴科创大走廊和文创大走廊"一区两廊"，引进一批集成电路、生物医药等领域重大产业项目，加大与沪杭甬在创新链产业链上的深度融合。以交通建设为先导，加快基础设施无缝衔接，加快"轨道上的长三角建设"，绍兴风情旅游新干线实现进杭联甬，杭绍城际铁路已竣工验收，杭绍台铁路、绍兴北站至温州南站段已于2022年1月开通，绍兴城市轨道交通1号线已于2022年4月开通，2号线一期、金甬铁路等重大项目正在加快推进，积极谋划争取沪绍金跨江铁路、环杭州湾南岸货运铁路、杭诸城际前期项目；以江南文化为纽带，高标准建设绍兴文创大走廊，成功创建"东亚文化之都"。

三、建设长三角宜居宜业品质之城

（一）协同谋划城市发展格局，塑造城市特色空间

绍兴修编了衔接杭州和宁波的城市总体规划，深化绍兴城市总体规划，协同谋划杭绍甬一体化发展格局，促进三地在空间策略、功能布局、重大基础设施规划等方面的协同，合作开展交界地区城市设计研究。加强与浙江省大湾区重大战略平台衔接，高起点编制绍兴滨海新区空间规划。对标杭州钱江新城、宁波东部新城，加快建设一批创业集聚区、文化综合体等开敞空间，打造具有首位度和地标性的镜湖大城市核心区。保持、延续古城传统格局和历史风貌，加快疏解非古城功能，联动杭甬打造东方文化深度体验地。

（二）建设高效畅通的交通网

绍兴提出要融入长三角都市区创新型城市连绵带，参与构建沪杭甬高速高铁双回路，加快建设杭绍甬智慧高速绍兴段、杭绍城际铁路、杭绍台高速绍兴金华段、杭州绕城高速西复线杭州至绍兴（诸暨段）段、杭金衢至杭绍台高速公路联络线等高速公路和杭州中环（绍兴段）、31省道绍大线北延柯桥至萧山段等融杭快速路建设，加快杭州

萧山机场站枢纽及接线工程(杭绍台铁路二期)项目建设。扩大杭绍甬一体化的同城效应,推动科创要素自由流动和高效配置。

(三)构建优质便捷的政府服务网

绍兴借鉴G60科创走廊企业证照"一网通办"试点,将上海、杭州等城市"一网通办"、精细化管理、国际一流营商环境建设等创新性举措与绍兴"最多跑一次"改革集成推进,形成制度创新的叠加效应。借鉴"数字政府即平台"理念,率先实践国家政务服务平台支撑功能,加快建设"1363"公共数据共享体系,依托阿里云技术建设电子政务云平台,实现公共数据互联互通和共享开放,全面激活大数据在科技、产业和金融服务等领域的政用价值、社会价值和商用价值。打造绍兴5G创新应用示范区,加快实现全市5G网络全覆盖,争取与上海国家级互联网骨干网络实现直通,对接上海、杭州5G外场技术试验网建设,推进骨干网、城域网、接入网等升级改造,争取杭州5G试点延伸,提升工业互联网、智慧物联、超高清视频、远程医疗、智能交通、智能制造、车联网、AR/VR等5G应用创新能力。

(四)打造杭绍甬绿心,建设同城化先行区

绍兴全域创建国家生态文明建设示范市,建设以鉴湖国家湿地公园和创建中的会稽山国家森林公园为核心的"稽山鉴水"生态功能区,打造杭绍甬生态绿心。开展曹娥江、浦阳江治理和景观提升,协同提升钱塘江河口景观,保护钦寸水库、汤浦水库跨区域共享水源,开展水和大气污染联防联控联治,建立横向生态保护补偿机制,建设区域大气污染联合监测网络,合力构筑宜居宜业宜游的优质环境共同体。加快临杭区域发展,加强基础设施建设,提升生态环境质量,开通城际公交,深化产业协作,建设杭绍同城化先行区;加快临甬区域发展,以义甬舟大通道建设为依托,深化嵊新区域协同发展改革试点,建设甬绍同城化先行区。

四、建设文商旅融合先行区

(一)传承创新江南文化

联动长三角城市推进古越文化、大禹文化、戏曲文化、黄酒文化、阳明文化、鲁迅文化等研究阐释、当代利用,全力推进兰亭文化旅游度假区等建设,持续放大书法等优秀传统文化品牌效应。与杭州共同繁荣南宋文化,联合举办南宋文化旅游节,推动历史文化遗产串珠成链,共同打造世界文化遗产群落和东方文化深度体验地。

(二)保护利用长三角经典文化古城

深化古城城市设计,传承历史文化,延续城市文脉,留住城市记忆。加快建设古城入口改造、阳明故里核心区块、"风越里"特色街区等重点项目,打造一批休闲酒店集群和创意街区,研究策划古城漫游文化步道和水境体验路径。借鉴上海等地经验鼓励老字号品牌传统业态创新,引导鼓励社会力量参与城市书房、民间博物馆等建设,加快推动千年古城焕发出时代的活力、魅力和现代的时尚特色。

(三)共建运河、"唐诗之路"和宋韵文化带

立足浙东运河和"唐诗之路"的核心地位,建设绍兴诗路名城,有效传承大运河文化,丰富运河两岸文化业态,形成以创意引领的影视动漫、文化艺术、休闲体育、历史博览等功能,加快建设浙东运河文化园等标志性项目。推进与杭州、宁波"唐诗之路"串珠成链、共建共享,精心挖掘历史文化内涵、精心提炼文化符号、精心设计文化载体,联合杭州、宁波、台州等地举办以古城、运河和唐诗为主题的文化节,高水平建设可看、可听、可体验的浙东唐诗之路精华地。宋韵文化内涵丰富,绍兴宋韵文化的标志可概括提炼为"一人两物三遗址"。"一人"为陆游,"两物"即越酒、越茶,"三遗址"是宋六陵、八字桥和沈园。近年,绍兴围绕古城、宋六陵、陆游等要素,致力于做好宋韵文化传承的文

章,计划在"十四五"期间,建成宋六陵国家考古遗址公园、陆游故里等一批南宋文化新地标。与杭州联办宋韵文化节,推出酒店民宿、主题景区、特色线路等一批宋韵文化产品,以共享为主线,打造大型交响诗《惜怀岳武穆》等一批宋韵文化艺术精品,让宋韵文化从历史走进生活,成为百姓可触、可感、可享的独特生活体验,在浙江省"两个先行"中彰显绍兴文化的力量。

（四）共建江南水乡古镇生态文化旅游圈和长三角旅游联盟

发挥东方水城特色优势,参与长三角江南古城、古镇文化传承、推广保护联盟,融合创新创意元素,打造古城古镇体验街区和文化旅游休憩古镇群。实施水网河道修复和江南水乡河道沿线景观及环境整治工程,以鉴湖湿地公园等为重点参与打造江南水乡国家湿地公园,整合提升鉴湖、曹娥江、浦阳江等水上游线,发展水陆两栖型观光产品。深耕长三角旅游市场,建立旅游战略联盟,绘制杭绍甬旅游"一张图",深化与沪杭甬知名旅行社合作,共推旅游年卡,鼓励和支持大型旅游企业、著名旅游管理公司和知名旅游品牌跨市经营、连锁经营和品牌输出。融入杭州—黄山世界级自然生态和文化旅游走廊及四明山生态旅游协作区,对接杭州世界旅游联盟总部,加快智慧旅游发展。创建国家级文化和旅游消费试点城市,鼓励"夜游"和"沉浸式"文旅消费,培育重量级网红旅游产品,谋划建设绍兴国际文化旅游学院,打造长三角文化旅游人才培养基地。

（五）全面提升城市知名度和影响力

深化与上海虹桥商务区战略合作,主动承接中国国际进口博览会溢出,争取成为中国国际进口博览会协办地,共同打造长三角会商旅文体联动示范区,合力建设长三角区域城市展示中心绍兴馆。加快发展城市会展经济,争取与上海联办区域性或国际性重要展会。推动与杭州开展亚运全过程合作,协同开展城市宣传、赛事宣传,运用 5G 技术、新型材料等对场馆改造升级,积极引进国际体育赛事、高端国家会议展览、国际知名品牌等，协同打造国际赛会目的地城市和展会之都。深化与长三角城市媒体合作交流，开展新媒采访互动，实现信息相通、情感相融。

第三节　借一体化之力彰显发展优势

绍兴坚持新发展理念，紧扣"一体化"和"高质量"两个关键，突出"全市域""全方位"两个重点，立足自身禀赋，扬长补短，推进差异发展，努力减轻沪杭甬的"虹吸效应"，争取"溢出效应"，开启了借一体化之力彰显发展优势的城市发展新阶段，并取得了初步成效。

一、开发区整合提升，杭州湾高能级平台形成

整合开发区，变短板为跳板。2020 年 10 月 12 日，浙江省政府批复同意袍江经济技术开发区、柯桥经济技术开发区、新昌经济开发区等 3 家开发区整合提升工作方案，这改变了绍兴开发区长期以来存在的数量较多、布局不尽合理，园区面积不大、开放能级不高，功能定位重叠、产业发展雷同等突出问题。截至 2020 年，绍兴 4 个国家级开发区全部完成实质性整合提升，取消了 2 个省级开发区管委会，2 个国家级开发区管委会实现合署办公，省级以上开发区数量由 13 个变成 10 个。绍兴通过国家级开发区整合提升，理顺开发区发展体制、机制，既有效增强了国家级开发区发展活力，又破解了制约开发区发展的"瓶颈"，特别是下放社会事务管理权至辖区乡镇，开发区管委会实现"轻装上阵"，取得显著成效。

实行了体制、干部、工作"三融合"，管理体制机制更加顺畅、灵活，提高了行政执行力。特别是开发区重新回归"开发"主业，突出经济发展这一中心任务，开发区社会事务管理职能和权限下放到各乡镇（街

道），开发区集中精力开展招商引资、推动经济发展。在具体问题处理上，打破壁垒，统一标准。

越城区作为绍兴政治、经济、行政、金融、教育、文化中心，具有良好的区域优势、产业优势、人文优势，"三区合一"为绍兴加快融入浙江大湾区打通了北边走廊。目前，越城区拥有 5 个"国字号"平台，即绍兴国家高新技术产业开发区、袍江国家经济技术开发区、国家历史文化名城、会稽山国家森林公园、鉴湖国家湿地公园。中心城区的集聚能量作用和辐射功能将进一步显现，开放能级进一步提升。柯桥经济技术开发区整合提升完成后，按照"绿色高端、世界领先"的目标，高标准推进印染集聚三期项目和蓝印时尚小镇建设，努力打造新旧动能转换示范样板。杭州湾上虞经济技术开发区整合提升后，突出规划建设和招商引资主业主职，卸掉了社会管理包袱，焕发出体制机制活力，加快建设万亩千亿平台，提升能级，打造融杭联甬接沪桥头堡。

园区实施整合提升后，在工作谋划上通盘考虑、整体推进，各方面的优势开始显现，资源得到整合统筹，优势实现互为补充。如越城区、绍兴高新技术产业开发区、袍江经济技术开发区融合后，"小三区"模式成为历史，实行"高水平规划、高起点建设、高强度开发"的运作模式，真正实现了一件事一个领导管，一项业务一个部门管，如五个国土分局各自合并成一个分局，真正实行全区"一盘棋"，特别是在资源统筹和落实占补平衡上，统一调配、调剂，有利于项目快速落地。柯桥经济技术开发区在整合提升后，对整合区域实行"统一领导、统一规划、统一招商、统一资源配置"，在体制机制层面上保障开发建设顺利推进。杭州湾上虞经济技术开发区明确"一张规划图纸、一个政策体系、一个发展目标、一个项目盘子"，加速形成开发区的"头部"地位、"头部"功能。

越城区、绍兴高新技术产业开发区和袍江经济技术开发区实行"三区合一"体制调整后，区域经济摆脱了"螺蛳壳里做道场"的窘境，呈现经济结构优化、内生动力增强的良好态势。工业经济总量排名上升至绍兴市第四位，经济实力和竞争力实现跃升。从科技创新来看，各项指标基数增大，截至 2020 年底，共有国家级高新技术企业 120 家，省级科技型中小企业 666 家，均位列绍兴市第三位。创新平台方面，合署后全区共有省级重点研究院 4 家，市级研究院 16 家，省级研发中心 82 家，市级研发中心 263 家，能很好弥补原先企业科研平台稀少的不足，为纺织印染化工等传统产业转型升级提供更多的技术支持。从主导产业来看，形成了健康医疗、机械装备、节能环保、集成电路等优势产业。柯桥经济技术开发区体制调整后，切实发挥大纺织产业集群主导产业优势，重点引进高端装备制造行业龙头企业，培育发展汽车制造、日用家电、人工智能、生物医药、新材料等新兴产业，致力于打造两个百亿级先进制造业集群。

绍兴要把镜湖新区打造成为杭州湾高能级平台，杭州大湾区高能级开放平台建设取得了显著成效，"绍兴高质量推进开发区改革提升"获评 2020 年"中国改革十佳案例"。

二、毗邻区域合作实现升级

绍兴学习广佛同城化合作示范区、长三角生态绿色一体化发展示范区等成功的同城合作经验，聚力打造滨海新区—钱塘新区—前湾新区、柯桥—萧山、诸暨—萧山、上虞—余姚、嵊新—奉化等协同板块。聚焦杭绍同城，会同杭州市共同谋划建设"杭绍临空经济一体化发展示范区"，结合开发区（园区）整合提升工作，谋划成立杭绍临空经济一体化发展示范区绍兴片区管理机构。诸暨市开展杭绍一体化萧诸绿色发展先行区研究，预留发展空间，加快引进项目，并率先试行与杭同城高速免费通行等政策。强化甬绍联动先行区块谋划建设，重点谋划前湾新区—滨海新区高端产业协作联动区、甬绍四明山生态文旅休闲体验区、义甬舟开放大通道、甬绍合作先行区等联动区块，探索两市毗邻区域产业、交通、旅游、公共服务等跨区域深度融合机制和生态环境、社会治安等协同机制,逐步实现毗邻区域从物理空间相邻的毗邻1.0版,向发展要素合作的毗邻2.0版转变。

三、杭绍甬一体化从憧憬走向现实

绍兴制订了深度接轨上海行动计划、推进长三角一体化发展行动计划,并与松江区签订了战略合作框架协议。启动杭绍甬一体化示范区建设,依托杭州临空经济示范区规划建设绍兴临空产业园,柯桥钱杨新城建设、诸暨"与杭同城"行动取得新成效,嵊新积极参与义甬舟大通道建设。谋划推进融杭联甬十大交通工程,杭绍台铁路、金甬铁路、杭绍甬智慧高速公路、杭绍台高速公路、杭绍城际铁路等项目有序推进,绍兴至宁波城际列车贯通运营,开通绍兴至上海火车南站、浦东机场客运直达班车,杭绍台高速绍兴金华段、杭州绕城西复线杭州至诸暨段等项目加快推进。绍兴风情旅游新干线实现进杭联甬,推进杭绍甬三地教育、文化、医疗、卫生等多领域合作,绍兴与杭甬签订文化旅游战略合作协议,成立医疗跨区域专科联盟。

四、协同治理惠及百姓

绍兴市以居民获得感、幸福感、安全感为导向,推进融入长三角一体化工作,深化与长三角城市在教育、社保、医疗、体育、文化等领域的资源共享,启动建设虹桥国际学校绍兴分校、浙大医学院附属邵逸夫医院绍兴院区、国科大附属肿瘤医院绍兴院区等教育医疗合作项目,钦寸水库实现新昌—宁波通水,全面深化政务服务"一网通办"合作,实现长三角政务服务线下异地办理和全流程线上办理,基本实现杭绍甬政务服务"一网通办",长三角门诊异地就医直接结算加快推进,绍兴市民卡实现杭绍甬公交"一卡通"。与杭州亚运会组委会达成战略合作协议,棒球、攀岩两项亚运新增项目落户绍兴,市直普高与杭甬名校合作实现全覆盖。绍兴科创大走廊与杭州城西科创大走廊、宁波甬江科创大走廊完成签约,引进共建上海大学、东华大学、浙江工业大学等产业创新研究院。参与"美丽长三角"建设,深化全域"无废城市"改革试点工作,组织召开全国"无废城市"建设试点推进会,实施水、气污染联防联治。

第四节　城市能级提升的价值启示

绍兴根据自身禀赋和优势,科学确定加快融入长三角一体化发展的目标定位,加快推进融杭联甬接沪,无论是基础设施建设一体化,还是市场一体化、产业协同化、高端要素和公共服务共享,各方面都取得了显著成效。"小绍兴"向"大城市"的嬗变,具有一定的启示意义。

一、紧扣"一体化"和"高质量"两个关键词

"一体化"和"高质量"与城市经济发展规律相一致。绍兴紧扣"一体化"和"高质量"两个关键词,加快融入长三角一体化发展国家战略,取得了显著成效。区域一体化发展与高质量发展、均衡发展目标是吻合的。"一体化"是发展的高度概念,"区域"是发展的空间尺度概念。区域一体化既有对发展高度的要求,又有对发展空间尺度的要求。一体化有两个条件:一是发展阶段达到一定程度,低水平低级发展阶段不可能实现一体化;二是城市的发展相近,两个发展程度相差甚远的城市也不可能实现一体化。一体化是适应社会主要矛盾变化及推动主要矛盾解决的必然路径。长三角一体化的设想早在20世纪80年代初期就已经被提出了,之前推进缓慢,与经济发展未进入高级阶段相关,在追求经济数量增长阶段,各地区的发展关系以竞争为主,一体化往往是民间需求强烈,地方政府尤其是高能级城市政府的主动性不强。进入经济发展高级阶段,追求经济发展质量,大城市功能升级,从

国家大城市升级为国际大城市，会受到许多约束，尤其是土地指标约束。同时中等城市和小城市提升发展质量，靠自身的禀赋也难以弥补科技和人力资本等短板。在这一个阶段，城市之间的协同合作需求强烈。在高质量发展背景下，绍兴抢抓机遇，积极主动全方位接轨上海、杭州、宁波等高能级城市，大力推进与这些城市的产业协同和资源共享，这使得长期以来的虹吸效应开始弱化，出现了区位劣势向区位优势转变的喜人景象。

二、坚持用新发展理念推进区域一体化发展

绍兴融杭联甬接沪、加快融入长三角一体化发展国家战略的成效是在新发展理念指导下取得的。绍兴始终坚持创新发展、协调发展、绿色发展、开放发展、共享发展并举：以创新的发展理念深化开发区改革，推进长三角南翼先进制造业基地建设；以协调的发展理念构建市域六个县（市、区）在长三角一体化发展中的分工和地位，创新体制机制，实现与长三角高能级城市协同发展的制度化；以绿色的发展理念打造长三角宜居宜业品质之城；以开放、共享的发展理念推进杭绍甬交通一体化、市场一体化、公共服务一体化等。绍兴遵循习近平同志的要求，以新发展理念为指导，一体化发展中的虹吸现象得到明显抑制，城市能级显著提升。

三、坚持系统思维，产业与城市融合发展

产业发展和城市发展统一规划、一体发展的系统思维方法与经济发展规律是吻合的。产业发展与城市发展之间的互动关系随经济发展阶段的推进不断演进，从工业化初期的弱互动阶段、工业化中期的频繁互动阶段，到工业化中后期的协同互动阶段，最后到后工业化时期的分化整合阶段。在工业化中后期阶段，产业集群发展比较稳定，与城市系统相互依赖、相互促进、协同互动的关系非常显著。这一时

期，集群中的龙头企业开始凭借长期的技术创新和知识积累，在城市及周边地区形成一个由其主导的协作网络，这些协作网络不断相互交织、相互融合，最终形成联结城市系统和产业系统的区域创新网络体系。这一时期，有为政府就要以改善二者的互动环境为己任。在后工业化时期的分化整合阶段，防止产业和城市两大系统的互动进入"创新停滞陷阱"是政府的主要任务，城市系统要积极发展研发、信息、金融、物流、咨询等现代服务业，加快三产集聚，使城市能级提升的拉力成为区域经济发展的主导力量。习近平同志在浙江工作期间，恰逢浙江进入工业化中后期时期。面对"成长中的烦恼"，他不仅强调通过转变发展方式来破解困局，而且提出城市、产业、生态要融合发展。在这一前瞻性思想指引下，浙江经济发展领先的同时，城市发展、生态建设也走在全国前列。浙江金华的义乌市和绍兴的柯桥区（原绍兴县）是浙江城市与产业集群互动发展成效最突出的代表，顶层科学指引起到了积极作用。

绍兴根据自身特色，坚持城市发展与产业发展统一规划、同步建设、一体发展，以系统化的思维，推进产城一体化融杭联甬接沪。比如，越城区以"万亩千亿"集成电路产业为核心，建设智汇芯城；柯桥区以纺织产业和高端装备为重点，建设金柯桥科技城；上虞围绕化工新材料、现代医药、高端装备等重点产业，建设曹娥江科创走廊，努力将其打造成接轨上海的桥头堡、新兴科技成果产业化基地；诸暨市聚焦节能环保、金属加工业等制造业，建设G60创新转化枢纽港，打造融入杭州的先行区、服务型制造的试验区；嵊州市以领带服饰、厨具电器等产业园为创新示范点，建设剡溪创新带；新昌县以智能制造为特色，围绕高端装备、生命健康、智能制造、通用航空等重点产业，建设新昌智造科创走廊。

第二章　优化产业结构，
加快发展方式转变

绍兴传统产业占比高，具有鲜明的块状经济特色，在支撑地方经济发展、维护社会稳定、促进百姓就业和实现共同富裕的同时，粗放发展带来的问题也越来越突出。习近平同志在浙江工作期间围绕绍兴调整产业结构和经济发展方式作出了一系列重要的指示要求，这些指示要求对绍兴经济社会发展产生了深远影响。

第一节　加快结构调整与发展方式转变

绍兴传统产业量大面广，制造业发达，是经济发展方式转变的难点。习近平同志要求绍兴既要着力改造提升传统产业，又要大力发展高新技术产业，并对如何改造提升传统产业，发展哪些新兴产业也指明了具体方向和内容，是绍兴优化产业结构、构建现代产业体系的依据和高质量发展取得显著成效的源泉。

一、着力改造提升传统产业，大力发展高新技术产业

（一）始终保持经济发展的生机和活力

2004年8月24日，习近平同志在宁波、温州、绍兴、舟山和台州党建工作座谈会上指出，绍兴在看到成绩的同时，也要清醒地认识到经

济发展中存在的"成长中的烦恼",要进一步牢固树立和认真落实科学发展观,努力保持经济社会的良好发展态势。

2002 年,浙江全省人均生产总值为 16570 元,城镇居民人均可支配收入和农村居民人均纯收入分别达到 11716 元和 4940 元,第二产业占比达到 51.2%,城市化水平为 52%,综合这些指标来看,浙江已进入工业化中后期。世界经济发展史表明,人均生产总值在 3000—5000 美元的发展阶段,是工业化、国家化、城市化加速发展阶段,也是经济和社会结构剧烈变动时期,机遇与挑战并存的格局表现得尤为突出。在经历了 20 多年的高速增长之后,浙江比其他省份更早地遭遇了一系列"成长中的烦恼",这些问题在绍兴表现得尤为突出。浙江的"成长中的烦恼"对中国经济社会发展面临的阶段性、结构性、素质性挑战具有重要预示价值,解决好这些"成长中的烦恼",就能为中国经济发展方式转变提供示范。习近平同志在这一时期关于绍兴经济发展的讲话,集中在两大方面:一是肯定绍兴发展成绩,希望绍兴走在全国前列;二是针对绍兴传统产业占比高、块状经济优势明显、外向度高的特征提出要求和具体建议。

（二）提高产品附加值,增强国际竞争力

2003 年 2 月 15 日到 16 日,习近平同志到绍兴调研先进制造业基地建设情况,实地考察了绍兴多家企业和浙江杭州湾精细化工园区,并在绍兴举行了座谈会。在听取了杭州、宁波、温州、绍兴、嘉兴、台州等地有关情况汇报后,他作了重要讲话。浙江省制造业在 20 多年的发展中积累和形成了一些比较优势,其中最主要的是产业集群与专业市场互为依托、低成本劳动力与先进实用技术有效结合的区域经济特色,反映在产业、产品上,就是在部分轻型加工业和中低档次产品中形成了一定的优势。他认为:"建设先进制造业基地,必须充分发挥和不断增强这一优势,但决不能满足于这一优势,停留于这一优势。先进制造业基地决不是低附加值产业的集聚地,更不是中低档次产品的生产加工基地。先进制造业的主体，必须是高附加值的产业，其技术工艺、研发能力、管理水平在全国名列前茅，产品在国际市场上具有强大的竞争力。"①

21世纪初的绍兴制造业，是浙江低成本、低价格、低档次制造业的缩影和典型代表。针对这种情况，一是已有的比较优势要不断强化，但决不能满足和固化，要通过技术创新等形成新的动态比较优势；二是先进制造业基地首先要满足一个条件，就是高附加值产业是主体。

（三）把特色优势产业建设成为高附加值加工制造业

2004年2月开始，国家进行了一系列宏观调控。在这样的大背景下，浙江的发展速度开始下降，许多人担心经济增速会不会降得太多，以后还能不能回升，如何实现可持续发展。2004年2月3日，习近平同志在浙江民营经济工作会议上指出，浙江省民营经济总量较大，但产业分布相对比较狭窄，主要集中在进入门槛较低、技术含量较低、附加值较低的传统制造业和商贸业。当前浙江省正在进入一个高技术高附加值制造业、重化工业和现代服务业加快发展的新阶段，民营经济要实现新的飞跃，必须顺应形势，加快产业升级，推进产业创新。"要以建设先进制造业基地为契机，加快运用高新技术和先进适用技术改造提升传统优势产业，加强基础装备创新、工艺创新和产品创新，努力把这些特色优势产业建设成为高附加值加工制造业。"②

民营经济工作会议后，习近平同志到绍兴调研，强调绍兴要发扬"胆剑精神"，希望绍兴将历史与现实相结合，把这种精神作为落实科学发展观和"八八战略"，推动绍兴率先发展、富民强市的强大动力。习近平同志把当时的经济发展局势看得非常透彻、全面。他认为，过

---

① 习近平：《干在实处　走在前列——推进浙江新发展的思考与实践》，中共中央党校出版社2006年版，第117页。

② 习近平：《干在实处　走在前列——推进浙江新发展的思考与实践》，中共中央党校出版社2006年版，第95页。

去那种缺地了批地、缺煤了找煤、缺电了发电的做法,只是解决表面一时的矛盾,是"头痛医头、脚痛医脚"。现在中央的宏观调控和经济速度的下降既是挑战,也是机遇。浙江可以借这个机会,淘汰落后产能,重点扶持一些新兴产业,变被动为主动,化消极为积极,以此倒逼浙江产业转型升级。①

(四)加快推进"腾笼换鸟""凤凰涅槃"

2006 年 1 月 18 日,习近平同志在与浙江省十届人大四次会议绍兴代表团代表讨论时指出:"经济增长方式的转变,决定着今后经济发展的走向,我们现在正处于这样一个关键时期、重要时期,所以要有紧迫感。不是说这个事'逼'过来了,我们才这么做。但是,确实'逼'过来了,我们就要采取'倒逼'机制,不能由于逼过来了,就把我们逼垮了、压垮了。即使有阵痛,也不能有骄、娇二气,不能怨天尤人,只能顺应这个形势。你跟规律去斗,是斗不过的。有的人斗不过规律,于是就怕,临阵脱逃,这也是不对的。应该学会适应,学会掌握规律。"②他说,像中国这样大的一个国家,资源、能源都消耗不起,不能走资源能源消耗型、经济附属依赖型的发展道路,只能靠自己。靠自己,就必须有自主创新能力,必须有自力更生精神。所以,浙江不但要加快推进"腾笼换鸟",而且要实现"凤凰涅槃","凤凰涅槃"是一个创新的过程,是一种浴火重生,是一种脱胎换骨。"腾笼换鸟、凤凰涅槃"都是一个调整结构、转变增长方式的过程,"凤凰涅槃"更侧重创新。③

2006 年 3 月 20 日,习近平同志在浙江省自主创新大会上强调:"加强科技进步和自主创新,是转变增长方式,破解资源环境约束,推

---

① 中央党校采访实录编辑室:《习近平在浙江》(上),中共中央党校出版社 2007 年版,第 235 页。

② 中央党校采访实录编辑室:《习近平在浙江》(上),中共中央党校出版社 2007 年版,第 238—240 页。

③ 中央党校采访实录编辑室:《习近平在浙江》(上),中共中央党校出版社 2007 年版,第 238—240 页。

动经济社会又快又好发展的根本之计。"①浙江省 20 多年来的高速增
长,主要是依靠劳动力、资本、资源等要素投入的不断增加实现的,总
体上是一种投资驱动型的增长方式。"这种粗放型的增长方式,已经
遇到了严峻的挑战,资源要素紧缺、环境压力加大,低成本竞争、数量
型扩张的产业和企业发展越来越难以为继。如果沿袭这种粗放型的
增长方式,不但资源无法满足,环境难以承受,全面建成小康社会和提
前基本实现现代化的目标也难以实现。因此,我们只有坚定不移地走
自主创新之路,不断增强自主创新能力,才能突破资源环境的瓶颈制
约,保持经济稳定较快增长;才能从根本上改变产业层次低和产品附
加值低的状况,实现'腾笼换鸟'和'浴火重生';才能不断提高人民生
活质量和水平,促进人与自然和谐共处,走出一条科学发展的新
路子。"②

习近平同志鼓励浙江干部要主动适应发展方式转变这个规律,并
认为转变发展方式关键要靠自主创新。明确提出科技创新是改变投
资驱动型的、粗放的增长方式的根本之计,只有坚定不移地走自主创
新之路,才能从根本上改变低成本低附加值的问题。2020 年,党的十
九届五中全会通过《中共中央关于制定国民经济和社会发展第十四个
五年规划和二〇三五年远景目标的建议》,其中提出的"坚持创新在我
国现代化建设全局中的核心地位"的思想,与习近平同志 2006 年在浙
江的讲话思想是一脉相承的。

二、加快形成新的产业竞争优势

(一)努力培育高新技术产业

习近平同志在与浙江省十届人大四次会议绍兴代表团代表交流

---

① 习近平:《干在实处　走在前列——推进浙江新发展的思考与实践》,中共中央党校出版社
2006 年版,第 131 页。
② 习近平:《干在实处　走在前列——推进浙江新发展的思考与实践》,中共中央党校出版社
2006 年版,第 131 页。

时指出,绍兴不仅要加快转变经济增长方式,还要"跳出浙江发展浙江"①。2005 年 4 月 29 日,习近平同志在浙江省委组织贯彻科学发展观专题学习会上就转变经济增长方式进行了深刻的阐述:"转变增长方式是一个十分复杂的过程,也可能是一个十分痛苦的过程,甚至是'死去活来'、置之死地而后生的过程。对这个过程,要辩证地加以把握,既不能无所作为,也不能因噎废食,还是要在资源节约的前提下寻求新的经济增长点。在这个过程中,可能意味着一些企业甚至产业的萎缩,进而影响到一个地方经济的增长;也可能意味着这些企业和产业退出市场会给我们的产业高度化腾出空间。这就是我们所说的'腾笼换鸟'。在这个过程中,我们面临着两个选择:一个是被动的,任由资源约束下'鸟去笼空';一个是主动的,努力培育'吃得少、产蛋多、飞得高'的俊'鸟'。后一个选择的过程,实际上就是培育新的经济增长点的过程。要着眼于推进先进制造业基地建设,切实把着力点放到依靠科技进步、提高劳动者素质的轨道上来,充分发挥优势,深入挖掘潜力,改造提升传统产业,大力发展高新技术产业,加快发展现代服务业,努力形成既能够节约资源又具有强大竞争力的产业结构,实现增长方式的根本性转变。"②习近平同志把高新技术产业、现代服务业作为"吃得少、产蛋多、飞得高"的俊"鸟"的重要选项。他强调不能任"鸟去笼空",要主动培育新的经济增长点,强调政府在调整经济结构上要主动作为,表达了经济结构的优化过程是市场配置资源和政府发挥作用的有机结合过程,在这个过程中政府的作用不能是被动的,体现了产业政策有效性思想。这不仅与党的十八大以来充分发挥产业政策推动重要战略性产业发展、缩小我国同发达国家核心技术差距和促进长期经济增长的功能的思路是一脉相承的,而且也为浙江为绍兴加快

---

① 中央党校采访实录编辑室:《习近平在浙江》(上),中共中央党校出版社 2007 年版,第 237 页。

② 习近平:《干在实处　走在前列——推进浙江新发展的思考与实践》,中共中央党校出版社 2006 年版,第 61 页。

发展方式转变提供了具体遵循。

(二)加快发展现代服务业

2005年4月29日,习近平同志在浙江省委组织贯彻科学发展观专题学习会上进一步指出,要把加快发展现代服务业作为结构调整的突破口。"现代服务业是在工业化比较发达的阶段产生的信息和知识相对密集的服务业,具有科技含量高、劳动生产率水平高、附加价值高的'三高'特征。按照现代产业发展的规律,随着工业化的发展,在工业产品的附加值构成中,纯粹的制造环节所占的比重越来越低,而现代服务业中物流与营销、研发与人力资源开发、软件与信息服务、金融与金融保险服务、财务法律中介等专业化生产服务和中介服务所占比重越来越高。……现代服务业占经济总量比重的不断增加,是产业结构高级化的重要标志之一;同时,由于服务业大多与社会公共事业相关联,这也是社会发展水平的重要标志之一。……近10年来印度经济的快速增长是与服务业的超常规发展密不可分的。与第一、二产业相比较,服务业的发展具有资源消耗低、环境污染少的优势,大力发展服务业特别是现代服务业,提高其在国民经济中的比重,可以有效地降低经济增长的资源消耗和环境污染。……总的讲,要优化行业结构……加大科技在现代服务业中的含量,提高服务业整体水平,改组改造传统服务业。……增强服务业吸纳就业和再就业的能力,努力使服务业产业素质和竞争力不断得到提高。"①

制造业与现代服务业的融合,既是经济发展到一定阶段的必然趋势,也是高质量发展的必然要求。传统制造业改造、提升、发展需要现代服务业的支撑,新兴产业诞生、集聚和健康成长多数源于核心服务企业的存在和作用发挥,产业集群从低端向高端跃升、从一般集群向创新集群发展也依赖于现代服务业的催化与推动。中国对制造业与

---

① 习近平:《干在实处　走在前列——推进浙江新发展的思考与实践》,中共中央党校出版社2006年版,第62—63页。

服务业关系的认识深化是一个渐进的过程,习近平同志较早地看到了浙江制造业的低端化与浙江服务业尤其是现代生产性服务支撑不足有关,为此提出"把加快发展现代服务业作为结构调整的突破口"。2005年以来,绍兴一直在努力发展现代服务业,以优化经济结构,提升传统制造业附加值。

(三)以信息化带动工业化,以工业化促进信息化

信息化是经济社会发展到一定阶段的产物,是生产力水平提高的标志。在信息化发展的初级阶段,还没有给制造业带来大的影响时,习近平同志就开始思考如何利用信息化促进制造业的提升,促进浙江经济整体发展。2003年6月24日,习近平同志在浙江省工业大会上指出,信息化拓展和丰富了工业化的内涵,为我们解决工业化过程中的矛盾、加快工业化进程提供了难得的历史机遇。从浙江省工业发展的现实情况看,"推进工业化、保持经济快速发展,仍然同保护资源、环境、生态之间存在着尖锐的矛盾。建设先进制造业基地,关键是把握'先进'二字,结合浙江实际,这种先进性应该体现在坚持以信息化带动工业化,以工业化促进信息化,加快建设'数字浙江';体现在坚持依靠科技进步和创新,大力发展高新技术产业,加快发展重化工业和装备制造业,同时不断改造提升传统产业,努力实现产业高度化"[①]。他强调:"加快建设先进制造业基地,必须将信息化和工业化结合起来,发挥信息化的倍增作用和催化作用。以信息化带动工业化,主要体现在优先发展信息产业特别是信息产品制造业上,体现在应用信息技术改造提升传统产业上。……以信息化带动工业化,基础在企业,结合点也在企业,必须花大力气做好企业信息化这篇文章。要积极引导企业广泛应用信息技术,加快提高制造过程、企业管理和市场营销的信息化水平,鼓励企业大力开发信息技术产品,加强传统产品信息化改

---

① 习近平:《干在实处　走在前列——推进浙江新发展的思考与实践》,中共中央党校出版社2006年版,第118页。

造，把信息化带动工业化落到实处。"①

（四）改造提升传统产业和发展高新技术产业并重

在阐述信息化与工业化的关系时，习近平同志倡导工业化与信息化要相互促进，在发展方式转变过程中，必须处理好传统产业改造提升与新兴产业发展的关系，要"坚持改造提升传统产业和发展高新技术产业并重"②。加快先进制造业基地建设，既要立足现实，努力提升传统产业的"先进"程度，不断强化比较优势；又要放眼未来，大力发展高新技术产业。目前，浙江省传统产业具有较好的发展基础和比较优势，今后仍然有广阔的市场和发展空间，在较长时期内仍将是支撑制造业增长的主体。但是，传统制造业发展水平还比较低，产品技术含量和附加值低等问题也非常突出。如果不加快改造提升，在日趋激烈的竞争中，原有优势可能弱化，生存空间可能越来越窄，甚至可能陷入困境。因此，"必须加快运用高新技术和先进适用技术改造提升传统产业……提高产品附加值和市场竞争力。要进一步明确高新技术产业的主攻方向，培育一批具有重大带动作用的先导性、战略性产业。按照重点突破、有所为有所不为的原则，在电子信息、新医药、仪器仪表等产业中，有重点、有选择地实施一批高新技术产业化项目，发展一批高新技术产品，培育一批国家级高新技术企业，不断提高我省高新技术产业的比重"③。习近平同志认为传统产业发展空间还很大，关键是要解决技术含量低、附加值低的问题，在改造提升传统产业的同时，要有重点、有选择地培育发展新兴产业。

（五）建成全国重要的电子信息等高新技术产业基地

习近平同志指出，建设先进制造业基地不可能齐头并进，必须率

①　习近平：《干在实处　走在前列——推进浙江新发展的思考与实践》，中共中央党校出版社2006年版，第120—121页。

②　习近平：《干在实处　走在前列——推进浙江新发展的思考与实践》，中共中央党校出版社2006年版，第120页。

③　习近平：《干在实处　走在前列——推进浙江新发展的思考与实践》，中共中央党校出版社2006年版，第120页。

先在若干发展基础厚实、区位条件优越的地区取得突破，并带动欠发达地区工业发展。"杭州湾地区是我省加快对外开放，培育新兴产业的主要阵地。要把环杭州湾大产业带建设作为加快我省先进制造业基地建设的重中之重……加快杭州、宁波、绍兴、嘉兴等高新技术开发区建设，形成全国重要的电子信息等高新技术产业基地。"[1]

习近平同志提出要把杭州湾建设成为浙江省加快对外开放和培育新兴产业的主要阵地，因此特别要求绍兴应加快高新技术开发区建设，形成全国重要的电子信息产业基地。这个设想今天正在变成现实，目前绍兴正在建设浙江省集成电路"万亩千亿"产业平台，并且取得了显著成效。

三、以提高国际竞争力为导向，转变经济发展方式

（一）注重培育国际竞争优势

2004 年 7 月 29 日，习近平同志在浙江省委牢固树立和认真落实科学发展观专题学习会上发表了重要讲话。他根据加入世界贸易组织以来的几年间浙江外向型经济发展迅速、越来越多的民营企业走向国际市场参与国际分工的现实指出："加快转变经济增长方式，要以提高我省经济的国际竞争力为导向。随着我国加入世界贸易组织和经济全球化进程不断向纵深推进，各种资源在全球范围内加快流动，国家和地区间的市场边界日益模糊，国内市场日趋国际化。在这个背景下，地区之间的竞争，越来越表现为争夺全球资源和全球市场的竞争，表现为国际竞争力的较量。所谓经济国际竞争力，主要是指面向国际国内两个市场、两种资源，在国际范围内进行资源配置和经济扩张，参与国际分工协作和竞争的能力。这种能力，不仅着眼于规模和总量，更强调质量和效率；不仅着眼于已达到的水平，更强调潜力和后劲。

---

[1]　习近平：《干在实处　走在前列——推进浙江新发展的思考与实践》，中共中央党校出版社 2006 年版，第 122 页。

世界区域经济发展的经验证明,一个资源优势并不突出的地区,完全可以通过增强国际竞争力,充分利用全球资源和市场,在竞争中脱颖而出;而一个单纯依靠资源等比较优势发展起来的地区,如果不注重培植新的竞争优势特别是国际竞争优势,也会在残酷的竞争中处于不利地位,从而走向衰败。因此,我省加快转变经济增长方式,定位要高一些,要坚持以国际竞争力为导向。我们的企业要有进入世界500强的目标和勇气,我们的产品不能仅满足于走出国门,而且要努力打入欧美的高端市场,争创国际性品牌,我们的环境要能够吸引国际一流企业来投资落户,使我们的产业、企业、产品和投资环境具有较强的国际竞争力。"①

习近平同志对浙江转变经济增长方式提出了以国际竞争力为导向的目标定位。这是对浙江在资源缺乏基础上构建新的竞争优势的期望,鼓励浙江企业要有进入世界500强的勇气,要争创国际品牌,这些要求今天都变成了现实。"零资源经济"成为浙江的一个奇迹,绍兴新昌就是典型例子,这个"八山半水分半田"的山区小县,却成为全球最大的汽车轮毂生产基地,一些绍兴民营企业的领跑者已经成长为世界500强。民营企业和民营企业家需要引领,需要为他们营造好的环境,有了阳光和雨露,民营企业就能长成参天大树。

(二)加快转变外贸增长方式

中国加入世界贸易组织以后,浙江民营企业出口迅速增长,对外贸易依存度不断提高,绍兴尤其突出。绍兴一些地区的对外依存度曾一度高达70%,在赚取大量外汇的同时,也遭遇了一次又一次的反倾销调查。对此,习近平同志要求必须加快转变外贸增长方式。他强调,必须进一步树立全球战略意识,"把增强国际竞争力作为一个重大的战略取向,坚定不移地扩大对内对外开放,为推进发展创造更大的

---

① 习近平:《干在实处　走在前列——推进浙江新发展的思考与实践》,中共中央党校出版社2006年版,第50—51页。

空间。……必须加快转变外贸增长方式,坚持以质取胜,推进贸易方式和市场多元化,在保持一般贸易优势的同时,积极发展加工贸易,提高出口产品附加值。必须大力提高利用外资质量,以提高自主创新能力为出发点,促进我省产业升级和技术创新"[①]。他要求浙江干部充分意识到,利用外资绝不仅仅是资金的问题,外资的背后是先进技术、先进管理经验和广阔的国际市场。"我们既不能因为不缺资金,就失去吸引外资的动力,也不能为引资而引资,要切实做到以我为主、为我所用,把'招商引资'转向'招商选资'。"[②]

习近平同志把提高产品附加值和提升产业国际竞争力提到了战略高度。这不仅是培育产业链竞争力的较早论述,也是应对国际贸易摩擦和贸易战的较早的远见卓识。从"招商引资"转向"招商选资"的要求,是绍兴"腾笼换鸟",实现"凤凰涅槃"的重要遵循。

(三)推动民营企业"走出去"

关于民营企业"走出去"的问题,习近平同志强调大力推动民营企业发展,必须从依靠国内资源和国内市场向充分利用国际国内两种资源、两个市场转变,要求提高民营经济的外向发展水平。他认为当前经济全球化趋势继续加快,浙江省民营经济向外扩张正逢其时,要鼓励更多的民营企业打到省外去,打到国外去,通过跨区域、跨国经营来做大做强,要认识到这是浙江民营经济发展的必然。习近平同志认为,浙江省已经有一大批民企走出去,在利用外部要素和资源、开拓国内外市场方面取得了显著成绩,但是还不够,要"进一步推动民营企业'走出去',到境外投资办厂,开展境外加工贸易,建立跨国生产体系,到境外设立研发机构,增强创新能力,到境外进行资源开发和跨国并购,提高利用两个市场、两种资源的能力。同时积极为回省发展的民

---

① 习近平:《干在实处 走在前列——推进浙江新发展的思考与实践》,中共中央党校出版社2006年版,第64—65页。

② 习近平:《干在实处 走在前列——推进浙江新发展的思考与实践》,中共中央党校出版社2006年版,第65页。

营企业提供畅通的渠道和良好的平台,努力把浙江人经济转化为浙江经济"①。

习近平同志强调,要"注重市场竞争主体的培育,支持有较强竞争优势的大企业集团,通过兼并、联合、上市等形式,尽快成长为具有较强国际竞争力的跨国公司"②。2005 年 11 月 6 日,他在浙江省委十一届九次全会第二次大会上指出,"企业走出去是经济规律的使然"③。从短期看,企业走出去会造成一定程度的资金外流。从长远看,企业走出去,是产业结构升级的需要。"腾笼"才能"换鸟",壮大可以反哺,这更有利于我们发展高新技术产业和新兴服务业,提高本土经济整体素质和区域竞争力。

习近平同志鼓励民营企业通过跨区域、跨国经营和并购做大做强,认为这是浙江民营经济发展的必然,是产业结构升级的需要。绍兴根据习近平同志的要求,大力支持实力民营企业通过海外并购集聚高端要素,提升国际竞争力,并取得了显著成效,浙江省本土民营企业跨国公司 20 强、30 强和 50 强中,绍兴企业所占席位均在前列。

第二节 "腾笼换鸟"构建现代产业体系

绍兴以习近平同志的重要指示精神为指导,结合本地实际,认真贯彻落实"八八战略",念好传统产业改造提升与新兴产业培育发展的"两业经",弘扬"胆剑精神",坚持破立结合,坚持倒逼和引领并举,拉长产业链、补强创新链、提升价值链、优化生态链,逐步建立起了以纺

---

① 习近平:《干在实处 走在前列——推进浙江新发展的思考与实践》,中共中央党校出版社 2006 年版,第 96 页。
② 习近平:《干在实处 走在前列——推进浙江新发展的思考与实践》,中共中央党校出版社 2006 年版,第 113 页。
③ 习近平:《干在实处 走在前列——推进浙江新发展的思考与实践》,中共中央党校出版社 2006 年版,第 103 页。

织、化工、金属加工三大传统优势产业为支撑，以黄酒、珍珠两大历史经典产业为特色，以高端装备、集成电路、现代医药、新材料四大新兴产业为引领的现代产业体系。

一、多路径多举措推动传统产业改造提升

（一）"五水共治"倒逼企业转型升级

绍兴以"五水共治"为契机，倒逼企业转型升级，提出了一系列措施：一是严格环保执法，打造环保执法最严城市。2014 年修订的新《中华人民共和国环境保护法》实施后，绍兴一方面大力宣传，组织企业家学习，另一方面立即执行，在浙江省率先建立生态环境司法修复机制，率先设立环境资源审判庭。二是制定史上最严格的《绍兴市印染行业落后产能淘汰标准》，突出能耗和排污标准规定，逼迫企业升级。该标准对落后的工艺技术，落后的生产设备，小规模、低效能的落后产能，废水、废气和固废等"三废"进行了具体严格的规范和要求。三是地方立法，建立长效机制。2016 年颁布实施了《绍兴市大气污染防治条例》《绍兴市水资源保护条例》等地方性条例，这是绍兴获得地方立法权后出台的首批地方性法规。四是以壮士断腕的勇气，关闭一大批低端产能企业。2016—2020 年，关闭印染和化工低端产能企业2000 多家，关闭退出工业园区 48 个，关停转型专业市场 53 家，全面完成了绍兴所有规上印染企业（336 家）、规上化工企业（299 家）的整治提升工作。五是加大在线监测力度和治理力度。要求印染企业所有污水管道一目了然，藏在地底下的都要"晒"出来。环保监察监测人员进入厂区要"3 分钟之内能到达标准化排放口监测点位、3 分钟内监测设备能放置到监测平台、3 分钟内能完成各项准备工作进入监测状态"。全面实施废水、废气、固废"三凡三必"措施，即凡产生必收集、凡收集必处理、凡处理必达标。"五水共治"不仅极大地改善了生态环境，促进了绿色发展体制机制的健全和完善，也有效增强了企业转型

升级高质量发展的意识和行动力,2009—2020 年,绍兴单位 GDP 能耗累计降低 36.2%。

（二）专业市场创新引领产业转型升级

绍兴是专业市场大市,中国轻纺城、钱清中国轻纺原料城、越州轻纺工贸园区市场、大唐轻纺袜业城获得中国社科院评定的"中国商品交易市场百强"称号。其中,中国轻纺城 2020 年交易额达到 2770 多亿元,保持全国同行业专业市场交易额第一名。传统产业与专业市场相互依存,共同促进产业发展、市场繁荣和城市发展。在工业化初期,产业带动市场发展;到工业化中后期,市场成为产业发展的晴雨表、要素的集聚源和引领产业发展的驱动平台。因此,专业市场制度创新成为传统产业转型升级的重要路径之一。绍兴围绕传统专业市场存在的产品雷同、中低档为主、价格低、利润低、信息化程度低、中间产品为主、"恨布不成衣"等与消费升级大趋势不一致、国际化程度提高不快等问题,进行了一系列创新。一是打造网上轻纺城,推进专业市场国际化。2011 年,柯桥区（原绍兴县）投资 20 亿元,收购了中国纺织网,建设了集纺织行业资讯、贸易信息数据库、产品及企业大全、网上纺织服装交易、公共信息化服务于一身的纺织服装网上市场,有效实现了有形市场和网上市场的互动发展,推动了纺织产业的转型升级和轻纺城的提升发展。2015 年,中国轻纺城股份有限公司按照"市场、物流、金融、电商"四大主业的发展思路,收购了"网上轻纺城"75% 的股权,并在收购后对其增资 1 亿元,使得"网上轻纺城"成为中国轻纺城公司控股子公司。收购增资加快了轻纺城市场线上线下融合发展的步伐,形成了"互联网＋实体轻纺市场"的经营新模式,通过把轻纺城打造成纺织产业综合服务平台,实现轻纺城的转型升级。2020 年,网上轻纺城会员达到 200 万名,交易额达 607.05 亿元,同比增长 15%。二是建设纺织科创园,集聚创意设计人才,提升纺织品附加值。近年来,中国轻纺城先后建成 F5 创意园、科技园、中国轻纺城创意园等纺织科创园区,截至 2021 年底,已有 400 多家纺织创意企业、2400 多名设计师落户,年设计销售收入已超 10 亿元。三是扩展纺博会内涵,提升会展平台影响力,促进纺织业时尚化。柯桥纺博会始终坚持"国际化、专业化、市场化、信息化"的办展理念,成为国内三大纺织展会之一。2012年起,每年举办"中国轻纺城杯"中国国际时装创意设计大赛,引领全球服装时尚潮流。中国轻纺城的纺博会已经成为纺织品交易和创意交流的重要国际化平台,有力地推进了绍兴纺织业走向世界时尚界的前端。四是建设市场采购贸易平台,推进中国轻纺城和绍兴纺织产业的国际化。市场采购贸易是采购商以专业市场为平台,直接向市场商户下单采购商品,货物检验通关全部在市场进行的一种内外贸一体化的新型贸易模式,是畅通国内大循环、促进国内国际双循环的有效实践形式。市场采购贸易平台通过海关专门的 1039 市场采购监管通道进行通关检验,免增值税,解决了小微企业和个体户参与外贸难、小单小批量货物外贸交易成本高等一系列难题,成为推动中小微企业参与国际合作、在国际竞争中提升发展的绝佳平台,备受青睐,自运营以来,外贸增长迅速,成为绍兴外贸出口的一个新增长极。目前正在加快推进主体集聚,积极吸引引进外地生产经营者、国外采购商,不断加大市场采购平台区的商流、人流、资金流和信息流,进而促进产业集群与城市协同发展。

(三)技术创新驱动产业品质提升

绍兴着眼于绍兴中小民营企业多的特点,聚焦中小企业创新中的短板和难题,围绕增强主体创新能力,充分发挥政府的有效服务作用。一是加强创新主体培育。出台《绍兴市高新企业培育专项行动计划》《加快科技创新的若干政策》《绍兴市全社会研发投入提升专项行动计划》等,激发企业创新意识,增强企业创新能力,建立财政科技投入稳定增长机制,优先支持传统制造业改造提升、新兴产业培育、关键共性技术攻关、科技成果转移转化、发明专利产业化,确保来源于政府资金的 R&D 投入比例逐年提高。二是建立产学研合作新机制，进行制造业应急攻关研发。聚焦"卡脖子"技术，建立"企业出题、高校研究生团队解题、政府助题"的产学研合作新机制。截至 2021 年底，绍兴企业已与 110 多所国内外高校院所建立长期产学研合作关系，2015—2018 年共达成产学研合作项目 430 多个，规上企业产学研合作覆盖率达到 92%。通过设置专班，系统排摸制造业整机（成套）优势企业供应链断链风险，对接省科技攻关与产业链安全专班，联动解决企业生产中的技术难题。三是有效破解传统产业认定高新技术企业难的问题。作为全省传统产业改造提升唯一试点城市，绍兴聚焦新技术、新产业、新业态、新模式"四新经济"，在纺织、化工、金属加工等传统产业开展高新技术企业申报认定。2018 年，全年新认定的 323 家高新技术企业中，传统产业有 149 家。同时以产业创新服务综合体建设为依托，加快传统产业科技企业孵化器、众创空间建设。2020 年，6 家产业创新服务综合体进入省级创建名录，数量居浙江省之首。四是推广新昌科技创新模式，提升服务科技企业的有效性。以推广"新昌经验"为契机，推进全面创新改革联系点建设。

在主体培育方面，采取自建、高校共建、飞地、海外并购及技术联盟等方式推进企业研发机构全覆盖。构建龙头企业引领、中小企业协同的"雁阵式"企业创新梯队，实现研发活动全覆盖。完善"企业出题、高校解题、政府助题"的新型产学研合作机制，做到产学研合作全覆盖；鼓励引导企业从重创造转向创造保护并重，积极申报以发明专利为核心的知识产权，实现发明专利全覆盖。引导信息技术向生产、设计、市场等环节渗透，生产方式向柔性、智能、精细转变，实现智能制造全覆盖。建立市、县领导联系科技企业、科技项目、科技人才和高校团队制度，做到领导对接百分百。完善体制机制，推动绍兴市人才事项全流程网上办理、网上反馈，做到人才服务百分百。推广建立知识产权"三合一"综合管理服务体系，推进规上企业知识产权保护百分百。

截至 2021 年底，绍兴共有国家高新技术企业 2205 家，省级科技中小企业 8788 家,分别居全省第五位和第四位;2021 年全社会研发经费占 GDP 比重达到 2.9%,居全省第四位;近三年研发经费增长率居全省第一位,涌现出工厂化养蚕、温室养殖淡水珍珠、"不上头"黄酒等一批颠覆性新产品新技术。

(四)数字化智能化赋能传统制造业焕发新活力

2019 年 3 月,绍兴出台《绍兴市传统产业智能化改造三年行动方案》,在 13 个传统产业领域实施智能化改造。到 2021 年,绍兴所有具备条件的传统产业制造业企业全面完成改造,重点行业智能化水平全国领先,骨干企业智能化水平国际一流,基本确立"企业数字化制造、行业平台化服务"新发展体系,致力于创建环杭州湾大湾区先进智造引领区、全国传统产业数字化转型示范区。一是实施智能化改造"十百千"工程。2019—2021 年,绍兴创建符合工信部标准化要求的智能工厂 10 家,打造智能制造示范车间 100 个,推进生产线智能化改造项目 1000 个以上,企业装备数控化率达到 60% 以上,机器联网率达到 40% 以上,机器人密度达到 200 台/万人以上。二是推进智能化重点行动。深化实施工业机器人应用倍增计划,以改造传统设备、优化传统工艺为方向,推进企业从部分环节单台机器人应用向全生产环节自动化改造发展,实施"机联网""厂联网"等以智能机器人系统为核心的技术改造,开展细分行业"工业机器人"改造示范,培育发展一批系统集成和售后服务能力强的机器人工程服务公司,促进机器人在传统产业领域的广泛应用,提升行业自动化、智能化水平。三是打造高标准智能工厂。鼓励有实力的行业龙头企业,全面运用智能化装备和智能传感器、工业软件、互联网、人工智能等新技术,实现设备互联、数据互换、过程互动、产业互融,加快新一代信息技术在企业研发设计、生产制造、运营管理、售后服务中的深度应用。到 2021 年底,绍兴新创建符合工信部标准化要求的智能工厂 10 家。四是建设智能制造示范车间。鼓励具备智能化改造条件的行业骨干企业实施数字化、智能化成套装备车间改造，促进制造工艺仿真优化、制造过程智能化控制、生产状态信息实时监测和自适应控制，打造一批自主创新能力强、产品市场前景好、产业带动效应大的智能制造示范车间。到 2021 年底，绍兴新建设市级智能制造示范车间 100 个。五是推进生产线智能化改造。在所有具备条件的传统产业规模以上企业中，推进生产线智能化改造。到 2021 年底，绍兴新实施生产线智能化改造项目 1000 个。六是打造工业互联网平台。充分发挥绍兴已经形成的陀曼轴承云、环思纺织生态云、创博龙智袜业云等优势平台的示范促进作用，引进和培育一批具有引领作用的行业级工业互联网平台，着力构建"一区域一平台、一行业一朵云"的工业互联网平台体系。

（五）园区有机更新优化产业结构和企业结构

绍兴根据浙江省委、省政府部署，积极整合提升园区，加快集群空间聚合，发展平台能级不断跃升。2016—2021 年，发挥滨海新区产业大平台核心引领作用，创建 4 个"万亩千亿"新产业平台，同步调整开发区、工业园区、小微企业园"三园"布局。2019—2020 年，绍兴省级以上开发区（工业园区）由原来的 13 个整合为 9 个，省级以下工业园区由 281 个整合到 24 个，其中，力度最大、效果最显著的是印染产业和化工产业园区。关停、淘汰、整合、转型 80 多家化工企业，边生产边对标整改 51 家、停产对标整改 18 家，建成省级认定小微企业园 70 个，集群企业入园率达到 80% 以上，严格实施对标分类改造提升，化工企业基本实现"一园式"高质量发展。印染企业突破行政区域限制，集群跨区整合集聚实现了实质性推进，越城区印染产业形成 5 个组团，落户柯桥蓝印小镇，29 家化工企业与上虞签订落户协议，全市产业布局一体化程度得到提升。市域产业集聚为推进长三角一体化产业分工协作奠定了基础。

（六）引导企业"走出去"，全球吸纳高端要素

一是营造氛围，鼓励境外并购。推荐跨国并购成功案例，总结汇

编《绍兴市企业走出去的成功案例》,开展经典经验宣传,树立示范标杆,为企业提供经验。建立项目信息库,构建市、县、企业三级联动机制,制定出台了《加快培育绍兴本土民营跨国公司三年行动计划》,提出发展目标、途径分析、对策举措,提振企业发展信心。二是引导民营企业实施境外并购。引导浙江龙盛、浙江三花、浙江卧龙、海亮集团等民营上市公司通过并购产业关联度大、配套性强的目标企业,借助原有境外企业的销售渠道或者营销网络平台,直接承揽订单,减少中间环节,提高市场营销能力和水平,扩大市场占有率。三是优化服务,助推境外并购。建立企业境外并购审核绿色通道和全程服务机制,提高审批效率。想方设法帮助企业解决碰到的各种难题。组建由商务、外管、出口信保、进出口银行等部门组成的服务小分队,提供"一对一"个性化跟踪服务,引导商业银行量身定制"内保外贷"等配套金融产品,帮助企业规避汇率风险。

二、大力度引进培育具有重大带动作用的先导性产业

(一)打造若干个千亿级新兴产业集群

在积极推动传统产业改造提升的同时,绍兴也在加快培育发展高端装备、新材料、电子信息、现代医药四大新兴产业。以实施"市县长项目工程"为龙头,紧盯四大新兴产业开展精准招商、产业链招商,不断集聚发展新动能,为更高水平打造全省高质量发展重要增长极提供动力支撑。目前,集成电路、生物医药、高分子材料平台已先后列入省级"万亩千亿"新产业平台培育名单,成为绍兴培育千亿级产业集群、发展新兴产业的主阵地。四大新兴产业集群已经形成了较好的基础和比较优势。截至 2021 年底,高端装备制造业共有规上企业 920 多家,上市公司 20 多家,逐步形成了技术、品牌、标准、市场等方面的集聚优势。2020 年绍兴市电子信息、现代医药、高端装备、新材料等四大新兴产业总产值达到 3273.7 亿元,占规上工业产值比重增至

45.9％,较"十二五"末的 25％提高了约 20 个百分点,对工业经济增长的贡献率明显提升,成为经济发展和产业升级的主引擎。

2018—2021 年,绍兴累计引进新兴产业重大项目(10 亿元以上)171 个,其中 50 亿元以上 43 个,100 亿元以上 13 个,300 亿元以上 2 个,大项目落地大平台推动绍兴新兴产业强劲崛起。

(二)实施"双十双百"行动计划,培育创新集群

2020 年 2 月,绍兴市委、市政府出台《"双十双百"集群制造(培育)行动计划》,计划通过 3—5 年的努力,建立面、线、点多层级立体式培育机制,构建十大现代制造业集群和十大标志性产业链,加快 100 家以上标杆企业升级和 100 个以上制造业重大项目建设,支撑推动产业集群和产业链提升。

一是确定培育目标,培育产业集群、产业链、标杆企业。实现"一个集群一个创新综合体"全覆盖,建成国家现代纺织、绿色化工、集成电路产业集群,基本建成国家现代纺织、集成电路、现代医药创新中心,成功创建国家现代住建、黄酒创新中心。到 2025 年,新材料、汽车整车及零部件、人工智能、节能环保、食品及添加剂等新兴产业链引领带动相关配套产业升级成千亿级产业集群。加大产业链上下游协同创新,按"一条产业链一个研究院"目标,建成十大产业链研究院。到 2022 年,培育集聚 100 家以上引领型、示范性、标志性行业标杆企业,串点成链,以点带面,推动先进制造业集群和产业链不断完善。

二是确定对标地区,选定重点布局县(市、区)进行重点培育。为实现上述目标,在全市域、全领域加快"五大转变",即空间布局上从离散形态向聚合形态转变,发展主体上从规模扩张向质量提升转变,动力方式上从要素依赖向创新驱动转变,体制机制上从传统管理向现代治理转变,对标对表上从国内领先向国际一流转变,全力推动创新集群形成。以五大重点创新集群为例,现代纺织产业集群重点布局区域以柯桥区为核心,诸暨市与嵊州市联动,国内主要对标地区是山东济

宁和广东珠海沿岸,国际主要对标地区为法国巴黎,发展目标是"绿色高端、世界领先";绿色化工产业集群布局重点是以上虞区为核心,柯桥区联动,国内对标地区为山东烟台,国际对标地区为德国北威州马尔市,发展目标是"绿色安全、循环高效";集成电路产业集群布局是以越城区、滨海新区为核心,国内对标地区是上海和广东深圳,国际对标地区为美国加利福尼亚州,发展目标是形成集成电路设计、制造、封装、测试、设备及应用的全产业链;现代医药产业集群布局是以滨海新区为核心,上虞区和新昌县联动,国内对标地区为江苏泰州、连云港和上海张江,国际对标地区为美国、欧洲和日本等代表性国家和地区,发展目标是打造国内知名的生物医药生产基地;金属加工产业集群布局是以诸暨市为核心,上虞区和柯桥区联动,国内对标地区是湖南株洲和浙江永康,国际对标对象为德国 KMF 集团、日本三菱材料,发展目标是"创新提质、做精做强"。

三、产业结构优化取得显著成效

(一)高质量发展水平指数居全省前列

绍兴认真贯彻落实"腾笼换鸟、凤凰涅槃"攻坚行动要求,坚持不懈念好"两业经"。一手抓传统产业改造提升,优化内生性增长对经济发展的支撑;一手抓新兴产业培育发展和创新集群打造,厚植外生性增长,为经济发展注入新动力。"两业经"战略取得了新的显著成效,绍兴成为浙江唯一连续 8 年获全省"腾笼换鸟"工作考核先进城市。"两业经"不但念出了新旧动能转换的加速度,也走出了一条向先进制造业集群迈进的新路径,筑牢了绍兴持续高质量发展的坚实基础。2018 年,五大传统制造业(纺织、化工、金属加工、黄酒、珍珠)增加值增长 5.6%,利润增长 24.7%,行业素质明显提升。同年,浙江省高质量发展评价中,绍兴高质量发展水平综合指数居全省第三名,发展进程指数居第一名。2009—2019 年,单位 GDP 能耗累计降低 36.2%,

以年均 3.6％的能源消费增长支撑了年均 8.3％的规上工业增长。随着产业转型升级成效的不断彰显，过去因传统发展模式造成的环境问题，也得到了极大的改善。2012—2021 年，绍兴 PM 2.5平均浓度从 60 微克/米^{3}下降到 30 微克/米^3，空气质量优良天数比例从 75％上升到 85.6％。2020 年上半年空气质量优良天数比例达到 90.1％，PM 2.5浓度下降到 28 微克/米^3，改善幅度居全省第一名。群众普遍感到绍兴天更蓝了，水更清了，空气更清新了，"稽山鉴水"不断焕发出新时代的魅力。

（二）科技创新的"新昌模式"誉满全国

新昌是典型的山区小县，科技人才基础薄弱，区位条件不优，土地资源匮乏。但是，新昌坚持"资源不足科技补，区位不足服务补，动力不足改革补"，依靠科技创新，实现创新投入常态化，研发经费支出占 GDP 比重连续 6 年保持在 4％以上；依靠科技创新，实现产业结构高级化；依靠科技创新，实现传统产业智能化，被列为"两化"深度融合国家示范区、浙江省智能制造试点县。"新昌模式"走出了一条创新驱动转型升级的新路子，闯出了一条科技强、产业好、生态优的高质量发展之路，用 11 年时间实现了从浙江省次贫困县到全国百强县的跨越，用 10 年时间实现了从浙江省环境保护重点监管区到国家级生态县的跨越。2014 年和 2016 年，新昌先后被列为浙江省科技体制综合改革试点县和全省全面创新改革试验区，科技创新"新昌模式"入选全国科技体制改革案例。2016 年 5 月 31 日，在中国科技创新大会上，新昌作为唯一的县域代表做典型交流发言，"全面推广科技创新新昌模式"被写入 2019 年浙江省政府工作报告。"新昌模式"被认为是浙江乃至全国推进中小企业科技创新的一个样板，科技创新让新昌完成从"模仿制造"到"创新创造"的嬗变，通用航空、工业机器人、新材料等新兴产业发展迅速，现有销售额超百亿元企业 3 家，上市企业 11 家，培育了一批全球细分市场的单打冠军。

(三)上市公司引领发展方式转变成为全省示范试点

民营企业上市是绍兴经济现象中一道引人瞩目的风景线,体现了绍兴市场主体实力和创新能力的提升。目前绍兴拥有上市公司 83 家,居中国地级市第三名,A 股上市公司 68 家,居全省地级市第一名;上市公司总市值近万亿元,其中,16 家上市公司市值超 100 亿元,3 家上市公司市值超 500 亿元。不断壮大的上市企业队伍,成为区域高质量发展的发动机和领头雁,通过进军新兴产业、海外并购、自主研发、技术外溢、采购本地中小企业零部件等在本地产业结构优化、技术创新、小微企业成长、区域经济稳定等方面发挥了重要的带动作用,在区域产业转型升级、新旧动能加快转换方面发挥了积极的引领作用,上市公司引领发展方式转变被确定为全省示范试点。中国民营企业 500 强及中国民营企业制造业 500 强中,绍兴拥有企业数长期居浙江省前列。2017—2019 年,浙江省本土民营跨国公司 20 强中,绍兴有 6 家;2020 年浙江省本土民营跨国公司 30 强中,绍兴有 7 家。龙头企业的全球并购对绍兴制造业的现代化起到了积极作用,不仅加速了资本集中、技术提升、创新能力增强、市场拓展,而且使地方性企业、区域性企业成长为跨国公司,品牌为主的信号发送机制加速形成,产权结构外部化、公司治理现代化水平进一步提升,这些本身就是微观主体发展方式转变的体现。

(四)数字化智能化赋能传统制造业焕发新活力

2019 年,新昌县、柯桥区和上虞区等地入围浙江省数字化转型 20 强。绍兴智能化、数字化改造传统产业,出现了闪耀的"新星"企业。比如,浙江康立自控科技有限公司的"智慧工厂"方案、浙江陀曼智能科技股份有限公司的"轴承云"平台、中国轻纺城纺织产业大数据中心的"印染大脑"等,都是针对传统制造业某些突出问题的创新解决系统。

"智慧工厂"方案融合并强化了自动化与信息化建设,在数字化工厂基础上，利用物联网技术和设备监控技术加强信息管理和服务，全面把控生产流程，减少人工干预，准确提供生产数据，使纺织工厂实现工业4.0改造。管理者可合理编排生产计划，实时监督生产进度，减少生产能耗，让生产更加绿色、智能、高效。

"轴承云"平台针对中小企业在智能化改造后生产管理支撑难、后续服务获得难的问题，打造了"云端一体"的系统解决方案。历经了从1.0版本的5种应用功能到3.0版本的超过20种应用功能的迭代升级。通过在企业原有生产设备上加装智能感知模组、数据处理终端、物联网通信模组及安全模块等，实现设备、生产线、企业与平台相互之间的数据联通，并通过平台数据库算法，以电子看板、手机App、管理报表等方式为企业提供不同的场景应用和信息输出。通过低成本的数字化技改，帮助企业实现从"经验管理"向"数据管理"的转变，使企业具备利用数据发现问题、分析问题和解决问题的条件，为企业提供资源优化管理、生产过程管理及风险管控和产品全生命周期管理等服务。"轴承云"平台使得当地企业平均设备利用效率提高了20%，能耗下降了10%，用工下降了50%，平均综合生产成本降低了15%，平均利润增长了15%。2018年，"轴承云"被列入省级工业互联网培育平台。

"印染大脑"是推动印染产业向标准化、高效益转化的系统。长期以来，印染企业的主要痛点是能耗、料耗大和排污成本高，主因在于染色一次成功率低，一次成功率在80%左右。为减少次品率，企业普遍采用保守印染措施，增加染缸的保温时间，造成了大量的能耗，延长了机缸用时。为解决这个问题，部分企业已投入大量资金引进高端设备和信息系统，但其功能和效益远未发挥，数据使用效率仅为15%。"印染大脑"就是专门针对这个问题开发的系统化技术支撑体系。"印染大脑"被评为2019年度市级工业互联网平台。

第三节　发展方式转变的价值启示

绍兴牢记习近平同志的要求,奋力谱写新时期的"胆剑篇",大力度推进传统产业改造提升,大力度引进培育新兴产业,传统产业素质全面提升,新兴产业发展势头强劲,实现了制造业从块状经济向现代产业集群的跃升,走出了一条"腾笼换鸟、凤凰涅槃"的成功之路。绍兴作为传统制造业占比较高的城市,其产业结构的优化和发展质量的提升,具有重要的价值和启示意义。

一、大力发展实体经济,筑牢现代产业体系的坚实基础

习近平同志在浙江工作时就始终强调制造业的重要性,要求浙江的制造业发展走在前列,要建设先进制造业基地。2003 年 6 月 24 日,他在浙江省工业发展大会上指出:"我们必须充分认识建设先进制造业基地和走新型工业化道路本质上的一致性,按照新型工业化的要求,切实抓好先进制造业基地建设。"[①]2003 年 2 月 15 日到 16 日,习近平同志到绍兴调研先进制造业基地建设情况,指出"先进制造业的主体,必须是高附加值的产业,其技术工艺、研发能力、管理水平在全国名列前茅,产品在国际市场上具有强大的竞争力"[②]。

绍兴遵循习近平同志的指示,始终坚持制造业强市战略。绍兴是制造业大市,以块状经济为主要存在形式的实体经济是浙江经济的显著特征,在绍兴表现得尤为突出,绍兴块状经济是浙江经济的缩影和典型代表。绍兴制造业占地区生产总值的比重长期在 50％以上。纺

---

① 习近平:《干在实处　走在前列——推进浙江新发展的思考与实践》,中共中央党校出版社 2006 年版,第 118 页。

② 习近平:《干在实处　走在前列——推进浙江新发展的思考与实践》,中共中央党校出版社 2006 年版,第 117 页。

织、化工、金属加工、黄酒、珍珠、轴承、厨具、电机等八大传统制造业集聚的规上工业企业数量，创造的增加值、利润、税收，提供的就业岗位数量等五个方面指标，始终占全市制造业的60％—75％。尽管经济主体以中小微企业为主，改造提升和提高自主创新能力难度都比较大，但绍兴始终坚持"制造业兴，则绍兴经济兴""制造业强，则绍兴经济强"的信念，牢记习近平同志的指示，在充分尊重市场主体选择的基础上，积极发挥政府的有效服务作用，从"十五"规划到"十四五"规划，始终坚持和实施制造业强市战略，坚守制造业阵地，着力发展制造业这个绍兴实体经济的重点，以钉钉子的精神持续扶强传统制造业企业，同时大力引进培育新兴制造业企业。2020年，绍兴规上工业企业近5000家，新兴制造业企业占比不断提高，构成了绍兴高质量发展的坚实基础。党的二十大指出高质量发展是全面建设社会主义现代化国家的首要任务，提出了"坚持把发展经济的着力点放在实体经济上"的要求，在这一要求以及习近平同志在浙江工作期间的重要指示的指引下，绍兴正在奋力打造长三角南翼先进智造业基地。

二、坚持创新发展理念，构建以企业为主体的区域创新体系

绍兴按照习近平同志的要求，积极构建以企业为主体的区域创新体系，产生了小县大科技的"新昌模式"，其特点和内容可概括为三个方面。

第一，重视创新制度供给，打造最优创新环境。通过精准、高效的制度供给，增强企业创新活力和创新动力。建立以科技为导向的用人机制。成立由新昌县委、县政府主要领导任组长，各套领导班子参加的创新驱动领导小组，把科技创新与干部晋升和奖惩挂钩，形成以科技为导向的用人机制。建立科技指导员制度。选调200多名副局级以上领导干部，派驻200多家规上企业，累计帮助企业解决人才、产学

研合作、知识产权等方面的问题 500 多个。建立健全转型升级靠创新的政策体系。优化与科技投入产出相匹配的科技管理体制,实行科技经费竞争性配置和第三方评价机制,明确科技财政投入占比不低于 10%。创设"三单一图"审批模式,提高服务效率。各方工作流程都用不同颜色区别开来,在流程图上,每个审批部门的职责和审批时限被明确标注。每项审批用了多少时间,县行政服务中心进行汇总,并对部门审批效率进行排序,倒逼部门提速增效,促使审批速度和效率提高了 35% 以上。建立"政府前置保护、企业自我保护、司法强力保护"的知识产权保护体系。成立新昌县知识产权维权援助中心,加强行政保护与司法保护有效衔接、联动执法。

第二,重视创新主体培育,集聚内生动力。发挥新型大企业引领作用,支持上市公司通过海外并购进入产业链高端,并带动产业链细分行业的相关企业向"专、精、尖"方向发展。构建企业为主体的政产学研创新协调机制。实行规上企业产学研合作全覆盖和规上企业研发中心全覆盖,突出企业技术创新主体地位,以企业需求为根本,主导产学研合作,建立健全"企业出题、高校解题、政府助题"的政产学研合作创新长效机制。通过精准挖技术需求、精准出攻关课题、精准找研发团队,促进企业需求与高校院所科研成果有机对接以及创新链与产业链无缝衔接,打通科技成果转化"最后一公里",破解企业技术研发难题,破解新昌科技资源匮乏难题。通过推行企业自己找、部门协助找、专家精准找、中介牵线找等,每年挖掘企业攻关课题 200 多项,精准编制产学研合作需求清单,促进产业端与技术端的精准对接,全县技术交易额年均增长 60% 以上。对技术市场、国家级检测中心实行市场化、公司化改革,并推行"创新券",建立政府资助购买检测等技术服务的机制,增强服务主体的内生动力。

第三,重视企业家才能发挥,实现科技资源最优配置。企业家的人力资本是在生产过程中通过干中学、学中干积累起来的。把各种生产要素组织起来的经验知识是重要的人力资本,是企业家创新的显著特征，具有递增的生产力。新昌科技部门充分发扬服务精神，当好科技"店小二"，让企业家专心创新创业。围绕办事"零跑腿"、服务"零距离"、保护"零缺位"，帮企业引人才、留人才，坚持把研究院建在企业，就公共科技资源如何助力创新充分听取企业家意见。顶层科学引领、地方政府无微不至的服务与企业家的专注精神、工匠精神高度契合，形成了和谐相融的创新激励机制体系，营造了良好的创新发展环境，使得各种创新要素的源泉充分涌流。目前，常年在新昌服务企业创新的专家团队达 73 支，每万人发明专利拥有量达到近 70 件，年均技术交易额达到 6 亿多元，企业技术创新项目获国家科学技术进步奖二等奖 2 项。为持续强化尊重企业家、尊重人才、尊重创新的氛围，每年召开科技创新大会，评选重视科技创新、重视人才、重视体制改革的好厂长、好经理、好镇长、好书记、好局长。大张旗鼓的表彰，让科技创新人才在经济上获得回报、政治上获得荣誉、社会上获得尊重。不断优化的区域创新体系，孵化和哺育了一批优秀的创新型企业家，他们既是企业的掌舵者，又是创新团队的带头人和创新项目的负责人，他们深知创新的重要性，以及如何配置创新资源，其人格魅力和特殊的人力资本力量，为企业不断集聚更多的创新要素，形成了以企业为主体、企业家为主导的区域创新模式。当前，绍兴正在结合习近平同志对绍兴的指示要求，贯彻落实党的二十大精神，实施区域创新驱动发展战略，迭代升级"新昌模式"，使创新成为高质量发展的第一动力。

三、坚持供给侧结构性改革，培育增长新动力

绍兴遵循习近平同志的指引的方向，不仅把传统产业改造提升和新兴产业培育发展作为区域供给侧结构性改革和发展方式转变的主要抓手，而且把加快发展现代服务业作为产业结构调整、供给侧结构性改革的突破口。按照"一个集群一个综合体""一个产业一个研究院"模式，布局建设国家级和省级制造业创新中心、产业创新服务综合

体,围绕现代纺织、绿色化工等产业集群、产业链,培育一批具有引领作用的行业级工业互联网平台,强化现代服务业对制造业的支撑作用。绍兴还根据新兴产业人才缺口巨大,发展人才服务业成为绍兴深化供给侧结构性改革重点的实际情况,开行高绩效产业"人才专列"、搭建全方位人才培育平台、构筑多层次人才市场服务体系,围绕产业园区和高校园区构建属性和功能多样化的服务业集聚区,在推进区域一体化方面,把构建绍兴制造业企业与沪杭甬城市高端生产性服务业对接平台、载体和通道建设作为重要内容,促进人力资源零成本流动,通过人才流动实现技术共享。

第三章　进一步加快
文化强市建设步伐

多年来,绍兴坚定不移地沿着习近平同志指引的方向前行,自觉担负起文化建设先行先试的重大责任,实施建设文化强市、打造文化绍兴、"重塑城市文化体系,打造文化产业高地"等重大战略,在忠实践行"八八战略"、奋力争做"两个先行"排头兵的重要历史进程中,不断贡献着绍兴的经验、智慧和方案。

第一节　文化建设文章要做深做透

改革开放以来,绍兴能够在没有区位比较优势的情况下实现经济社会的持续健康发展,成为全国经济发展又好又快的城市之一,其深层原因,就在于文化的力量,在于深厚的文化底蕴,在于能够较好地适应市场经济的文化传统。

一、要大力弘扬"胆剑精神"

习近平同志非常重视挖掘地区的历史文化价值,强调继承发扬区域历史文化,让传统文化为新时期的发展服务。21世纪初,中国正处于经济发展过热的时期,土地、煤炭、电力等生产要素供应紧张,国家进行了宏观调控,在这样的大背景下,绍兴乃至浙江的发展速度开始下降。绍兴的经济发展面临一个十字路口：经济增长方式粗放的矛盾日益突出，发展速度减缓，宏观调控政策效应开始显现，资金、能源、土地等大生产要素骤然趋紧。正是在这样的背景下，习近平同志指出绍兴应大力弘扬"胆剑精神"。2003 年 1 月 20 日浙江省两会期间，习近平同志在出席绍兴代表团的讨论会时讲道："绍兴有很多典故值得我们借鉴和学习。今天，我们弘扬越王勾践卧薪尝胆、'十年生聚，十年教训'的精神，就是要围绕全面建设小康社会、提前基本实现现代化的目标，卧薪尝胆，艰苦奋斗，努力谱写新时期的'胆剑篇'。绍兴这块土地曾经在历史上创造了辉煌，相信将来能够创造更大的辉煌。"①习近平同志将绍兴历史的精华概括为"胆剑精神"，就是希望绍兴将历史与现实相结合，把这种精神作为落实科学发展观和"八八战略"，推动绍兴率先发展、富民强市的强大动力，就是要求绍兴既要卧薪尝胆、奋发图强，还要敢作敢为、创新创业，把绍兴人精明务实的性格与大气开放的气度结合起来，谱写新时期的"胆剑篇"。

20 世纪 60 年代初，国家正值三年困难时期，时任中国文联主席郭沫若指示曹禺等北京人艺的同志创排一出话剧《胆剑篇》，取材于越王勾践卧薪尝胆的历史故事，旨在激励全国人民自强不息、攻坚克难。绍兴市委、市政府根据习近平同志的指引，在绍兴全市范围内开展了"胆剑精神"大讨论。通过大讨论，激发了干部群众克服困难的勇气，为绍兴的发展注入了强大精神动力。"胆剑精神"成为激励绍兴经济发展、在逆境中前进的动力。绍兴经济在困境中实现了奇迹般的增长，2004 年实现生产总值 1313.9 亿元，同比增长 15.3%，增速为近 7 年来最高。由此可见，文化不是经济的附庸，而是有决定意义的制胜力量。

---

① 中央党校采访实录编辑室：《习近平在浙江》（上），中共中央党校出版社 2007 年版，第 234 页。

二、绍兴可以有文化上的优越感

2005 年 5 月 17 日，习近平同志调研绍兴文化工作时讲道："在浙江省的这些城市中，绍兴建城最早，历史名人最多，毛主席就曾讲绍兴是'鉴湖越台名士乡'。绍兴历史文化积淀十分深厚，可以说，绍兴是浙江的'罗马'。"①

"求木之长者，必固其根本；欲流之远者，必浚其泉源。"中华优秀传统文化是文化自信的重要来源，是中华民族的"根"和"魂"，是中华民族在世界文化激荡中站稳脚跟、坚定文化自信的坚实根基和突出优势。绍兴从新石器时代中期的小黄山文化开始，至今已有约 9000 年历史，绍兴还有 2500 多年的建城史，在浙江乃至全国都是历史最为悠久的城市之一。习近平同志对绍兴历史文化的自豪感和优越感体现了他对中华优秀传统文化的自信心。习近平新时代中国特色社会主义思想承续了中华文化的优良传统和智慧光芒，体现了对中华文化的深刻认同和自豪感。

三、激活、传承优越的文化基因

2005 年 11 月 18 日，习近平同志在上虞调研期间强调，文化建设必须激活、传承优越的文化基因，充分地提升文化软实力，更好地发挥文化对经济发展的反作用力，推动经济社会发展。2006 年 3 月 27 日，习近平同志在中国越剧诞辰 100 周年纪念大会上致辞："中国越剧一百年的发展历程证明，正是秉承着一种与时俱进、开拓进取的创新精神和扎根民间、关注民生的大众情怀，不断学习和吸收各种优秀文化的艺术养分，中国越剧才得以不断超越地域和语言的局限，创造了一

---

① 中央党校采访实录编辑室：《习近平在浙江》（上），中共中央党校出版社 2007 年版，第 244 页。

个世纪的灿烂辉煌。"①这些重要论述，揭示了文化河流从哪里来、流向哪里的深刻道理，为进一步弘扬优秀传统文化提供了"新钥匙"。

四、要主动占领任何一个阵地

2004 年 12 月 14 日，习近平同志在嵊州市调研以"加强思想道德建设、加强文化阵地建设，整治文化市场、整治社会风气"为主要内容的"双建设、双整治"活动时指出："任何一个阵地，我们不去占领，一些负面的东西就会乘虚而入。我们抓思想文化阵地建设就是一个雄辩的佐证，光是打击，总有漏网的；只有让正面的东西去占领了，才能让负面的东西失去生存的土壤。"②

2004 年 2 月 9 日，央视《焦点访谈》栏目曝光了绍兴嵊州、新昌等地演艺场所存在违规表演的情况。嵊州市委、市政府高度重视，迅速贯彻浙江省委、省政府的指示，及时果断采取措施消除负面影响，连续召开了多次精神文明建设专题工作会议，制定了相关政策，提出了"双十工程"以及基层文化阵地"八个一"建设。绍兴市委、市政府举一反三，深入开展了"双建设、双整治"活动，取得了良好效果。2004 年 12 月，习近平同志听取汇报和实地调研后对此予以肯定，认为绍兴能正确对待《焦点访谈》曝光事件，变坏事为好事，化压力为动力。

第二节　大力弘扬新时期"胆剑精神"

"绍奕世之宏休，兴百年之丕绪。"绍兴是一座承载复兴希望的城市。透视绍兴人的精神底色，其核心是"胆剑精神"。"胆剑精神"生生

---

① 中央党校采访实录编辑室：《习近平在浙江》(上)，中共中央党校出版社 2007 年版，第 245 页。

② 习近平：《干在实处　走在前列——推进浙江新发展的思考与实践》，中共中央党校出版社 2006 年版，第 297 页。

不息，肇始于大禹治水，形成于勾践复国图强，丰富于越文化开放交融，厚积于历经考验与洗礼的奋斗实践。"胆剑精神"是浙江精神的重要渊源，与以爱国主义为核心的民族精神和以改革创新为核心的时代精神一脉相通。面对百年不遇之大变局，大力弘扬卧薪尝胆、奋发图强、敢作敢为、创新创业的"胆剑精神"，中华民族伟大复兴的中国梦指日可待。

一、"胆剑精神"内核：卧薪尝胆

（一）"胆剑精神"是历史文化和现代文明的结合

习近平同志把绍兴历史的精华概括为"卧薪尝胆、奋发图强、敢作敢为、创新创业"的"胆剑精神"。"胆剑精神"作为彰显越地文化鲜明个性的地域文化精神，是绍兴悠久历史文化和优秀人文精神的集中概括与升华，不能把它简单地理解为越王勾践忍辱负重复国图强的"卧薪尝胆"。在此，"胆"是指韬光养晦的意志，是软功夫；"剑"是指敢作敢为的精神，是硬功夫。"胆剑精神"文武相通、刚柔并济，是绍兴精神更有个性、更有特色的表达，是绍兴精神的核心和灵魂。正是有了这种精神，绍兴创造了灿烂的历史文化，孕育了一大批仁人志士，形成了特有的绍兴名人现象。也正是有了这种精神，绍兴在改革开放以来抓住一个又一个机遇，克服一个又一个难题，发展了块状经济，培育了专业市场，取得了市场化改革的先发优势，实现了经济社会发展的显著成就，形成了鲜明的绍兴经济特色。

"胆剑精神"既是历史的，也是现实的，更是未来的，它根植于历史，实践于当代，发展于未来，具有深厚的历史渊源、实践基础和时代意义。大力弘扬"胆剑精神"，不仅要挖掘"卧薪尝胆、奋发图强"的历史文化内核，更要彰显"敢作敢为、创新创业"的现代文明要义。精神文化是历史延续和传承的结果。绍兴有着深厚的历史文化底蕴，自古以来人才辈出。一代代俊杰名贤诸多符合时代要求的真知灼见，不仅在当时有其影响,而且超越时空的圈囿,对后世影响颇大。远古时期的大禹治水,就是"艰苦奋斗"与"科学创新"有机结合的典范。纵观绍兴历史,就会发现,敢于创新的精神在王阳明的"阳明心学"中和以黄宗羲、章学诚等为代表的浙东学派身上表现得尤为突出。他们不迷信权威,具有冲破罗网的英勇气概,在思想史上树立了新的里程碑。

改革开放以来,"敢作敢为、创新创业"是"胆剑精神"的生动写照。敢于创新是绍兴人综合素质的集中反映。市场化改革实践充分激发出了绍兴人的创造性活力,使之形成了冲破旧框框、追求新生活的强劲动力。改革开放以来,绍兴人民面对人多地少、"零自然资源"和经济结构"两头在外"的困境,凭着勤劳智慧、自强不息的主体精神,凭着敢想敢做、敢闯敢冒的拼搏精神,坚持以市场为导向,锐意改革,奋力创新,走出了由"资源小市"成为"经济大市"的独特发展道路,形成了体制机制的先发性优势,为经济社会发展注入了崭新的生机和活力。绍兴改革开放以来的发展史,就是一部敢于争先、不断创新的创业史。

(二)"胆剑精神"是推动社会经济发展的不竭动力

多年来,绍兴沿着习近平同志指引的道路阔步前进,大力弘扬"胆剑精神",一以贯之在绍兴全市党员干部群众中开展"胆剑精神"学习教育活动,有力推进了新旧动能加速转换、区域一体化发展、基层治理创新等系列工作。"卧薪尝胆、奋发图强、敢作敢为、创新创业"的"胆剑精神"作为绍兴精神的核心和灵魂,已经成为绍兴高质量全面建成小康社会、提前基本实现现代化的强大精神力量和重要精神支柱。弘扬"胆剑精神",就要用坚韧不拔、永不懈怠的精神意志解决在绍兴经济社会发展中遇到的一切困难,以此来推动绍兴各项工作走在前列、干在实处。

2004年,绍兴市委提出大力弘扬"胆剑精神",开展"胆剑精神"大讨论,激励绍兴人民攻坚克难求发展。通过打造城市人文精神,使"胆剑精神"成为绍兴人的精神品质和文化品牌,成为推动绍兴率先发展、富民强市的强大动力。2005 年，绍兴市委在全市党员先进性教育活动中部署开展"弘扬'胆剑精神'、推进率先发展、实现富民强市"讨论与实践活动。2006 年，按照绍兴市委五届六次全会提出的"弘扬'胆剑精神'、确保良好开局、致力科学发展、促进社会和谐"工作总基调，加快建设经济强市、文化强市、生态绍兴、和谐绍兴。2007 年，绍兴市委强调要引导城乡居民大力弘扬新时期"胆剑精神"，推动绍兴经济社会发展迈入科学发展、又好又快轨道。2008 年，绍兴市委、市政府提出要"坚持以新时期'胆剑精神'凝聚力量、激发活力、鼓舞斗志，深入实施'创业创新、走在前列'战略部署。深化对新时期'胆剑精神'的研究，适应时代发展要求，与时俱进地丰富和发展绍兴精神"。2011 年，绍兴"十二五"规划中提出要"大力弘扬以创新创业为核心的新'胆剑精神'"。2012 年、2014 年、2016 年绍兴市第三届、第五届、第六届越商大会均倡导广大越商弘扬"胆剑精神"，为绍兴发展再创新绩、再立新功。2017 年，绍兴市委八届二次全体（扩大）会议强调要"大力挖掘大禹精神、'胆剑精神'，体现在精神状态上、贯彻到衡量标准上，干出更多党和人民满意的业绩"。2019 年，在"不忘初心、牢记使命"主题教育中，开展"弘扬'胆剑精神'、勇于担当作为"学习实践活动，进一步激发全市党员干部干事创业敢担当的热情。

二、"胆剑精神"肇始：大禹治水

（一）坚持把祭禹活动办得"像模像样"

"胆剑精神"是积淀于历史中的绍兴人文精神，这种精神并不是某一时期的截断面，而是绍兴历史文脉的延续。它承先启后，秉承了大禹公而忘私、忧国忧民的奉献精神，艰苦奋斗、坚忍不拔的创业精神，尊重自然、因势利导的科学精神，以及"三过家门而不入"的家国情怀。

2006 年 3 月，习近平同志致信文化部，推荐绍兴"大禹陵公祭"入选国家级非物质文化遗产公示项目。2006 年 6 月，"大禹陵公祭"被成功列入首批国家级非物质文化遗产名录。2007年,文化部和浙江省人民政府共同主办公祭大禹陵典礼活动,以"祭祀华夏之祖、弘扬大禹精神、建设和谐社会"为主题,中央电视台现场直播。自此,公祭大禹陵典礼升格为国家级祭典,标志着中华民族祭祀先祖形成了"北有黄帝陵,南有大禹陵"的格局。

绍兴举行公祭大禹陵典礼,每年都会提炼出不同的主题,发挥大禹精神的现代意义,汲取经济社会发展的不竭动力。2006年,针对全国各地生态环境恶化的情况,提出了生态和谐的美好愿望。2007年,提出了改革创新爱国爱民的理念。2013年,提出了"绍兴大城、国定规划;市县一体、再铸辉煌"的主题。2015年,提出了推动"五水共治"、治庸治懒的主题,为建设"两美浙江"提供精神动力。2016年,将大禹治水精神与秉公律己、听谏纳言联系起来,体现了反腐倡廉、把"三严三实"落到实处的时代需求。2017年,公祭大禹陵的主题是传承大禹治水精神,治水永不停步,以坚定全省人民"五水共治"和剿灭劣Ⅴ类水的信心和决心,勇立潮头,勇当标杆,为高水平全面建成小康社会提供强大的精神动力。2019年,公祭大禹陵典礼参祭人数达到5000人,是有史以来祭禹人数最多的一次。

绍兴在大禹陵的保护和利用方面作出了不懈的努力。2004年建成祭禹广场,2006年禹陵村投入使用,2008年复建大禹陵享殿。2019年,绍兴大禹陵景区(公祭典礼)提升项目开始立项实施,被列为市、省重点工程建设,总投资23亿元,一期项目主要包括入口改造和祭禹广场扩建等,二期项目主要包括大禹纪念馆、大禹研究院区域、植物园等。提升后的大禹陵景区将成为拥有文化研究、论坛研讨、文献贮藏等学术研究功能的中国大禹文化研究高地。

(二)坚持传承大禹精神,助力经济社会发展

大江大河皆有源头,民族精神亦如此。大禹治水精神是中华民族精神的重要源头和象征。作为治理水患的先祖,大禹不仅以治水功绩

造福百姓,以治水经验传于后世,而且以治水精神光耀万代,为中华民族积淀了特别的精神财富、孕育出独特的民族气质。大禹精神主要包括:公而忘私、忧国忧民的奉献精神,艰苦奋斗、坚忍不拔的创业精神,尊重自然、因势利导的科学精神,以身为度、以声为律的律己精神,严明法度、公正执法的法治精神,民族融合、九州一家的团结精神。当下,大禹精神不仅没有过时,反而愈发彰显出时代的力量与价值。

20 多年的祭禹历程折射了整个中国持续不断地探索社会发展与自然环境如何形成良好关系的进程。绍兴用实际行动发展了大禹追求人和自然和谐统一的水利思想,为中国治水提供了先进经验。祭禹以后,绍兴不断取得河道治理的本土经验,继承了大禹水利文化,用实际行动落实、传承大禹精神。"五水共治"工作更是走在了全省前列。大禹堪称中国的第一个"河长",在治水中履行着河长的职责。由此,绍兴在全国率先推行河长制。由绍兴市 4 套班子主要领导带头,35 位市级领导分别担任 35 条河道河长,实行包河治水。实现市、县、镇(乡)、村四级"河长制"全覆盖,实行"一河一策"治理。目前,绍兴已重现江南水乡美丽风光,人民群众享受着生态之美。2014 年,浙江省开始设立"五水共治"最高奖"大禹鼎",每年授予一次。绍兴市已经连续 5 次获得全省治水工作优秀市荣誉称号,2020 年再次荣获"大禹鼎"银鼎。

三、"胆剑精神"传承:知行合一

(一)"胆剑精神"是王阳明心学智慧的思想原点

绍兴是王阳明的故乡,是阳明心学的始发地、成熟圆融地。阳明人格精神和阳明心学思想深受以"胆剑精神"为代表的越地文化的化育。"勾践敢忘尝胆地,齐威长忆射钩功",王阳明在他的诗中就表明了他对"胆剑精神"的传承。

从发生学看,作为"心学集大成者"的王阳明,其心学智慧的生成与越地文化内核尤其是"胆剑精神"存在着必然的、不可替代的渊源关系。"胆剑精神"是王阳明心学智慧的思想原点与文化基因。作为从越地走出去的思想家,越地文化背景在其生命历程中有着无可取代的地位。这里,不仅是王阳明生命的摇篮,也是其心学智慧的原点。无论是少年狂狷、勇斗刘瑾、征战功成,还是龙场悟道、天泉证道、讲学布道等,都离不开其对原初文化的接受,离不开越地文化这一对其心学智慧有着奠基意义的文化命脉。

从契合度看,王阳明的心学智慧与"胆剑精神"的核心内容是叠加的,文化基因是相承的。以"卧薪尝胆、奋发图强、敢作敢为、创新创业"为基本要义的"胆剑精神",其内涵极为丰富,"刚毅""尚智""务实"是其三大核心要素。在阳明心学"心即理""知行合一""致良知"的智慧谱系中,这些核心要素表现得淋漓尽致。同时,王阳明的潜在意识与"胆剑精神"是融通的。阳明心学在其产生、发展和成熟过程中都有着深刻的越文化烙印,尤其是"胆剑精神",成为他后来"立德、立功、立言"不可或缺的思想原点和文化基因。

（二）阳明文化成为绍兴发展的文化战略资源

习近平总书记在 2015 年两会期间与贵州代表团一起审议政府工作报告时指出,王阳明的心学既是中华传统文化中的精华,也是增强中国人文化自信的切入点之一。绍兴纪念王阳明、弘扬阳明文化是在对外开放的大格局中,自下到上,再从上到下,上下联动一体推进的。在推进城市现代化进程中,阳明学的传承,成为绍兴大城市文化发展的牵引和动力。2014 年 1 月 8 日,绍兴举行纪念王阳明逝世 485 周年国际学术研究会。2016 年 11 月 18 日,绍兴市王阳明研究院成立,举行首届阳明心学高峰论坛。2017 年 1 月 9 日是王阳明先生逝世 488 周年纪念日,绍兴首次举办祭祀大典。2017 年 10 月 31 日是王阳明诞辰 545 周年纪念日,绍兴隆重举办了首届阳明文化周及国际学术研讨会,同时启动阳明故居开发、修复重建工作。绍兴还联合中央电视台拍摄大型纪录片《王阳明》,推出了阳明影视作品和越剧、话剧等,还面向全球推出 19 项阳明学术研究课题。2018 年 6 月,第二届中国阳明心学高峰论坛绍兴闭幕论坛在绍兴市举行,成为继承弘扬阳明心学的转折点,也是绍兴市推进阳明文化创新化古、落地升华的重要一环,标志着绍兴将举全市之力打造国学高地和"中华心学圣地",使得绍兴在城市创新发展、社会治理、文化建设等各个方面获得新动能。2020 年 10 月 31 日,2020 阳明心学大会在绍兴举行,与会各方共同探讨运用中国先贤智慧推进新时代社会治理现代化的路径。

绍兴一直注重传承、保护、发展、创新传统文化,将阳明文化作为弘扬传统文化的制高点,着力建设阳明心学精神家园,彰显绍兴文化的自觉、自信和担当。近年来,以阳明故居、稽山书院、阳明洞天、阳明墓园等阳明文化历史遗迹为重点,打造国内外瞩目的王学重镇与国学高地,促进文化旅游产业新发展,弘扬和传播中华优秀传统文化。制定了《王阳明文化传承保护发展概念性规划》,对阳明文化的传承保护进行顶层设计,并致力推进四大片区建设,即以王阳明文化遗址遗迹为主线来打造阳明故居、稽山书院、阳明洞天、阳明圣冢。实施阳明故里综合保护利用项目,按照古城保护的新标杆、城市旅游的新典范、阳明文化的新圣地的总体定位规划设计,规划面积约为 40 公顷,总投资 73 亿元。此外,绍兴还组建了王阳明研究院和阳明文化研究咨询专家委员会,致力于阳明学课题研究、项目指导和学术交流,使绍兴成为阳明学理论学术高地。

四、"胆剑精神"延续:民族脊梁

(一)"胆剑精神"是鲁迅精神的文化基因

"横眉冷对千夫指,俯首甘为孺子牛。"鲁迅的身边始终存在着一个越文化"场",其精神气质可用"硬"和"韧"二字概括,而这正是"胆剑精神"的文化基因。毛泽东同志曾这样评价鲁迅:"鲁迅的方向,就是中华民族新文化的方向。"①他将"政治的远见""斗争精神""牺牲精神"概括为"鲁迅精神"。习近平同志在浙江工作期间,曾多次来到绍兴,对鲁迅、周恩来等名人故居和名人文化的保护研究利用提出了具体的希望和要求。绍兴市委、市政府多年来大力弘扬鲁迅文化,不断传承鲁迅精神。当前,绍兴正在大力发扬为民服务孺子牛、创新发展拓荒牛、艰苦奋斗老黄牛的"三牛"精神,这为进一步弘扬鲁迅的孺子牛精神提供了良好的契机。

(二)大力弘扬鲁迅精神

2002年6月,鲁迅故里保护工程开始启动,规划面积为51.57公顷。通过采用保护、改善、保留、整饬、拆除、重建、移建、新建等保护与整治模式,全面实施鲁迅故里保护工程。2003年9月,一期核心保护工程竣工并对外开放。历史文物原汁原味,步行街道古朴厚重,老房子新空间,鲁迅纪念馆的移建,受到各方好评,被评为绍兴市区1992年以来的十大明星建筑。"从故居到故里,从景点到景区"的保护利用模式引起国内外旅游、城建和文物等方面专家的广泛关注,被专家和领导称为文物保护和利用的经典之作。在2003年、2004年先后举行的全国名人故居保护和利用论坛和联谊会上,以及2006年第二届城市遗产保护国际会议上,鲁迅故里保护工程都被称作中国名人故居保护和利用的"绍兴模式"。

从2008年6月1日起,鲁迅故里整体对外免费开放。结合"免费不免服务、免费不免发展、免费不免研究"的宗旨,越来越多的普通老百姓走进鲁迅故里,鲁迅故里成为融入公众文化生活的精神家园。据不完全统计,鲁迅故里免费开放10多年来接待观众超过2400万人次,尤其是在黄金周、小长假期间,引来超强人气与客流,鲁迅故里的社会效益日益显现,成为外地游客到绍兴的首选景点。作为鲁迅青少

---

① 《毛泽东选集》(第二卷),人民出版社1991年版,第698页。

年时期生活过的故土，鲁迅故里保存着一大批与鲁迅直接相关的国宝级文物古迹，这些原汁原味、具有经典江南民居特色的台门建筑，连同丰富的馆藏文物资源，成为一个人们系统解读鲁迅作品、品味鲁迅笔下风物、立体解读近代大文豪的真实场所，是名城绍兴的"镇城之宝"。

（三）不断加强对外文化交流

文明因交流而多彩，文明因互鉴而丰富。绍兴以"大师对话"为抓手，以鲁迅作为连接世界文化的符号和纽带，跨时空对话各国的文学和文化大师，先后举办了鲁迅与雨果、托尔斯泰、泰戈尔、夏目漱石、但丁、海涅、马克·吐温等名人的跨时空"大师对话"活动，增进了中外人民之间的友谊，也让更多的国外友人了解中华优秀文化。在文物保护、展览、科研等业务活动方面签署系列协议，达成多项共识，取得了丰硕的成果。2016 年 2 月，绍兴鲁迅纪念馆被法国文化部授予"历史文化名屋"荣誉称号，成为法国首家国外纪念馆。

第三节　进一步发挥绍兴人文优势

"绍兴是历史文化名城，人文底蕴深厚，城乡基层精神文明建设有着比较好的基础，理应在文化体制改革、文化事业和文化产业发展、'双建设、双整治'活动中走在全省的前列。"①绍兴市委、市政府牢记习近平同志的嘱托，提出"重塑城市文化体系、打造文化产业高地"的战略目标，依托"历史＋人文"的优势，坚持守正和创新相统一，加快创造性转化和创新性发展，推动绍兴从"功能城市"上升到"文化城市"，从"物质家园"上升到"精神家园"，打造长三角最具文化标识度城市。

---

①　习近平：《干在实处　走在前列——推进浙江新发展的思考与实践》，中共中央党校出版社 2006 年版，第 505 页。

一、擦亮历史文化名城金名片

正是在习近平同志的指引下,绍兴市开展了有益的探索,编制实施了《绍兴历史文化名城保护规划》,逐渐闯出了一条具有自身特色的古城保护利用之路——"点线面"结合保护利用。这一名城保护的"绍兴模式",既保留了丰厚的历史文化遗产,又促进了名城的合理利用,实现了名城保护与经济、社会、城市发展的多赢。

(一)强化规划龙头,理清绍兴古城之"脉"

2001 年 12 月,浙江省政府批准通过《绍兴历史文化名城保护规划》,绍兴古城实施"点线面"结合保护利用。"点"是指各级文保单位,"线"是指环城河和 17 条内河,"面"是指 8 片历史文化街区。以"点"为基础,以"线"为纽带,以"面"为突破,以"全城"保护为终极目标,最终达到历史真实性、风貌完整性、生活延续性和人文自然融合性相统一。绍兴古城历史文化街区的保护整治工作全面启动,保护整治面积近 50 万平方米,惠及住户约 6000 户,投入资金 10 多亿元。2003 年底,与世界银行签订贷款协议,成功引进 4412 万美元用于古城保护和城市基础设施改造。2003 年 8 月,仓桥直街荣获联合国教科文组织亚太地区文化遗产保护奖。2006 年,第二届文化遗产保护与可持续发展国际会议在绍兴举行,发布了文化遗产保护的《绍兴宣言》。2014 年 6 月,八字桥和八字桥历史文化街区列入中国大运河世界文化遗产点段。2018 年 9 月 30 日,《绍兴古城保护利用条例》获浙江省人大常委会批准,自 2019 年 1 月 1 日起实施,明确了古城保护利用对象和基本原则,规定了政府工作职责,落实了保护要求与措施,推动了对古城的合理利用,强化了监督检查,明确了法律责任。绍兴先后编制了《绍兴古城保护利用总体城市设计》《绍兴市城市总体规划(2018—2035年)方案》,以"一个景区"标准整合资源,明确目标,构建"一轴两环五片"的空间格局。两环相扣,一轴贯通,五片联动,形成全方位覆盖的古城保护利用规划体系。

（二）推进项目建设，恢复绍兴古城之"形"

近年来，通过实施全城风貌整合，绍兴始终坚持把古城保护利用作为城市发展建设的首要任务来抓。实行古城项目群封闭运行计划，以 5 年为周期，共计建设项目 51 个，总投资 345.43 亿元，努力使 60% 的历史建筑恢复原貌。截至 2020 年，已启动项目 25 个，总投资 215.9 亿元，重点实施越子城、阳明故里、书圣故里、鲁迅故里项目，形成"一城三故里"的新格局。同步推进古城入口、蔡元培文化广场、青藤书屋、周恩来祖居、大禹陵景区等项目改造提升，实现历史街区与名人故居串珠成链、编织成网。通过台门更新重塑原始肌理，打造李家、杜家、缪家 3 个老台门样板。通过削高降层加强风貌管控，原绍兴市府大院改造为气象馆、名人馆、清廉馆，原绍兴大厦、海港大酒店改建为古城入口、塔山文化广场，启动研究鲁迅故里、书圣故里和阳明故里周边超高建筑整治方案，计划拆除王朝大酒店、搬迁新华书店，实现古城街面疏密有度、显山露水。

（三）创新管理体制，注入绍兴古城之"魂"

2019 年，成立了绍兴市历史文化名城保护办公室，作为市政府派出机构委托越城区管理，主动承接市级机关相关职能下沉，发挥实体机构统筹协调古城保护利用工作的重要作用。同步实施街道行政区划调整，古城内以人民路为界，南北分别成立塔山、府山 2 个新街道，推动古城保护管理重心下移，将保护的范围和内涵向区块内经济、建设、管理、民生、稳定等全方位拓展延伸，全面提升古城保护整体性。同时，成立古城保护智库组织——古城保护利用专家咨询委员会。树立"互联网＋大数据引导古城保护"管理理念，以智慧城市建设为契机，开发绍兴古城保护利用信息管理系统。目前已实现古城数字存档、VR 游览体验、数据资源开发利用"一图统管"。配合完善社会治安防控体系和 5G 网络建设，可以全息动态掌握古城人员、交通、环卫情况和各类突发应急事件,全面提升古城"智治"管理水平。该系统开发和应用项目荣获"2020中国地理信息产业优秀工程"银奖。

（四）深化市场运作,拓宽绍兴古城之"路"

近年来,依托古城内3处中国大运河世界文化遗产点,结合大运河与古街、古桥、古城门文化,建设浙东运河文化园、迎恩门水街,拓展八字桥历史街区,凸显水城原生态风貌。依托古城内同心楼、荣禄春、震元堂、咸亨酒店等"老字号",培养民间工匠、传统技艺传人,精心布局30家非遗展馆,全力打造非物质文化遗产展示鉴赏区。自2016年起,古城内60多个市级部门和近200家行政事业单位先行外迁,共腾空办公用房29幢,建筑面积约8.8万平方米。加大对闲置资源使用权、经营权等衍生权益的市场化运作,在税收减免、租金优惠、配套完善等方面给予支持,重点发展文化旅游、文化创意、特色商贸等产业。加大服务业招商引资力度,重点谋划上大路风情街、"风越里"、越子城、塔山文化广场、鲁迅故里高品质步行街,推动生活性服务业向精细化和高品质转变。导入现代要素,融文创、商业、休闲于一体,推进建设鉴湖未来城、迎恩门水街、871LOOP,以"越夜悦美好"为主题发展古城夜游经济,使古城更加充满活力。

二、打造兰亭书法文化高地

书法是中华民族的文化瑰宝,在中华5000年璀璨历史长河中,始终散发着独特的魅力,成为文化自信的重要来源。绍兴坚决扛起弘扬书法文化的历史使命,紧紧依托兰亭书法节和中国书法兰亭奖,全力打造全球书法朝圣之地,努力把书法打造成展现中华文化魅力的"重要窗口"。

（一）兰亭书法节享誉海内外

自1985年起,兰亭书法节已连续举办38届,成为中国书坛的文化盛会。每年农历三月初三,海内外书法家会聚兰亭,曲水流觞、泼墨挥毫、交流书艺、谈艺论道。中国书坛兰亭书法双年展、兰亭论坛、书法研学游等品牌项目的诞生与发展,更让兰亭书法节成为弘扬中华优秀传统文化的重要阵地。兰亭书法节逐渐从"专业主体"向"大众主体"扩散,从"传统节会"向"现代节事"转变,从"文化品牌"向"城市品牌"升级,在新时代不断激发出书法元素新的生机和活力,让人们更为真切地感受到书法艺术的独特魅力。

(二)中国书法兰亭奖落户绍兴

中国书法兰亭奖是中共中央宣传部批准、中国文联和中国书法家协会联合主办的全国性书法专业奖,是中国书法艺术界最高奖项。2013年4月,第四届中国书法兰亭奖在绍兴举行,中国书法家协会、浙江书法家协会、绍兴市人民政府正式签约,将中国书法兰亭奖长期落户绍兴,绍兴这座千年古城再次成为中国书法的高地。"兰亭论坛""兰亭展览""兰亭雅集"等系列品牌活动,不仅推动中国书法事业发展,还使绍兴文化走向新的境界。绍兴兰亭已成为全世界书法家与书法爱好者向往的圣地。多年来,兰亭的书法地位与国际形象不仅得以确立并深入人心,而且以周期性与常态化、系列性与规模化、普及性与群众化、专业性与学术化的特点让兰亭书法文化资源在现代社会重新焕发生机与活力。

(三)兰亭文化旅游度假区阔步前行

2019年5月,绍兴兰亭文化旅游度假区管委会正式成立。兰亭文化旅游度假区以书法为触媒,围绕"国学＋"和"产业＋"两大主线,讲好"兰亭故事",建设以书法朝圣、国学研学、度假休闲、生态游憩、诗意憩居为主要功能的世界级文化休闲基地、世界书法朝圣地、国际研学旅游目的地。度假区规划明确,力争用3年时间创建为省级旅游度假区,5年时间创建为国家级旅游度假区。兰亭文化旅游度假区重点培育文化创意、休闲旅游、都市工业、现代农业和服务业、健康养生度假等5个产业,使兰亭度假区成为国际文化旅游目的地、中国传统文化复兴的世界级窗口、长三角研学度假首选地和浙江省乡村振兴示范地。

三、推动越剧文化创新发展

绍兴牢记习近平同志的指示,坚持越剧文化的守正创新,实施"越剧振兴计划",完成了绍兴全市 4 家越剧专业院团改革,做好越剧"传承"和"发展"两篇文章,进一步推动中华优秀传统文化的传承发展,满足人民群众的文化需求。越剧在绍兴这块发源地上,不断推陈出新、深入生活、扎根百姓。

(一)建设全国越剧文化交流中心

2016 年起,绍兴市政府与中国戏剧家协会等联合举办全国越剧戏迷大会,已连续举办 4 届,每届均有海内外千名以上越剧戏迷来越剧故乡相聚交流。2018 年第四届中国越剧艺术节后,中国越剧艺术节永久落户绍兴,并在每四年一届的基础上,增加两年一次的系列特色活动。中国越剧艺术节及其系列特色活动,坚持以人民为中心,贴近基层、贴近生活,繁荣精品剧目创作,推出越剧艺术新人,培育越剧演出市场,在全国产生了较大的影响。

(二)"同唱一台戏"成为"绍兴样板"

近年来,绍兴举办了 18 届"越剧大展演"、5 届"越剧春晚"、5 届"全球越剧戏迷嘉年华",创排了 11 部越剧明星版系列剧目并进行海内外巡演,"百年越剧万里行""天籁越音·越剧名家交响演唱会""北京越剧大舞台""越剧影视作品""越剧大讲堂培训"等活动项目推陈出新,为中国戏剧的发展提供了有浙江特色、绍兴模式的示范样本,被行业内称为"同唱一台戏"现象。绍兴一直积极探索多元创新发展路径,奋力开拓海内外演出市场和交流圈,明星版剧目以近千场次的巡演深深烙印在人们心中,其中明星版《梁祝》更是开了单一剧种演遍全国的先河,并不断走出国门,用悠悠越音讲述中国故事,唱响世界舞台。这种模式既为中国越剧文化交流提供了集聚平台，也成为运营推广越剧文化的全新模式。

（三）越剧剧目创作推陈出新

绍兴许多优秀越剧精品剧目获得过省级以上各类大奖，如新编越剧《屈原》《袁雪芬》曾获浙江省第十三届精神文明建设"五个一工程"奖，《李慧娘》《大漠骊歌》曾获第二届中国越剧艺术节剧目金奖，等等。作为国家级金名片的"绍兴小百花"在传承和发扬传统戏曲的同时，不断创新，融合流行文化，通过电影等演出形式涵养戏曲文化新生态，为越剧注入新鲜血液，使其焕发新的光彩。自 2014 年启动"梅花奖越剧数字电影工程"以来，"绍兴小百花"相继拍摄完成了越剧电影《狸猫换太子》《情探》，在业界产生了很大影响。同时，绍兴注重用越剧的方式展现当代都市情感与生活，创作《云水渡》，这是"绍兴小百花"建团 34年来首次尝试都市题材，也是继《杭兰英》之后推出的第二部现代戏。

（四）越剧发展机制有益探索

绍兴积极探索县级院团生存的新路子，诸暨、上虞、嵊州等地院团均跟省级院团、省属院校签订了战略合作协议，通过名师带徒、剧目合作、传习班培养、名家座谈把脉等不同方式推动越剧事业人才培养，促进越剧创作精品涌现。2018 年 11 月，作为浙江省一级剧团的嵊州市越剧艺术传承保护中心（嵊州市越剧团）成建制转为全额拨款事业单位，实施年度项目化绩效考核，考核合格，可以对优秀演员和主创人员及领导班子成员实行绩效工资上浮措施，进一步激发剧团活力。2020年，新组建绍兴越剧团，实施越剧项目的市场化运作，以绍兴全市域、大市区为重点，集聚全国越剧资源，集创作、推广、策划、营销、演出、经营、衍生品开发、资本运作和公益活动于一体，打响中国越剧创作演艺品牌，探索越剧产业化之路。

（五）越剧文化生态保护区创建

2016 年，"中国越剧诞生地——嵊州越剧文化传承生态保护区"

被列入浙江省非物质文化遗产生态保护区试点。2020年9月,嵊州市越剧文化传承生态保护区入选省级文化传承生态保护区创建名单。2018年1月,总投资55亿元的越剧小镇建成,这是国内第一个以戏剧剧种命名的文旅小镇,也是浙江省第三批特色小镇。越剧小镇按5A级旅游景区标准进行建设,以"中国戏曲朝圣地,华东文旅新地标"为定位,打造全国戏曲艺术交流体验的新乐园、文化产业创业创新新平台和"中国戏曲第一镇"。

四、培育公共文化服务体系

公共文化服务体系是面向大众的公益性的文化服务体系,是重塑城市文化体系的重要组成部分。

（一）公共文化服务品牌初见成效

绍兴积极培育"文旅融合·绍兴有戏"公共文化服务品牌,集成所有公共文化服务资源,是推动绍兴重塑文化体系建设的重要手段之一。"文旅融合·绍兴有戏"公共文化服务品牌系列活动包括"绍兴有戏·盛世欢歌"精品文艺节目创排及大型展演活动系列、"绍兴有戏·古越新颜"视觉艺术活动系列、"绍兴有戏·全民艺术普及"公益培训系列、"绍兴有戏·文艺专家门诊"志愿服务活动、"绍兴有戏·吹响号角"理论宣传系列活动、"绍兴有戏·绍兴故事汇"系列活动、"绍兴有戏·我们的节日"传统节日系列庆祝活动、"绍兴有戏·非遗资源转化"系列活动、"绍兴有戏·古城赶大集"非遗集市等9类市级文艺活动系列,分为6个公共文化服务项目的县(市、区)联动活动系列和以7个乡镇(街道)为重点共93项工作清单的文艺播撒乡镇行活动。品牌推出以来,形式丰富多样,群众参与度高,成为文旅融合发展的生动实践。

（二）文化基础设施增强群众获得感

绍兴图书馆、绍兴市文化馆、绍兴科技馆、绍兴名人馆等一大批文化基础设施先后建成开放,绍兴博物馆(新馆)、绍兴市美术馆、绍兴民俗博物馆、绍兴艺校(改扩建)等一批重点文化项目开工建设,已建成乡镇(街道)图书分馆61家、文化分馆103家。全市6个县(市、区)已全部通过省基本公共文化服务标准认定,越城区、新昌县通过省级公共文化服务重点县建设验收。已建成农村文化礼堂1200多家、城市书房25家,实现乡镇(街道)文化分馆全覆盖。群众文化活动日益繁荣,每年依托各类文化阵地,运用多种形式,广泛开展各类群众性文化活动。

(三)文化惠民活动提升群众幸福感

近年来,绍兴市本级每年组织70场绍剧下基层演出、70场文化大巴演出,供基层免费点单。"文艺专家门诊"文化志愿服务项目在2017年获评文化部文化志愿服务项目最佳创意奖。坚持开展文化下乡活动,全市持续开展演出下乡、图书下乡、电影下乡活动。每年送戏下乡不少于1300场,送书下乡不少于13万册,送电影下乡不少于2.6万场。通过政府购买,继续实行惠民低价,"越乡莲歌""绍剧周末剧场"等均实行惠民票价,绍兴大剧院等都推出低价演出票。博物馆、图书馆、文化馆、文化站等各类文化设施均实行免费开放,进一步增加免费服务内容。非遗保护传承持续创新,全市有国家级非遗传承人21人,省级非遗传承人109人、传承载体45个;实施市级非遗代表性传承人记录工程,认定首批绍兴市非遗景区(非遗小镇、民俗文化村)19个;开展"祝福·绍兴古城过大年"、绍兴非遗集市、非遗兴乡大巡游、非遗研学游等活动。

(四)文化信息资源共享工程全覆盖

绍兴6个县(市、区)全部建立县级文化信息资源共享工程支中心,乡镇基层中心覆盖率达100%,村级覆盖率达95%,形成了市、县、镇和村四级文化信息服务网络。有序推进数字图书馆和数字文化馆建设。做好"智慧城市"远程文化共享项目,共享市馆演出、讲座、文艺专家门诊等文化活动扩展至基层文化馆、文化站,扩大文化资源覆盖面。

第四节　推动文化产业走在前列

多年来,绍兴大力推进优秀传统文化创造性转化和创新性发展,加快推进从文化资源厚度向文化产业高度跨越,真正使文化成为绍兴"不易被模仿"的核心竞争力,大力推进文化产业高质量跨越式发展。

一、实施"一廊三带"空间布局

2018年,绍兴市委、市政府在绍兴多年文化产业发展的基础上,在浙江省首创性规划开展文创大走廊建设,并且依照绍兴自然山水格局和城市空间格局,明确规划形成"一廊三带"文化产业空间发展布局,逐步形成了平衡协调、全域发展的产业格局,成为绍兴文化产业发展的重大支撑平台。

（一）绍兴文创大走廊

2019年,《绍兴文创大走廊三年行动计划（2019—2021）》正式出台,充分发挥联结杭甬两大都市区的纽带作用,明确柯桥、越城、上虞三大板块的发展定位,以纺织、黄酒、书法、水乡、青瓷这五大"国"字号文化资源作为产业种子,挖掘延伸产业内涵,构建时尚智造链、养生休闲链、国学文化链、水乡民俗链、特色工艺链五大文创产业链群,共同构筑一条复合生长的文创大走廊。加快完善绿水青山网络和杭绍甬城际交通网络,高质量推进产城融合发展,成为空间交融、产业联动、功能贯穿的文化经济带和都市连绵带,着力实施文创平台建设优化行动、文创产业发展领先行动、文创要素集聚激活行动、文创工程配套提升行动等四大行动。

（二）浙东运河文化带

浙东运河文化带建设以运河文化、古越文化、水乡文化、名人文化为重点，加强特色文化挖掘、保护与传承，提升浙东运河带的文化内涵和品位。以绍兴古城为核心，以运河沿线古镇为重点，以浙东运河文化园为纽带，落实节点项目建设，打造浙东运河文化带核心吸引物。

（三）浙东唐诗之路文化带

浙东唐诗之路建设全面铺开，对沿线名山名水及各项遗存进行全面保护，突出名人故事，激活开发沿线古村落，开通空中、水上、陆路、山间游线。以全域旅游为统领，以名山名水、故里故居为重点，以"文旅＋"为导向，加快重点项目建设，培育浙东唐诗之路核心景区，打造浙东唐诗之路精华地。

（四）古越文明文化带

全面启动古越文化的研究、保护和利用工作，巩固和突出绍兴越文化中心的学术高地地位，建设和推进越国遗址公园项目，实现古越文明带从学术资源到旅游资源的转化。以"越文化"为符号，以古越文化、历史传说、会稽山文化、越窑青瓷文化和兰亭文化为重点，加强特色文化挖掘、保护与传承，提升古越文明文化带建设的文化内涵和品位。

二、推进文化产业高质量发展

按照文化产业化和产业文化化的实施路径，做好"文化＋"的"活"文章和"＋文化"的"融"文章，大力推进重大平台、园区小镇、创意街区建设，推动各类要素整合集聚，形成系统完备的平台体系和产业链条，使文化"软实力"变成经济"硬支撑"。

（一）文化产业发展路径更加明晰

绍兴市委、市政府高度重视文化产业发展，连续召开全市文化产业发展大会,完善《绍兴文创大走廊三年行动计划(2019—2021)》,出台《关于加快文化产业发展的实施意见》,从顶层设计和细化实施层面明确文化产业发展方向。先后三次修订文化产业政策及配套细则,不断加大扶持力度、降低扶持门槛、扩大覆盖面、增强操作性,及时给予政策支持,新政策出台以来已兑现资金9000多万元,有力地激发了企业的生产创作热情。建立文化产业项目库,"十三五"期间共实施1000万元以上重点文化产业项目200多个,完成投资额500多亿元。2020年全市实现文化及相关特色产业增加值350亿元左右,占全市生产总值的5.8%左右。

(二)文化产业集聚水平持续提升

绍兴以集聚区培育为抓手,文化产业进一步集聚发展。金德隆文创园被评为浙江省重点文化产业园区,尚1051、群贤198、伟丰文创、兴虹文创等一批工业厂房转型的文创园区日益成熟,兰亭书法小镇、越剧小镇、黄酒小镇、瓷源小镇等一批省级特色小镇建设,推进了传统书法文化、越剧文化、黄酒文化、青瓷文化的产业拓展延伸。兰亭文化旅游度假区、曹娥江旅游度假区、杭州湾花田小镇、梁祝文化小镇等产业平台深入推进了文旅融合集聚发展。山下湖珍珠小镇、大唐袜业创意创新服务综合体平台建设推动了传统产业提档升级。

(三)文化产业主体培育效果显著

绍兴共有各类文化产业单位2万多家,规上文化企业600余家,上市文化企业13家。实施重点文化企业培育工程,建立并动态更新市重点文化企业名录库。推动文化企业兼并重组,成立市文化产业发展投资公司,并推动其与旅游集团重组;推动成立绍兴演艺集团,促进国有文化企业转型发展。通过实施重点文化企业培育工程,建立重点文化企业库,积极外引内培,形成了一批在全省、全市有一定知名度的细分行业"领头雁",培育了一批文化龙头企业和创新型文化企业。

三、打造文旅融合样板地

近年来，绍兴坚持"以文塑旅、以旅彰文、文旅融合"的工作思路，以"融合、转化、创新、服务"四大工作理念为牵引，紧紧围绕"重塑城市文化体系、打造最佳旅游目的地和争创文旅融合样板地"三大目标，让绍兴文化在旅游中活起来，让旅游的创新在文化上找到突破点。

（一）从"全城旅游"到全域旅游的嬗变

2005 年，绍兴在全国率先提出了"全城旅游"，推动"从旅游城市到城市旅游"的跨越。全域旅游则是将一定区域作为完整旅游目的地，以旅游业为优势产业，统一规划布局、优化公共服务、推进产业融合、加强综合管理、实施系统营销，有利于不断提升旅游业现代化、集约化、品质化、国际化水平，更好满足旅游消费需求。绍兴在全国最早创建全域旅游，各地纷纷打造宜居、宜业、宜游景区城市。按照"全域旅游、主客共享"理念，绍兴将全域旅游工作与万村千镇百城景区化工作全面融合推进，以景区城、景区镇、景区村创建为抓手，大力推进全市域"大花园""大景区"建设。新昌县成功创建全国全域旅游示范县，柯桥区和新昌县创建成为浙江省首批 5A 级景区城。

（二）打造特色文旅融合 IP 集群

2005 年，绍兴率先推出"跟着课本游绍兴"文化旅游品牌，将文化、旅游融合发展，寓学于游，寓教于乐，让游客在观赏绍兴水乡风情和美景中解读鲁迅作品，在领略古城风情中了解名士文化，使绍兴文化资源优势真正转化为发展优势，品牌效应在创新中得到了进一步扩大。2016 年，鲁迅故里成为浙江唯一入选的首批全国研学旅游示范基地。2020 年，"跟着课本游绍兴"IP 成为浙江首批示范级文旅 IP。此外，绍兴还逐步打造出"没有围墙博物馆""绍兴有戏""古城过大年""全球越剧戏迷嘉年华"以及"老绍兴·金柯桥""上虞四季仙果""西施故里·好美诸暨""中国越剧小镇""诗意新昌·唐诗名城"等特色 IP

集群,深入挖掘品牌 IP 的文化内涵,提炼了文化价值,积极开发衍生品,推进特色 IP 的消费变现。

（三）成功当选"东亚文化之都"

"东亚文化之都"评选是落实中日韩领导人会议精神,由三国共同发起的人文领域的重要品牌。2020 年 12 月,绍兴市、敦煌市和日本的北九州市、韩国的顺天市共同当选 2021 年"东亚文化之都"。绍兴历史悠久,是传承中华文脉的名城;绍兴开放包容,是东亚文明交流互鉴的重镇;绍兴与时俱进,是展示文化自信的"重要窗口"。绍兴大力实施"文旅国际化"工程,以创建"东亚文化之都"为抓手,精准日韩市场进行推介营销,创办英、日、韩语文旅网站,积极对接日韩九大城市的九大产业,打造中日韩——绍兴专题文化经济产业合作平台。通过加强国际交流和与东亚城市的密切合作,全力打造具有绍兴味、江南韵、中国风、国际范的文化旅游目的地城市,进一步展示绍兴历史文化魅力。

四、增强黄酒文化张力

近年来,绍兴把发展黄酒文化作为构建现代产业体系、重塑城市文化体系的重要内容,坚持守正创新、传承发展,聚焦"建设世界名酒产区、打造中国黄酒之都"目标,大力弘扬黄酒文化,规划建设绍兴黄酒小镇,引进高端服务业和文创业,深入挖掘黄酒文化内涵,重塑黄酒文化体系,展示黄酒当代价值,让黄酒文化更具张力。

（一）持之以恒办好黄酒节

1991 年起,绍兴市委、市政府举办黄酒节,不断弘扬绍兴黄酒文化,扩大黄酒在国内外的知名度,并以绍兴黄酒为载体,开展一系列的经贸洽谈、招商引资、技术人才引进、旅游项目推介等活动,展示绍兴改革开放新形象。2019 年举行的第 25 届绍兴黄酒节暨"一带一路"中国（国际）黄酒产业博览会上,中国轻工业联合会、中国酒业协会授予绍兴"中国黄酒之都"的称号。2020 中国国际黄酒产业博览会暨第 26 届绍兴黄酒节开幕式上，发布了"红点设计·绍兴黄酒设计共创计划"成果，"曲水流觞""花雕新语""库藏年轮"等品牌成为"今日之新"。

（二）高标准建设黄酒小镇

绍兴黄酒小镇按照"一镇两区"模式开展创建，东浦片区依托丰富的酒乡古镇资源重点发展黄酒文化旅游产业，湖塘片区依托黄酒产业基础重点发展黄酒酿造产业。自 2015 年创建以来，小镇累计投入近 50 亿元。2020 年 4 月，越城区政府与融创中国、深融文旅签订绍兴黄酒小镇开发建设战略合作协议，围绕花雕里、越红里、溇台里三大板块进行开发建设，总投资超 300 亿元，小镇迎来发展新契机。接下来，黄酒小镇将以"世界级黄酒品牌标杆、中国黄酒文化复兴高地、中国黄酒产旅数字融合典范"为总体目标，以黄酒为魂、文化为核、生活为本、古镇为基，营造"醉里水乡、戏里水乡、梦里水乡"三大主题场景，激活"酒经济、旅经济、夜经济"三大特色经济，打造世界级黄酒文化旅游目的地。

（三）与时俱进推广黄酒文化

2017 年 5 月，以黄酒为题材的电视剧《女儿红》在央视一套黄金时段播出。创新推出"不上头"黄酒等新品种，绍兴黄酒的知名度、美誉度不断提升。立足网红经济，开发集口感、舒适度、健康养生于一体的黄酒新品，推出绍兴菜和黄酒结合的"黄酒宴"。启动以"越酒行天下"为主题的品牌传播活动。与红点设计中国区合作，启动"绍兴黄酒设计共创计划"，绍兴黄酒设计共创计划聚合 12 位红点国际设计大师，集结来自国内外 30 座城市的 112 位品牌设计精英，全方位开启黄酒设计大门，展示"国酿黄酒"魅力，推动绍兴乃至全国黄酒产业的经典传承与国际化创新发展。

第五节　筑牢宣传思想文化阵地

绍兴时刻牢记习近平总书记的殷殷嘱托，筑牢宣传思想文化阵地，成功创建全国文明城市，全面推进党的创新理论走心工程，率先实施地市级媒体融合改革，营造风清气正的网络环境，助推经济社会又好又快发展。

一、文明城市创建实现"三连冠"

创建文明城市是加强公民道德建设，提高市民素质和城市文明程度的有效途径。由此，绍兴形成全国文明城市创建常态长效模式，2015年成功创建全国文明城市，2017年实现"两连冠"，2019年顺利通过复评，成功实现"三连冠"。

（一）全域文明城市创建不断推进

绍兴各县（市、区）和市级部门聚焦全国文明城市"三连冠"和打造全省首个全域文明城市的目标，持续深入推进创建工作，把文明创建与产业转型、城市升级、生态环保、社会治理等工作紧密结合起来，不断提升城市品质和民生水平，全面优化绍兴发展环境、营商环境，为加快重返全国城市综合经济实力30强创造了良好条件。诸暨市连续两次获评全国文明城市，嵊州市入选第六届全国文明城市名单。诸暨市通过"一月一主题"活动，着力解决民生难题，不断提升文明城市全域化、常态化创建水平。嵊州市通过"文明码""邻舍＋""村嫂"等志愿活动，将一颗颗新时代文明实践的种子植入百姓心中。

（二）社会文明风尚不断浓厚

2014年出台《关于培育和践行社会主义核心价值观的实施意见》，2017年出台《绍兴市文明行为促进条例》，2018年出台《关于进一步把社会主义核心价值观融入法治绍兴建设的实施方案》,将社会主义核心价值观融入法治建设。注重公益宣传,建立公益广告统筹机制,完善公益广告宣传库,每年组织原创公益广告大赛。"我们的节日"活动纳入全市文明城市、文明村镇、小城镇文明行动等测评范围,10多年持续开展"好家风春联进万家"活动,每年开展传统文化活动3000多场次。

(三)新时代文明实践试点不断拓展

绍兴制定了全市性"雷锋广场"工作制度、新时代文明实践试点"十个有"建设标准和好人阵地建设管理意见,全市建立"雷锋广场""雷锋驿站"50多个。出台《关于推进新时代文明实践中心建设试点工作的通知》,建立联系文明实践制度,形成文明实践三级项目清单,推出市级项目85个、区县项目839个,建立实践中心6个、实践所69个、实践站1002个。诸暨、嵊州、越城成为全国试点,上虞成为全省试点。

二、打造"越讲越响"宣讲平台

为进一步加强和改进新时代基层宣讲工作,全面落实推进党的创新理论走心工程,从而为浙江在高质量发展中奋力推进中国特色社会主义共同富裕先行和省域现代化先行作出更大绍兴贡献、展示更多"绍兴风景"提供坚强思想保证和强大精神动力,绍兴市全新推出并着力打造了"越讲越响"理论宣讲品牌,深入推进党的创新理论走心工程。

(一)以新媒介为突破,推动宣讲品牌建设

主动适应新时期宣讲受众的思维方式和接受习惯,创新传播手段和话语方式,以各类新兴媒介和各地融媒体中心为重要载体阵地实现宣讲从静态到动态、一维到多维、单向到交互的变革迭代。创新整合全域覆盖、资源共享的宣讲融媒体矩阵。推出"主播说政事""专家评热事""百姓聊故事"三大微宣讲栏目,从不同类型、视角、维度开展各类宣讲,让党的创新理论从线下融入网上、从身边走向指尖。整合市级"绍兴讲习所"、诸暨市"暨阳微时论"、新昌县"天姥云学堂"、柯桥区"小柯开讲"等线上宣教平台,推出各类宣讲短视频。

(二)以多元化为重点,锻造宣讲队伍生力军

建立起市、县(市、区)、镇(街)、村(社区)四级理论宣讲员网络。不断优化宣讲队伍的专业结构、知识结构和年龄结构,培育各类特色宣讲团队、宣讲骨干名师、草根名嘴、网络宣讲大 V 等,不断提升传播科学理论、研究分析思想理论问题和服务干部群众理论学习的能力。此外,绍兴制定了《宣讲团队和宣讲员星级评定实施办法》,进一步激励、优化宣讲队伍。

(三)以全覆盖为目的,打通主题宣讲的"最后一公里"

各县(市、区)以"越讲越响"为总品牌,整合升级了一批符合本地实际、具有地域特色的宣讲子品牌,如越城区"台门汇"、柯桥区"小柯开讲"、上虞区"虞声嘹亮"、诸暨市"一起学习"、嵊州市"剡溪之声"、新昌县"天姥云学堂"等,以"一地一品牌"推进对象化、分众化、互动化宣讲。各系统、部门也紧密结合各自党建服务品牌建设,打响了"劳模宣讲""好人宣讲""越地好儿女宣讲""青年企业家宣讲"等品牌,切实提升宣讲的传播影响力度和品牌辐射效应。

(四)以实效性为标准,强化考核管理

强化突出目标导向和结果导向,精准聚焦基层宣讲顶层设计少、实效考核难、开展不平衡等瓶颈,通过系列制度化配套举措真正将基层宣讲抓在手上、落在实处、取得实效。不断深化每月各类主题宣讲,形成量化指数。开发上线了"绍兴市理论宣教管理平台",将各县(市、区)、镇(街)、村(社区)、中小学及在绍高校统一纳入平台,基本实现市域基层宣讲主体的全覆盖。通过"菜单"派发制度,定期下发宣讲"菜单",明确宣讲重点。

三、率先实施市级媒体融合改革

绍兴在全省率先实施地市级媒体整合，坚持以机构融合为基础，以制度融合为保障，以产业融合为依托，较好地走出了一条市级媒体融合发展的新路子。

（一）转型突围，开全省先河

2019 年 4 月，整合绍兴广播电视总台和绍兴日报社，组建绍兴市新闻传媒中心（绍兴传媒集团），实行"两块牌子、一套班子"，形成"三个条线、五大中心"整体架构，即行政、采编、经营三条业务线，在采编序列设置调度中心、采集中心、编发中心、新媒体中心、技术中心五个二级采编中心。内设机构由改革前的 49 个压缩到 25 个，精减 49％。处级领导职数由整合前的 4 正 12 副，削减为 2 正 6 副，精减 50％。中层职数由整合前的 112 个核减至 75 个，中层岗位精减 33％。全面实行部门定岗定编定经费，按照先行政、再采编、再经营的顺序，分步推进 1000 多名员工双向选聘工作，精减行政岗位 35％。通过融合改革，《绍兴日报》跻身"全国城市日报经营价值十强"，全年营收同比增长 7％以上，实现扭亏为盈。

（二）整合资源，构建融媒全新生态

实施"移动优先"战略，全新上线"越牛新闻"客户端，打造新媒体"拳头"产品。"越牛新闻"2019 年 8 月正式上线，下载量将近 700 万次，日活跃用户保持在 15 万人左右，居全省 11 地市新闻客户端首位。以融媒体指挥中心建设为契机，顺应融媒体传播规律，完善指挥体系，实现从内容编审、全网分发、互动沟通到协同管理、数据分析一站式管理。发挥编委会作用，构建覆盖采编管理全流程、全方位的规章制度，提高采编管理规范化、制度化水平。充分发挥媒体"中央厨房"作用，打通"报台网微端"新闻资源，做优做精宣传报道。2021 年度"越牛新闻"的新闻报道获省级以上新闻奖、政府奖的有 58 件。

（三）拓展产业，强化传媒发展支撑

加快产业整合，对原绍兴报业集团、绍兴广电集团下属26家公司进行全面清理整并，形成传媒服务、广告会展、延伸产业、投资业务等四大板块。成立浙江越牛会展公司，积极参与市内市外重大活动的策展服务，成为绍兴会展的"金字招牌"。同时，积极拓展文化创意、户外广告等领域，拉长传媒产业链。

四、营造风清气正的网络环境

绍兴充分发挥网络正面舆论宣传主阵地作用，加强网络信息监管、舆情采编、舆情调查和分析，逐步形成网络舆论引导新模式。创新网络传播方式方法，努力营造网络传播新态势，激发城市发展新活力。

（一）加强党对意识形态工作的领导

2018年12月，绍兴市委网信办挂牌成立，进一步加强力量推进网络综合治理，着力走好新时代网上群众路线，创新发展和治网净网相结合，成功把互联网这个最大变量转变为绍兴在践行"八八战略"、争做"两个先行"排头兵新征程上继续走在前列的"最大增量"。全面落实意识形态工作责任制，出台《绍兴市党委（党组）意识形态工作责任制实施意见》，进一步压实各级党委（党组）意识形态工作主体责任。牢牢掌握意识形态工作领导权，把意识形态工作责任制落实情况纳入市委专项巡察范围，纳入年度专项检查，纳入干部和班子考核的重要内容，各级党员干部对意识形态工作的极端重要性的认识进一步提升。定期分析、研判和通报意识形态领域情况，全面把握发展趋势及风险问题，防控和化解风险的能力不断增强。

（二）加强舆论引导工作

绍兴市委研究制定出台了《关于进一步加强和改进党的新闻舆论工作的实施办法》，健全新闻策划、新闻阅评、月度重点提示等日常管

理制度，有效提升舆论引导能力。重点探索对自媒体采用"依法依规＋柔性"的管理模式，形成"同心、同治、同行、同强"的"四同"管理法，做法和经验在中央网信办《网信动态》刊发推广；建立绍兴市互联网违法和不良信息举报中心，推出举报专网，完善了市县两级举报处置工作机制；制定《网上信息管控处置工作八条规定》《关于建立网上舆情风险研判评估机制的通知》《绍兴市微博账号微信公众号管理办法》《绍兴市网络违法违规信息处置办法》等管理办法。组织网军实战演练，建立绍兴市网络舆情观察团，走好网上群众路线，积极把网上矛盾化解在本地。

（三）创新网络传播宣传

紧紧围绕贯彻落实中央、省委决策部署，策划实施年度系列主题宣传活动。每年推出网上宣传报道 6 万余条，2018 年和 2019 年点击率分别达到 1.6 亿次和 2.2 亿次。主动适应信息社会分众化、差异化传播特点，联合国内主流网站媒体、浙江新媒体联盟等重要网络媒体，着力讲好绍兴故事，展示绍兴风景，培养自尊自信的社会心态。持续深化"会飞的好声音""抖 IN 绍兴""红网行动进高校"等网络传播品牌建设，持续增强品牌对网络受众的吸引力和凝聚力。网络文化主题系列活动持续开展 11 年，参与人数达 2.3 亿人次。主动对接、成功承办"身边的美好——全面小康看浙江"短视频网络传播活动启动仪式、第五届浙江省争做中国好网民接力活动启动仪式等活动，借助省级活动传播力，宣介绍兴水乡风情与产业优势。

（四）实施智能化治理

坚持建设以"城市大脑"（市域社会治理综合指挥平台）为牵引，以"雪亮工程""基层治理四平台""全科网格"为支撑的市域社会治理智能化治理体系。加快"智慧城市"建设，实现设施连通、信息互通、工作联动，强化市域、县域、镇域、村域四级协同治理。加快技术顶层设计，打破部门"信息壁垒"，推动公共数据资源归集、共享和开放。坚持把构建网络社会组织作为发动群众、依靠群众、走好新时代群众路线的重要形式。2018 年 1 月 18 日,成立全市首个网络社会组织——绍兴市网络文化协会,吸纳会员组织 29 个。如今,绍兴网络社会组织已经成长出绍兴网络界人士联谊会、绍兴市网络作家协会、"志愿柯桥'润'万家"等 10 多个网络社会组织示范品牌,在各自领域引导群众参与舆情防控。

第四章　坚持创新发展"枫桥经验"

　　"枫桥经验"作为全国政法综治战线的一面旗帜,被誉为绍兴的"金名片",60年来历久弥新。20世纪60年代,诸暨枫桥的干部群众在社会主义教育运动中创造了以"发动和依靠群众,坚持矛盾不上交,就地解决,实现捕人少、治安好"为主要内容的"枫桥经验"。1963年11月,毛泽东同志批示要各地仿效,经过试点,推广去做。[①] 2003年11月,习近平同志在纪念毛泽东同志批示"枫桥经验"40周年暨创新"枫桥经验"大会上指出,要充分珍惜"枫桥经验"、大力推广"枫桥经验"、不断创新"枫桥经验",最大限度发挥"枫桥经验"的积极作用,促进经济、社会和人的全面发展。[②] 2013年10月,习近平总书记为纪念毛泽东同志批示"枫桥经验"50周年大会作出重要指示,要求各级党委和政府紧紧扭住做好党的群众工作这条主线,把"枫桥经验"坚持好、发展好,把党的群众路线坚持好、贯彻好。[③] 党的二十大报告指出,要在社会基层坚持和发展新时代"枫桥经验"。无论是在浙江工作期间,还是到党中央工作后,习近平同志始终重视"枫桥经验"的坚持与创新发展,提出了一系列新理念、新思想、新战略,为推进平安中国、法治中国建设和基层社会治理现代化提供了根本遵循。

---

　　① 习近平:《干在实处 走在前列——推进浙江新发展的思考与实践》,中共中央党校出版社2006年版,第275页。

　　② 习近平:《干在实处 走在前列——推进浙江新发展的思考与实践》,中共中央党校出版社2006年版,第276—277页。

　　③ 《把"枫桥经验"坚持好、发展好 把党的群众路线坚持好、贯彻好》,《人民日报》2013年10月12日。

第一节　不断把"枫桥经验"发扬光大

习近平同志高度关注和重视"枫桥经验",多次强调要学习推广、创新发展"枫桥经验",对学习推广"枫桥经验"提出明确的实践要求,使"枫桥经验"从浙江治理经验上升为国家治理思想,成为党治国理政的重要经验。

一、创新发展"枫桥经验"

2002 年,党的十六大提出全面建设小康社会、加快推进社会主义现代化建设、开创中国特色社会主义事业新局面的奋斗目标。在全面建设小康社会进程中,随着社会主义市场经济体制的逐步建立和不断完善,由于经济结构不合理,利益格局调整和再分配,农业收入增长缓慢,就业和再就业矛盾突出,资源环境压力加大,城乡差距、地区差距、居民收入差距持续扩大,经济社会中一些深层次问题和矛盾开始暴露和凸显出来,在农村比较集中地表现为利益格局调整中引发的利益矛盾、推进城乡一体化中引发的管理矛盾、基层民主建设中引发的权益矛盾、发展先进文化中引发的观念矛盾。譬如在"枫桥经验"诞生地枫桥,随着经济高速增长,社会结构和社会利益格局发生深刻变化,征地拆迁、环境污染、安全事故、贫富差距等社会矛盾急剧增加,比较集中地体现为基层民事类矛盾、管理中的民生类矛盾和经济建设中的发展类矛盾,群众开始信访上访,给当地党委政府带来了很大的维稳压力。

对此,2003 年 11 月 25 日,习近平同志在纪念毛泽东同志批示"枫桥经验"40 周年暨创新"枫桥经验"大会上指出,全省各级党委、政府和广大党员干部,要牢固树立"发展是硬道理、稳定是硬任务"的政治意识,高度重视并切实抓好维护社会稳定的各项工作,特别是要充分珍惜

"枫桥经验"，大力推广"枫桥经验"，不断创新"枫桥经验"，使"枫桥经验"在维护浙江省社会稳定中显示更强的生命力，在加快浙江全面建设小康社会、提前基本实现现代化的进程中发挥更大的作用。创新"枫桥经验"，必须着眼工作大局，在统筹发展中丰富新鲜内涵；必须营造法治环境，在依法治省中取得明显成效；必须相信依靠群众，在执政为民中践行根本宗旨；必须建立长效机制，在完善制度中实现长治久安。浙江必须在这四个方面坚持发展好"枫桥经验"，为全面建设小康社会创造良好的社会治安环境。[①] 2004 年 8 月 24 日，习近平同志在听取绍兴经济社会发展工作情况汇报后指出，"枫桥经验"虽然诞生在农村，但其强化基层基础、就地解决问题的基本精神具有普遍的指导意义，不仅适用于农村，而且适用于城市，不仅适用于社会治安工作，而且也完全适用于建设"平安浙江"的其他各项工作。绍兴必须不断把"枫桥经验"发扬光大，进一步总结提炼、学习推广"枫桥经验"，创造性地运用"枫桥经验"，使整个绍兴在平安浙江建设中、在平安市县创建中，走在全省的前列。[②] 习近平同志关于"枫桥经验"的重要讲话，为浙江坚持创新发展"枫桥经验"指明了方向、明确了目标、提供了遵循。

二、预防化解矛盾纠纷

就地化解矛盾，是"枫桥经验"的精髓和本质。"枫桥经验"是预防化解矛盾的经验，其诞生阶段主要是化解阶级矛盾，发展阶段主要是化解人民内部矛盾，当前主要是化解全面建成小康社会和构建社会主义和谐社会进程中出现的各种矛盾。"枫桥经验"产生于、成长于化解矛盾，服务于、作用于化解矛盾，又在化解矛盾过程中得到壮大、丰富和发展。"枫桥经验"所展现的生命力和战斗力都蕴藏于"就地化解矛

---

① 习近平：《干在实处　走在前列——推进浙江新发展的思考与实践》，中共中央党校出版社 2006 年版，第 276—277 页。

② 习近平：《干在实处　走在前列——推进浙江新发展的思考与实践》，中共中央党校出版社 2006 年版，第 506 页。

盾"之中。

随着改革开放的深入和社会主义市场经济的发展,一些体制性、结构性的深层次矛盾和问题开始显现,发展矛盾、城乡矛盾、利益矛盾、人与自然矛盾交织纠缠在一起,加上群众的民主意识不断增强,维护自身合法权益的诉求日益强烈,矛盾成因愈发复杂,化解矛盾纠纷难度越来越大。

预防化解矛盾是"枫桥经验"的主要任务和基本特征,始终坚持把预防化解矛盾作为维护社会稳定的基础性工作来抓,紧紧围绕"小事不出村,大事不出镇,矛盾不上交"的目标,及时把矛盾纠纷化解在基层、化解在萌芽状态,化消极因素为积极因素。可以预见,预防化解矛盾这个"枫桥经验"的基本精神在现阶段及可预料的相当长时间内仍具有普遍的指导作用和实践意义。

三、加强平安建设

2003 年,浙江省人均 GDP 达到 2434 美元,呈现出经济快速发展、人民安居乐业的良好局面。相较于经济发展,教育、科技、医疗、卫生、文化、环境等发展相对滞后,社会治安、公共安全不断出现新情况,由各类矛盾纠纷引发的群体性事件呈多发态势,经济高速增长所付出的社会成本和代价不断上升。面对这一情况,习近平同志深刻指出:"国际经验表明,在人均 GDP 处于 1000 美元到 3000 美元这一阶段,既是加快发展的黄金时期,也是各类矛盾的凸显时期。"[1]对此,"一定要站在政治和全局的高度,充分认识建设'平安浙江',促进社会和谐稳定的重大现实意义"[2],树立新的稳定观。2004 年 4 月 22 日,习近平同志主持召开建设"平安浙江"工作座谈会,提出要开展宽领域、大范围、

---

[1] 习近平:《干在实处 走在前列——推进浙江新发展的思考与实践》,中共中央党校出版社 2006 年版,第 234 页。

[2] 习近平:《干在实处 走在前列——推进浙江新发展的思考与实践》,中共中央党校出版社 2006 年版,第 237 页。

多层面的"平安浙江"建设。同年 5 月 10 日至 11 日,浙江省委召开十一届六次全会,作出建设"平安浙江"、促进社会和谐稳定的决定,浙江成为全国最早提出并全面部署"大平安"建设战略的省份。

2005 年 7 月 30 日,绍兴市委五届三次全会作出《关于建设"平安绍兴"的决定》,全面开启"平安绍兴"建设。经过一年多实践,初步建立健全组织机构、工作机制、保障体制,但也存在一些问题,如个别部门单位和领导干部不重视维稳和平安建设工作,缺乏协调配合意识;部分基层乡镇(街道)对运用源头治理、系统治理、综合治理的理解不透,依法履职的水平有待提高,处理问题的手法单一;个别群众在社会生活中只讲权利、不谈义务,在个人权利受到侵害后责怪政府,采取"闹、堵、访、缠"等非法方式维权;平安建设共建共享激励机制尚未形成等。这些问题如得不到妥善解决,"平安绍兴"建设的顺利推进将无从谈起。

2006 年 10 月 17 日至 18 日,习近平同志来绍兴宣讲和贯彻党的十六届六中全会精神时强调,各级党委、政府要把维护社会稳定工作放在突出位置,强化领导责任和工作责任制,严格落实"平安浙江"建设"一票否决制"。从中可以看出,习近平同志始终把坚持发展"枫桥经验"、深化"平安浙江"建设作为"一把手"工程,作为各级领导干部的"第一责任",作为维护社会稳定的重要载体和抓手,摆到"五位一体"总体布局中来谋划和推进。

在党的十九大报告中,习近平同志把建设"平安中国"、加强和创新社会治理上升为基本方略,并就打造共建共治共享的社会治理格局作出了全面部署。习近平同志关于社会治理和平安建设的重要论述是习近平新时代中国特色社会主义思想的重要组成部分,标志着中国共产党对中国特色社会主义社会治理规律的认识达到了新的高度。

四、维护社会和谐稳定

社会稳定、国泰民安既是广大人民群众的热切期盼,也是中国共产党治国理政的重要目标。实践证明,只有社会和谐稳定,国家才能长治久安,人民才能安居乐业。

习近平同志在浙江工作期间,正是浙江经济发展的腾飞期、增长方式的转变期、各项改革的攻坚期、开放水平的提升期、社会结构的转型期和社会矛盾的凸显期。当时中国人均 GDP 为 1000 美元,而浙江是全国第一个人均 GDP 超过 3000 美元的省份,浙江经济发展水平总体上领先全国平均水平 10 年以上,小康社会建设长期领跑全国。但快速的经济发展也带来了先发的矛盾和问题,特别是遭遇了发展方式粗放等"成长的烦恼"。各地频发的安全生产事故、因环境污染引发的群体性事件引起了习近平同志的高度关注和重视。

一直以来,习近平同志高度重视社会稳定工作。2004 年 1 月 6 日,他在浙江省公安工作会议上指出:"坚持稳定压倒一切,正确处理改革发展稳定的关系,在社会稳定中推进改革发展,通过改革发展促进社会稳定,是我们党领导人民在建设中国特色社会主义实践中形成的基本经验,也是我们必须长期坚持的基本方针。"①同年 5 月 11 日,习近平同志在浙江省委十一届六次全会结束时指出:"要正确处理改革发展稳定的关系,既坚持稳定压倒一切的方针,又坚持发展这个第一要务,坚持改革开放的路线。改革是动力,发展是目的,稳定是前提,这是十分清楚的三者关系。"②紧接着,在 6 月 11 日召开的全国社会治安综合治理工作会议上,习近平同志进一步强调,要正确处理改革发展稳定的关系,高度重视维护社会稳定工作,促进经济与社会协调发展。③ 这是加快发展的新理念,是深化改革的新动力,也是维护稳定的新要求。习近平同志在浙江工作期间关于维护社会稳定的一系

---

① 习近平:《干在实处　走在前列——推进浙江新发展的思考与实践》,中共中央党校出版社 2006 年版,第 273 页。

② 习近平:《干在实处　走在前列——推进浙江新发展的思考与实践》,中共中央党校出版社 2006 年版,第 274 页。

③ 习近平:《干在实处　走在前列——推进浙江新发展的思考与实践》,中共中央党校出版社 2006 年版,第 278 页。

列重要论述，为认识和处理改革发展稳定的关系提供了基本遵循。

党的十八大之后，习近平总书记多次强调，发展是硬道理，稳定也是硬道理，抓发展、抓稳定"两手都要硬"。党的二十大报告从以新安全格局保障新发展格局的层面，强调社会稳定是国家强盛的前提，必须建设更高水平的平安中国。

五、更加注重民主法治建设

进入 21 世纪后，浙江进入全面建设小康社会的攻坚阶段。这一时期既是发展战略机遇期，又是社会矛盾凸显期，城乡发展不协调、区域发展不平衡、收入差距扩大以及利益关系调整等引发的人民内部矛盾，导致群体性事件频发。与此同时，群众的法治意识和维权意识越来越强。2004—2006 年，浙江一度出现"民告官"的热潮，并且呈愈演愈烈之势。2004 年农民因征地纠纷状告省政府，最后省政府败诉。2005 年，温州 82 名养殖户状告国家环保总局，并最终胜诉。2006 年，杭州农民因拆迁纠纷状告国家发改委，最终也胜诉。2006 年、2007 年两年内，新昌县刮起了"民告官"的"风暴"，接连发生 4 起农民群体性告官案件。这迫切需要在社会主义法治框架下予以解决，无疑表明加强法治建设越来越重要。

如何推进"法治浙江"建设，习近平同志强调必须坚持依法治省与以德治省相结合，特别是把"枫桥经验"作为建设法治浙江的重要抓手。在加快经济发展的同时，要更加注重社会发展，更加注重生态环境保护，更加注重民主法治建设，更加注重提高人民群众的生活质量。和谐社会本质上是民主法治的社会。只有不断推进人民民主，提高法治化水平，才能确保发展健康安全、人民安居乐业、社会安定有序、国家长治久安。

第二节　积极预防和化解社会矛盾

预防化解矛盾纠纷,实现"小事不出村、大事不出镇、矛盾不上交",是"枫桥经验"的精神实质和基本价值。绍兴紧密结合新形势、新常态下社会矛盾纠纷的新特点、新变化,从群众最需要、发展最迫切、条件最成熟的行业和领域入手,完善化解网络,创新化解方法,提高化解效能,成功探索出群众满意度高、获得感强的矛盾纠纷化解"绍兴模式",有效减少和防止矛盾纠纷变性转向激化,有力维护社会和谐稳定。

一、健全矛盾化解机制

（一）构建矛盾纠纷源头稳控机制

建立"三色"预警机制,将110报警、安全生产、越级上访等7项社会稳定重点工作作为预警内容,进行指标细化和分类明确,并推动"三色"预警工作向村（社区）延伸。建立信息收集平台,及时汇总分析、评估研判乡镇（街道）相关预警内容,用绿、黄、红三种颜色表示维稳态势预警等级,采取按月预警和即时红色预警相结合的方式发布预警信息。实施风险评估机制。建立重大决策社会稳定风险评估制度,对重要政策出台、重点工程建设项目等工作开展评估,及时掌握风险苗头;培育第三方社会专业评估机构,建立由各行业专业技术人员组成的评估专家库,落实意见听取、分析论证等评估步骤,建立走访座谈记录、民意调查问卷、专家论证记录等台账,实现重大决策社会稳定事前评估、事中反馈、事后评价全过程动态管理。

（二）构建矛盾纠纷即时发现机制

推行"一张网"治理模式,即在行政村以自然村落、片组等划分单元网格,在城市社区以居民小区、楼幢等划分单元网格,实施统一编码管理和信息公开;推进"一格一员一通"建设,建立市、县、乡三级社会治理信息指挥平台和网格指导员、专管员、信息员三支队伍,推广应用平安建设信息系统移动终端"平安通",实现平安动态信息实时采集、即时录入和有序流转。实施动态化排查体系,建立市每季度一次、县每两月一次、乡镇(街道)每月一次、村居(企业)每半月一次的动态排查机制,重点排查信访问题、土地征用、重点工程等领域矛盾纠纷事项。建立畅通式信访渠道,加强初信初访工作,健全联合接访制度,设立联合接待中心。坚持每月领导信访接待日制度,常态化开展重点约访、专题接访、带案下访,引导群众合理合法表达诉求。

(三)构建矛盾纠纷长效处置机制

实施目标管理,出台专项考核办法,将矛盾纠纷化解情况纳入市级部门及县(市、区)、乡镇(街道)和村(社区)"平安绍兴"考核,对因矛盾纠纷影响"平安绍兴"创建等情况,实行属地和主管部门同责、责罚对等措施。推行包案化解,采取责任到岗到人、限定时间节点等方式,重抓涉及面广、敏感类矛盾纠纷化解,建立"一个问题、一名领导、一套班子、一个方案、一抓到底"机制,落实定案件、定领导、定责任、定方案、定时限和包问题解决的"五定一包"办法,统筹推进矛盾纠纷化解。强化督促检查,建立矛盾纠纷摸排化解领导带队定期督查制度,重点检查矛盾纠纷发现率、稳控率和化解率;采取涉及重大矛盾纠纷、进京非访等责任追究办法,对工作不力的单位给予考核扣分、通报、约谈等处理。

二、深化矛盾化解模式

(一)建立"四有模式",夯实"最多跑一次"基层基础

因地制宜打造地方特色法治文化基地,实现"镇镇有法治广场、法治公园,村村有法治长廊、法治书屋",夯实"最多跑一次"村域治理基

础。开设农村法治课堂,通过掌上培育、阵地培育、文化培育、结对培育等方式,浓厚乡村法治氛围,建立矛盾纠纷化解机制,确保"小事不出村,大事不出镇"。依托"枫桥式"司法所建设,打造"一镇一品"调解品牌,全市建成"乡情式、乡贤式、专业式"三大类型品牌调解工作室96家。搭建律师调解平台,全面启动"一镇一律所"调解模式,建立律师调解室42个,组建包括律师党员和"两代表一委员"在内的由363名优秀律师组成的律师调解员队伍。以"枫桥式"司法所为纽带,在绍兴全域范围内建立起律所结片、律师结点的农村法律顾问网络。

(二)创新"枫桥经验",抓实"最多跑一次"服务质量

整合公、检、法、司资源,"一站式"化解基层社会矛盾纠纷,助力法律服务"最多跑一次",实现群众不出门就能解决法律难题,通过电台、电话、网络,足不出户即可联系上法律工作者、专业调解员和代办员帮助化解矛盾纠纷。拓展群众矛盾纠纷化解渠道,打造矛盾纠纷工作责任闭环,建立矛盾纠纷联合调解中心,确保"小事不出村、大事不出镇、矛盾不上交"。加强"大调解"工作平台建设,健全完善扁平化、一站式、全流程的矛盾纠纷排查调解工作模式,形成由党政统一领导、成员单位分头协作、调解中心具体运作、全社会共同参与的大调解工作格局。建立三级联动代办工作制度,探索村、镇、县三级联动代办制,以镇、村、社会组织为载体,构建线下、线上双管齐下的代办服务体系,对群众信访反映的诉求,逐一落实专门代办员,帮助群众及时有效化解矛盾纠纷,使"最多跑一次"落到实处。

(三)注重"以点带面",落实"最多跑一地"全域实践

建立标准,"高质量"推动人民调解工作,打造"网格调解团"工作品牌,通过整合网格长、专职网格员、网格指导员、网格警员、网格律师等力量,强化队伍标准化建设,不断提升人民调解工作整体水平。加强考核,"高标准"督察落细责任,将矛盾化解率纳入"平安乡镇"考评标准,建立健全"常态化督察＋点名式通报＋限期式整改反馈"机制。

创新多元矛盾纠纷化解机制，探索部门联动、数据共享、协调办理融合服务模式，构建联合接访、矛盾调解、信访代办、法律援助、诉讼服务"五位一体"综合性工作平台，通过全科受理、集成联办努力实现"最多跑一地"。以联调中心为枢纽，统筹多部门解纷资源和民间力量，完善诉调、警调、检调、专调、访调"五调联动"工作模式，健全矛盾纠纷分析研判制度，实现由各自为战到精准协作的转变。完善实体、电话、网络等多渠道和"菜单式"调解服务，依托浙江省大数据管理平台和"浙里调"微信小程序进行线上点单，并提供调解员、调解时间、调解方式、调解地点"四选合一"服务，当事人根据"全城点调"目录即可就近下单或电话点单，调解员第一时间受理并协商调处。

三、丰富矛盾化解手段

（一）多元化方式助力矛盾化解

一是突出人民调解。发挥人民调解组织分布广、覆盖领域广、调解成本低优势，培育如诸暨市"老杨调解工作室"、柯桥区"和老师调解团"等一批基层品牌调解室，把大量矛盾纠纷化解在基层。并从组织建设、队伍建设、基础保障和业务流程等方面加强调解规范化建设，提升调解质量。二是突出专家调解。配备专职人民调解员，组建"调解型""专业型""法治型"人才专家库，集中对纠纷案例"把脉问诊"；成立乡镇（街道）"流动调解团"，积极培育"姐妹调解""老兵调解""瓷源调解"等调解新品牌，打造高质量品牌调解室。三是突出多调协同。整合调解资源力量，加强人民调解、行政调解、司法调解衔接联动以及诉讼与调解、仲裁、行政裁决、行政复议等非诉讼方式的有机衔接，实现"排查零遗漏，对接零距离，调处零激化，矛盾零上交"。完善"诉调""检调""警调"等对接机制，采取就地化解、专业调解和集中攻坚等模式调解各类矛盾纠纷。

（二）社会化主体助力矛盾化解

构建多元调解主体，聘请心理咨询师、婚姻家庭咨询师、社会工作师等专业人员，以及特殊领域具有专业技能人员担任特邀调解员，提供专业指导。选聘式培养"职业调解员"，选聘优秀村干部及返乡大学生、退役军人等加入属地人民调解员队伍，充实一线调解力量；鼓励镇、村德高望重且热心公益事业的新乡贤、老党员、老干部、老教师、老知识分子、老政法干警担任调解志愿者。应建尽建全域调解组织，在市、县、乡三级建立医调会、校调会、交调会、家调会、劳调会等 13 个行业调委会，健全行业性专业人民调解组织体系。在工程建设、征地拆迁、环境影响、社会保障等矛盾纠纷多发领域，由仲裁机构组织第三方专家团队开展综合评估；在外籍人士多的地区，特聘外籍商人组建"洋娘舅"队伍，"以外调外"参与市场纠纷调解工作。发挥在职医师、教师、律师、公务人员、银行职员、警员等特殊乡贤作用，组建"调解乡贤"队伍，主动介入矛盾纠纷化解。

（三）平台化载体助力矛盾化解

一是加强司法行政领域调解平台建设。以大调解中心或人民调解服务中心为依托，集中医调会、校调会等专业调委会在统一平台上运作；以法律援助中心为依托，市、县两级组建集法律咨询、法律援助、律师公证服务、司法鉴定、人民调解等职能于一体的司法行政法律服务中心，建成群众法律诉求的窗口、矛盾纠纷化解的平台、法律服务的超市。二是加强专业领域调解平台建设。组建企业矛盾调解平台，在规上企业建立调委会，排查化解劳动人事、知识产权保护等涉企隐患；深化行政服务调解平台建设，完善复议、诉讼全过程调解工作机制，实现行政争议实质性化解；推进"警地"调解，建立矛盾纠纷联动联处机制，规范矛盾纠纷处置流程，开展联动化解。三是加强网络调解平台建设。突出"网络＋"作用，建设矛盾纠纷多元化解一体化网络平台，推动线下调解向线上调解拓展，实行网上调解、网上仲裁，跨时空、跨部门、一站式解决矛盾纠纷；建设"在线矛盾纠纷多元化解平台"（ODR），实现网上委派、指导调解、司法确认"三合一"；依托"浙里调"微信小程序、公共法律服务网、ODR 等多元矛盾纠纷化解平台，推进网上申请、预约和在线调解。

四、加强"矛调中心"建设

（一）整合力量资源，推动"多中心"集成为"一中心"

一是整合行政力量按需入驻。成建制入驻人民来访接待中心、公共法律服务中心、行政争议调解中心、12345 统一政务咨询投诉举报平台等线下线上工作平台，县级信访部门整体入驻，承担中心运行服务职能。同时，常驻县级公安、人力社保、自然资源、建设、农业农村、综合执法等 6 个部门力量，轮驻、随叫随驻其他部门（单位）力量，实现"单部门办理"向"多部门协同办理"，"专科受理"向"全科受理"转变。二是吸收社会组织积极入驻。引导社会力量参与社会矛盾纠纷调处化解，全市 6 个区（县、市）人民调解委员会均入驻中心，并吸收入驻交调、医调、劳调、物调、校调等 23 个行业性专业性调解组织及名人、品牌调解室，配备行业性专业性专职调解员；鼓励和支持"两代表一委员""乡贤参事会""志愿者联合会"等力量入驻，积极打造联合调处、多元化解的矛盾解决工作模式，推进"事心双解"。

（二）做优一窗受理，实现矛盾纠纷化解"最多跑一地"

一是建立即诉即办机制。依托中心协同应用系统，厘清入驻单位职责及事项办理流程，统一设立"无差别窗口"，实行一窗登记、统一流转、签收接待、服务评价、按期办理、结果反馈，打造问题处置闭合流程，建立群众诉求快速流转、快速响应、快速解决的即诉即办工作机制。二是建立源头治理机制。理清矛盾纠纷依法分类处理清单，结合诉源治理，推进访源治理，让非"诉讼"、非"信访"纠纷解决机制挺在前面，矛调工作贯穿解纷工作全过程，建立诉、访、调等矛盾纠纷渠道相互衔接的分类分级处理机制,实行信访事项办理"2211"工作机制,信访事项"两办"(代办、督办),推动信访和矛盾纠纷依法解决。三是建立联动解决机制。强化教育疏导,建立疑难复杂事项、终结事项联合接待处置和属地移交衔接制度,开展依法办理、矛盾调处、释法明理、心理疏导、困难帮扶联动解决机制;强化分析研判平台作用,推进信访和矛盾纠纷处置工作数字化转型,深度挖掘和运用信访数据、信息资源,建设智慧信访大数据分析系统,提升信访数据的综合分析、要素分析、结构分析能力水平。

(三)强化要素保障,确保中心高效率长效化运行

一是强化组织保障。市级成立由党委分管政法工作的副书记为组长的县级社会矛盾纠纷调处化解中心(信访超市)建设工作指导小组,县、镇两级分别成立由主要负责人任组长的建设领导小组;市级相关部门配套出台相关制度,指导县级部门入驻中心工作;加大财政保障力度,将相关建设经费、工作经费、人员经费列入财政预算。二是强化队伍保障。编制行业性专业性人民调解组织、品牌调解室、人民调解专家等目录名册,加强行业性、专业性调解组织、社会组织的培育和建设,充实人民调解员队伍,积极吸收基层矛盾纠纷化解力量,通过培训提升中心队伍履职能力。三是强化机制保障。建立健全流程管理机制,运用矛盾纠纷调处化解协同系统,实现矛盾纠纷调处化解可查询、可跟踪、可评价;建立三级矛盾纠纷调处化解权限责任清单,推动责任落实;健全层级联动化解机制,实现纠纷化解全链条、运行机制全闭环。

第三节　更高水平建设平安绍兴

建设平安浙江,是习近平同志在浙江工作期间作出的重大决策,

是社会主义和谐社会建设在浙江的创造性实践。这一重大决策,体现了以人为本、执政为民的执政理念,体现了解放思想、实事求是、与时俱进的思想路线要求,是民主决策、科学决策的产物。绍兴广大干部群众坚持"大平安"理念,负重前行、风雨兼程、真抓实干,走出一条具有绍兴特色的平安建设之路。绍兴市在2008—2020年连续13年创建成为浙江省"平安市",2次被命名为"全省社会治安综合治理优秀市",多年来群众安全感、满意率始终保持在97％以上,2020年城乡居民收入比缩小至1.72：1,被公认为全国社会最安全、发展最均衡的地市之一。

一、健全平安建设长效机制

（一）树立"大平安"理念,从统筹经济社会发展的高度谋划部署平安绍兴建设

2004年启动平安绍兴建设之初,绍兴就将平安建设确立为包括政治安全、经济安全、治安安全、生产安全、公共安全以及人民群众安居乐业在内的"大平安"体系。各级党委、政府统筹发展"第一要务"与稳定"第一责任",把平安建设纳入经济、政治、文化、社会建设以及生态文明建设"五位一体"的总体布局中谋划和推进,形成各方面工作统筹考虑平安建设的良好局面;树立"抓平安就是保和谐"的理念,积极化解各个领域的不安定因素和安全隐患;树立"抓平安就是为民生"的理念,最大限度激发社会活力、最大限度减少不和谐因素,使改革的力度、发展的速度和社会可承受度相统一,使改革发展的成果惠及广大人民群众。

（二）坚持"一把手抓、抓一把手",强势推进平安绍兴建设

绍兴各级党委建立由"一把手"任组长的平安建设领导小组,下设办公室,形成党政统一领导、平安办组织协调、各成员单位共同参与的平安建设组织领导体制。建立定期分析社会稳定形势制度,及时研究

解决平安建设中的重大问题。市委、市政府每年组织由市领导带队的平安建设检查组,对全市平安建设情况进行考核抽查,并召开全市平安建设大会进行命名表彰,作出专题部署。注重充分发挥各职能部门的作用,每年根据形势发展需要和平安建设重点任务变化,调整充实平安建设成员单位,推动各行业、领域和系统平安创建。

(三)坚持"重结果、动态性、过程性"考核,充分发挥平安考核的导向作用

注重动态性考核,每年根据平安建设出现的新情况新问题,修改考核评价指标体系。调整完善考核内容和权重,做到指标设置更科学、考核评价更合理、操作方法更简便、解决问题更有效。坚持考核结果不搞终身制,每年以市委、市政府名义对平安建设工作成绩突出的单位和个人分别授予平安乡镇(街道)、"枫桥式"乡镇(街道)及平安建设工作先进集体和先进个人称号并予以通报表彰,起到推动落实、巩固成效的作用。同时,注重结果性评价,把重大案(事)件、人民群众安全感满意度等结果性指标,作为衡量一个地方平安建设成效的主要指标,真正以结果论英雄,用成效来说话,充分发挥考核的导向引领和激励鞭策作用。

(四)坚持发动群众、群众评判,不断提升人民群众安全感满意度

坚持"平安不平安,老百姓说了算",探索建立民意调查和群众评价机制。采取暗访检查、随机采访、发放问卷等形式,调查了解群众对平安建设的知晓率、参与率和安全感满意度等情况,并将此作为平安考核评价的重要依据。探索与群众沟通互动机制,把群众呼声作为开展平安建设工作的决策依据,做到决策前考虑群众意愿、决策中征求群众意见、决策后听取群众反映。

(五)坚持强化领导、落实责任,全力推动平安建设常态长效

全面压实平安建设领导责任制、部门责任制和目标管理责任制,

逐级签订平安建设责任状,形成层层传递、环环相扣的责任体系,确保责任到位、工作到位。严格考核督查,按照"标准要更高、考核要更严"的要求,及时修订考核办法,完善考评标准,明确考评要求和工作责任,倒逼各地各部门切实扛起任务、挑起担子。明察暗访相结合,对整改情况进行实地督查和"回头看",对整改不到位或出现反弹的事项,实行跟踪督办、限期解决。严肃责任查究,认真贯彻落实《浙江省平安建设和社会治安综合治理领导责任制实施办法》和《绍兴市平安建设"四个一"领导责任制办法》,加大对各地各部门平安综治工作责任查究力度,筑起履职"高压线",有力推动平安建设任务落实落地。

二、提高公共安全治理水平

(一)严打各类违法犯罪

以打造最具安全感城市为目标,统筹推进以扫黑除恶专项斗争为龙头的打击突出犯罪系列行动,有力保障人民群众生命健康和人身财产安全。一是严打涉黑涉恶犯罪。按照中央政法委、省扫黑除恶斗争领导小组的统一部署,紧盯案件清结、逃犯清零、黑财清底、伞网清除重点,保持扫黑除恶专班不撤、力度不减、标准不降,全面推进扫黑除恶"六清"行动,打好专项斗争收官战。二是严打命案等重大刑事犯罪。坚持"命案必破",严格落实"四长双责制",抢抓破案黄金期,对重大、疑难命案,采取领导驻点专班指挥,实行命案不破、专班不撤。深入推进命案积案专项攻坚行动,紧盯重大疑难案件,充分发挥刑事技术、信息研判等资源手段优势,集中力量、重点攻坚、挂牌督办,命案积案攻坚工作总体绩效位居全省前列。三是严打侵财犯罪。组织开展打击传统侵财犯罪专项行动,围绕入室盗窃破案率、系列性"两车"案件破案率、追赃挽损率"三个提升",重点打击地下销赃产业链;严打电信网络诈骗等新型违法犯罪;深入推进"断卡"行动,打击处理违法犯罪嫌疑人,对涉案人员采取信用惩戒措施。

（二）强化公共安全保障

依托信息化实战指挥体系，对各类风险加强预警、防范和处置。加强重点领域重大矛盾纠纷的排查和化解，省挂牌督办的重大矛盾纠纷全部化解到位，全市挂牌的重大不稳定问题，按照"一案一领导、一案一专班"的要求，限期化解，稳控率达 100%。发挥多部门联动攻坚效能，加强安全生产、交通安全、消防安全监管。创新完善电信网络诈骗犯罪治理模式；组织交通安全综合治理大会战"五大行动"，查处交通违法行为，排查整治道路隐患，督查整改事故"黑点"；开展工程车、"两客一危"等重点车辆专项安全整治；实施开展安全生产专项整治，狠抓安全责任落实，扎实开展安全生产、危化物品、敏感物资、寄递物流、网吧民宿等行业领域大排查大整治行动。

（三）健全预警预防体系

深化组织体系建设，健全完善全市反欺诈体系组织架构，推动反诈宣传防范全面融入镇街"基层治理四平台"，明确村居、社区反诈工作联络员；健全完善市、县两级反诈中心运行机制，落实专班"7×24小时"实体化运作和项目化推进任务清单；健全挂牌整治工作机制，对全市发案量大、增幅明显的重点乡镇（街道）进行挂牌整治。浓厚全民反诈氛围，持续开展"无诈乡镇（街道）、村（社区）、学校、企业"创建活动；发展壮大反诈志愿者队伍和宣讲团等社会力量，以群众喜闻乐见的形式，营造防范电信网络诈骗浓厚氛围。推进源头治理，建立部门信息互通机制和线索传递机制；推进涉诈人员核查惩戒机制，对案件中发现的涉案银行账号、不良通信号码，第一时间开展落地核查并开展联合惩戒。

三、强化社会治安整体防控

（一）织密智慧防控网

搭建组织体系，以组织体系为突破口，全力打造以"情指行"一体化合成作战中心为"大脑",以大部门大警种为"躯干",以基层网格化勤务警力为"手脚"的"1＋6＋6＋X"合成作战体系。做强支撑平台,推进"智慧街面巡防系统、智慧安防小区管控系统、公安检查综合应用平台、大型活动安保系统、公交智慧防控系统、治安重点行业管控系统、智慧保安系统、重点行业内保信息系统、危爆物品管控系统"等九大系统建设。拓展数据深度应用,推进5G、AI等新技术与公安工作深度融合,积极探索智能手环、电子车牌、危化品管理等物联网新应用,建设运行网络诈骗反制平台等一批信息化项目,打造指尖警务、数字警务。

(二)织密基础防范网

构筑智安小区防控单元,将"智安小区"建设纳入民生实事建设项目,截至2020年底,共建成"智安小区"1169个,全市零(降)发案"智安小区"达91％,共协助处理矛盾纠纷、群众求助7077起,惠及271.1万人。构筑危险物品从业单位防控单元,建立完善属地排查、行业排查、单位排查、专门排查等方式相结合的排查机制,压实行业主管部门的监管责任,做到要素管控多维联管、多轨联控、智能管控。深化社区警务战略,实施"五员强基、三星争创"行动,落实"一社区一民警二辅警""一村一辅警",选派机关老民警到派出所担任社区民警,社区民警全部兼任村社副书记。深化联千村访万户全警大走访活动,2020年,全市机关民警全部挂联到村社,走访群众41.2万人次,化解矛盾4688起,为群众办实事1056件。

(三)织密社区防控网

抓实"村社治保调解组织",在全市2736个行政村建立村(社区)主职干部兼任治保调解主任制度;全面规范治保调解组织建设,推行"有人干事、有钱办事、有章理事、有招成事"的治保调解工作机制,压实村(社区)治保调解组织责任。抓实"联勤警务站"建设,对治安复杂地区的传统警务站进行升级改造,整合社区民警、巡特警、交警等警务资源,融合行政执法、市场监督、应急管理等部门力量以及平安志愿者等社会资源。抓实平安类社会组织建设,制定 21 条培育措施,创设义警工作平台,建立孵化基地,完善积分制管理,个性化打造 108 支共 2.5 万人的队伍,建立 7 只基金,涌现"红枫义警""点亮一盏灯""反家暴联盟"等一大批品牌,实现义警工作可持续发展。抓实矛盾纠纷大调解体系建设,全面推进乡贤治理、律师驻所、警调衔接等工作。截至 2020 年底,全市共建立律师驻所调解室 68 个、人民调解员驻所 93 个、乡贤调解组织 178 个,同时,建立校调会 11 个、医调会 11 个、交调(仲裁)会 7 个,专业领域 98.83％的矛盾纠纷在专业调解组织协同下得到及时化解。

(四)织密源头预防网

突出风险防范,落实社会稳定风险评估机制,规范评估主体、评估流程和评估方式,建立完善稳评专家库,培育发展第三方评估组织,推动提升评估的实效性,扩大稳评结果的应用。近 3 年来没有发生风险评估不到位引发的重大群体性事件。突出多元化解,柔性解决矛盾纠纷,推广诸暨调解志愿者队伍、仲裁委中立评估机制等试点经验,形成人民调解组织、司法调解组织、行政调解组织、社会组织和群众组织等多元主体互动的矛盾化解体系。截至 2020 年底,全市建成市县大调解平台 7 个、乡镇平台 118 个,在交通、医疗、环境等 15 个行业设立 71 个专业调委会,建立社区法官调解室、人民调解室等 159 个调解工作室。突出积案化解,健全落实矛盾纠纷定期会商和挂牌督办制度,对重大矛盾纠纷,逐件落实县级领导包案,限期解决问题。2018 年以来,全市累计化解省、市、县三级挂牌重大矛盾纠纷 226 起,化解清理信访积案 746 起,有效化解了一批"骨头老案"。

四、筑牢平安建设基层基础

（一）着力创建"枫桥式"乡镇（街道）

2014年4月，绍兴市出台《关于坚持发展"枫桥经验"创建"枫桥式"乡镇（街道）的意见》，决定在全市创建"枫桥式"乡镇（街道），夯实基层基础，固本强基，从更高起点、更高层次、更高水平上推进"平安绍兴""法治绍兴"建设。制定"五好八条件"的评定标准，"五好"即通过创建，使乡镇（街道）基层治理能力明显提升，服务基层群众水平明显提高，基层社会治理体系进一步完善，努力实现"矛盾纠纷化解好、社会治安秩序好、基层基础建设好、乡风文明倡导好、人民群众口碑好"的目标。"八条件"即评定"枫桥式"乡镇（街道）须具备八个条件，即根据《绍兴市平安乡镇（街道）评审条件》，得分在900分以上；矛盾纠纷调处率达100％，调处成功率不低于95％；人民群众安全感满意度高于全市平均水平；平安村（社区）、民主法治村（社区）创建率达90％以上，精神文明和社会公德得到弘扬，未发生影响恶劣的违背社会公德的事件；无进京非访；社会防控体系健全，刑事发案率低于全市平均水平，当年未发生死亡2人或重伤5人以上的公共安全事故；法治、德治、自治相结合的城乡村（社区）治理机制健全，基层社会共治局面有效形成；社会服务管理中心平台建设规范，平安建设、综合治理、维护稳定、公共服务四项机制运行规范，基层社会管理综合信息系统与"网格化管理、组团式服务"实现"两网"合一，运转正常。经过6年的创建，至2020年底，全市成功创建"枫桥式"乡镇（街道）31个、村（社区）27个、法庭5个、司法所46个（省级6个，市级40个）、派出所6个（其中国家级1个，省级2个），有力夯实全市平安建设基层基础。

（二）扎实推进"两网融合"

2015年初以来，绍兴以推进"网格化管理、组团式服务"与"浙江省平安建设信息系统""两网融合"为抓手，构建网上网下联动工作机制,成为全省率先完成县、乡两级平安信息指挥平台全覆盖的地市。一是统筹各类资源,调整完善网格。优化调整网格,对全市不符合规定要求、不利于管理和工作开展的网格进行调整,对原先已经实行网格化的组织、安监、消防、团委、市场监管等部门,将其工作职能、人员力量、工作任务全部纳入综治网格,全市共有 1162 个重点网格和 2677 个一般网格。加强人员整合,鼓励各线网格员合并使用,有机统筹职能、力量、资源和经费,并由乡镇统一调配,实行多方协作、一网联动。根据"一格一员"和"一格多员"的要求,进一步调整充实各级网格服务管理工作人员,建立"层层有人管、事事有人办,纵向到底、横向到边"的网格服务管理队伍。明确报酬待遇,各地制定出台网格员管理激励办法,明确网格员的日常考核管理、工资报酬待遇。二是强化平台建设,畅通信息流转。夯实基础,建好镇级平台。各地根据本地乡镇(街道)实际,通过"试点做样,全面推广"的模式,推进乡镇(街道)信息指挥平台建设,建立健全一套流转处置的职责制度,配备电脑、电话、打印机等基本办公设备,明确专职人员负责。因地制宜,建设县级平台。各地因地制宜开展"两网融合"县级平台建设,探索出自建型、依托型、整合型三种平台建设模式,建成自建型平台 2 个、依托型平台 3 个、整合型平台 1 个。拓展终端,推广应用"平安通",在全市积极推广应用"平安通"采集信息,扩大信息采集量。

(三)全面推进乡村"微治理"

深化"专群结合",加强群防群治队伍建设,招募平安志愿者 13.2 万余人,组建志愿者队伍 3500 余支。以村(社区)为单位,筛选年富力强、热心公益的村(居)民组成村(社区)巡防队,在辖区民警指导带领下,参与治安防范、交通管理、禁毒消防等事务,配合专业力量做好重大节会活动维稳安保工作。实行"邻里互助",在城市社区,组织热心社区公益的积极分子担任"平安楼长",通过开展"邻里节"等活动,促进民间互信互助、共创平安。在农村,组建"夜巡队""护村队"等村民自治组织，通过走村入户、夜间巡逻等形式，切实消除安全隐患，提升群众安全感。加强流动人口管理服务，应用"流管通"移动采集终端，开展出租房屋标准地址编码及"二维码"门牌安装。建成流动人口居住信息自主申报平台，便利流动人口和房东申报居住登记信息。优化志愿服务组织动员。依托流动人口居住信息自主申报平台志愿服务管理系统、公益积分系统、志愿者社交系统"三大模块"，实现志愿服务信息集中发布、基础数据智能统计、志愿风采在线展示等。加强乡镇（街道）综合信息指挥室建设，将其定编为乡镇（街道）内设机构，强化基层治理综合信息平台运行的管理保障、大数据分析以及各类应急管理的职责。成立市级社会治理指挥中心和县、乡两级信息指挥中心，组成市、县、乡三级指挥体系，完善中心指挥调度、督促检查和信息研判三大功能。试行发布绍兴市社会治理综合信息平台每日速报和每月平安建设形势研判。

第四节　加强和创新基层社会治理

基层社会治理是国家治理体系的基础，也是探索创新社会治理模式的重心所在，更是国家长治久安、社会平安稳定的重要基石。党的十八大以来，绍兴创新和加强基层社会治理，推进基层治理机制和治理模式的转型提升，以基层社会治理创新促进基层平安稳定，取得了积极成效。

一、以党建引领统筹治理全过程

（一）强化政治引领

绍兴全面建立市、县、乡党委书记抓基层党建问题清单、任务清单和责任清单制度，推行"三级联述联评联考"制度，着力强化"一把手"

抓基层党建主体责任。开展党员先锋指数考评,运用"党性体检、民主评议"成果,深化农村党员"进出口"试点,形成了以发展党员"分色预警制"、发展党员"全程票决制"、党员管理"亮分制"为主要内容的党员教育管理制度体系,积极稳妥做好不合格党员处置工作,保持基层党员队伍的先进性和纯洁性。2015 年开始,全面实施党员"亮旗"行动,全域推行在职党员"两地报到、双岗服务"制度,大力开展"点亮微心愿·共筑中国梦"志愿活动。

(二)强化组织引领

把党建工作嵌入社会治理各领域全过程,发挥政治优势、组织优势,推动中央大政方针和决策部署在绍兴市域一贯到底、落地生根,让群众从身边、从日常看到变化、得到实惠。在广大乡村、城镇地区及"两新"组织、国企、机关事业单位和学校相继开展"五星达标、3A 争创"标准引领乡村振兴,"五星达标、和美家园"标准引领城市基层治理,"五星示范、双强争先"标准引领企业发展,"五星示范、双优引领"标准引领机关队伍建设,"五星育人、三名(名师、名科、名校)争创"标准引领教育强市建设等"五星"系列创建,把党建工作嵌入各领域事业发展的全过程。截至 2020 年底,成功创建五星达标村 1404 个,3A 示范村 151 个;五星达标社区 188 个,和美家园社区 23 个。

(三)强化能力引领

2013 年,绍兴部署开展领导干部社会化评价。通过"承诺公开、实绩公示、社会公议、结果公告"四个环节,激励各级领导干部更好地激情干事、务实为民,共有 2942 名乡科级干部接受基层群众和服务对象评价。通过推行"民情通"网下工作标准化服务,健全"走村不漏户、户户见干部"长效机制,推动基层干部点对点、面对面做群众工作。在浙江省率先实施村党组织书记标准化管理,先后制定村党组织书记"8＋X"履职规范标准、杭兰英式好书记评选标准、"9＋X"底线管理标准、党员干部面对群众"十条忌语"等,完善政治激励、待遇保障机制,促进村党组织书记作表率、守规矩、履好职。开展村社组织换届"回头看",对村级班子进行履职"体检"。深化社区党建"契约化"共建,全市有 2.9 万余名在职党员到社区报到。

二、以多元共治整合治理资源

(一)健全民主协商

加强城乡社区协商民主建设,健全村级议事决策机制。通过村(社区)居民议事会、小区协商、业主协商、民情恳谈日等形式与载体,开展灵活多样的民主协商活动。坚持村级重大事项"五议两公开"制度,村务公开、民主决策、民主管理的内容、程序、方式更加具体规范,涌现出以柯桥"夏履程序"、嵊州"八郑规程"、诸暨枫源村"三上三下"民主决策机制、上虞"祝温治村模式"等为代表的一批基层民主自治的实践典范。深化社区与进驻社区单位的"契约化"共建,发动多方主体参与社区治理服务,推动政府治理与社会调节、居民自治良性互动。注重以民主法治思维完善村规民约,全面规范村(社区)居民生活起居、环境保护、道德养成等行为,发挥村规民约等社会规范在基层治理中的积极作用,有效提高基层群众自我管理、自我教育、自我服务的能力。

(二)发展社会组织

积极培育、壮大社会组织,充分发挥社会组织在繁荣社会事业、提供公共服务、加强社会自治等方面的作用。通过契约化共建、群团共建、企业共建等多种路径,推动社会力量共同参与社会治理。培育壮大行业协会和商会,发挥其加强行业自律、服务企业发展、规范市场秩序的积极作用。建立发展平安志愿者协会、应急联动队、村嫂志愿服务队等各类组织,拓展社会组织参与基层社会治理的渠道。引导和发动社会组织积极参与公共服务、公益慈善、矛盾化解、法律宣传等基层治理工作。截至 2020 年底,全市共培育各类社会组织 8968 家,会员

30余万人。深化基层服务管理,推动党员干部投身平安志愿服务,参与"返乡走亲"活动,在基层一线做群众工作、处理实际问题。引导平安志愿者主动参与基层社会治理工作,涌现出"红枫义警""娟子工作室"等志愿者代表和平安志愿组织,"平安建设人人参与"氛围愈加浓厚。

（三）创新乡村治理

立足乡村悠久历史和优良传统,充分吸收和整合文化资源、人才资源,积极探索创新乡村治理方式,服务保障乡村振兴。以培育乡贤参事会为切入点,发挥乡贤作用,提升基层治理能力和水平。整合资源,建立健全乡贤组织。以乡镇为单位建立乡贤人才库,收集掌握6万余名乡贤信息;在条件具备的村(社区)成立乡贤参事会,建立理事会及日常办事机构并配备工作力量;市域外选择外出乡贤相对集中的城市组建乡贤联谊会。拓宽途径,鼓励引导乡贤回归。利用春节、清明等传统节日,通过召开乡贤座谈会、上门走访等方式向乡贤通告家乡情况,鼓励乡贤投资家乡,回报桑梓。多元参与,乡贤助力基层治理。一方面,通过建立乡贤参事会等组织,增强"在家"乡贤的凝聚力、"在外"乡贤的归属感,激发乡村资本回归集聚的活力,为乡村公益事业、扶危济困、奖教助学提供资金支持。另一方面,充分发挥乡贤中的老党员、老教师、老干部、老军人、老代表"五老优势",组织、引导其参与矛盾纠纷调解,促进乡村社会和谐稳定。

三、以基层基础夯实治理根基

（一）全面推进"基层治理四平台"建设

对乡镇(街道)和部门派驻机构承担的职能相近、职责交叉和协作密切的日常管理服务事项进行归类,形成综治工作、市场监管、综合执法、便民服务四个功能性工作平台。集成化融合,推动资源统筹、力量下沉。围绕促进派驻机构和属地乡镇(街道)工作双融合、力量双提升目标,壮大乡镇(街道)工作力量,提升乡镇(街道)治理能力。推动执法力量下沉,整合执法力量,实现"一支队伍管执法",强化派驻机构人员属地管理。智慧化运转,推动高效指挥、智慧治理。推进综合信息指挥体系建设,按照有办公场地、有大屏幕、有信息系统、有操作台、有人员、有统一标识、有工作机制的"七有"标准,完善市级综合信息指挥管理中心—县级综合信息指挥中心—镇街综合信息指挥室三级架构,并积极推进"基层治理四平台"向村级延伸。标准化建设,推动有标可循、照标运行。在浙江省率先提出"基层治理体系'四个平台'标准化体系建设",按照《"四个平台"建设标准化手册》《网格员工作手册》等规范标准,在绍兴全市推行"2＋6＋N"的绍兴市"基层治理四平台"有效运行评价指标体系,客观评价各地"基层治理四平台"运行绩效,引导和推动四平台高效运行。

(二)深入推进"全科网格"建设

一是优化网格设置。按照社会治理精细化的要求,遵循"属地性、整体性、适度性"原则,因地制宜划分网格。以农村 80—120 户、城市 300 户以下为标准,将所有居民区、工业区、商贸市场、山林流域等部位、区块均纳入网格化管理,其中,把城市社区、城中村、城郊接合部及外来人口较多、社情比较复杂的网格列为重点网格,其他为一般网格,实行差别化、精细化管理。统一编制网格代码,绘制网格地图,并在网格辖区内竖立公示牌公开网格信息。全市共划分为 3839 个网格,其中重点网格 1162 个,实现基层辖区全域覆盖。二是加强队伍建设。以建立农村/社区专职工作者队伍为契机,明确专职网格员由农村/社区专职工作者担任,专职网格员配备率达 100％,确保队伍稳定。强化网格员队伍建设,按每个网格"一长三员"(网格长、专职网格员、兼职网格员、网格指导员)的标准进行配置,发挥全科信息员、全科服务员、全科宣传员"三员合一"的作用。各地通过整合协辅人员、政府购买服务、由农村/社区专职工作者担任等方式打造专职网格员队伍,目前绍兴共有各类网格员 20148 名,其中专职网格员 3816 名。三是强化网格党建。把党支部(小组)建立在网格上,充分发挥网格党组织的战斗堡垒作用和网格党员的先锋模范作用。四是规范培训考核,定期开展业务培训,提高网格员发现问题、处理问题和管理服务的能力。完善网格管理工作督查考核机制,建立专职网格员星级管理机制、捆绑考核机制、退出和追责机制,对网格员履职进行量化考核。

(三)全面加强社会心理服务体系建设

社会心理服务体系建设是推进新时代社会治理创新的题中之义和重要命题。加强社会心理建设是一项系统工程,需要多方着手。一是构建全域服务体系。从纵向推进县、镇、村三级社会心理服务体系平台建设,建成县级 7 家、镇级 99 家、村级 1500 余家;从横向推进重点区域、重点单位、特殊点位的多点社会心理服务体系平台建设;从虚、实层面推进线上线下整合,开发网站、微信公众号,开通心理服务热线,开设专题讲座、接受求诊、上门服务等,拉点成网,实现心理服务全域全员"覆盖"。二是精准干预,消除风险。建立监测预警干预机制,对刑满释放人员、社区矫正人员和信访重点人员等七类人群,全面进行心理风险筛查,做到精准筛查识别风险,对重点特殊人员逐一评估,做到精准预警防范风险,对矛盾突出、生活失意、心态失衡、行为失常及性格偏执人员重点防范,建立"1+X"心理服务延伸工作机制,延伸配套矛盾化解、法律援助、帮扶救助,做到"不出事、少出事"。三是开展主动集成服务。开展应急专项服务,将心理危机干预和心理援助纳入各类突发事件应急预案和技术方案,与自然灾害、公共卫生等突发事件救援同步,启动个体心理危机干预和群体心理危机管理机制。在事件善后或恢复重建过程中,对高危人群持续开展心理援助。推进主动服务,发挥骨干队员优势,每月走访入户,做好信息采集、摸排工作,将生活失意、心态失衡、行为失常等五大类人群进行分类建档,纳入"三色预警"管理,做好动态随访,加大排查干预。四是创新特色服务。把绍兴产业、名人、经典、特色等元素融入社会心理服务体系，使其更具绍兴特色、绍兴韵味，如"大唐袜都心灵港""书圣故里心理咨询室"；或把名人思想融入基层管理，如王阳明"致良知""知行合一""问政于民"等思想与永胜村党建工作、小区管理、居民自治等结合，实现小区完美蜕变。

四、以"三治融合"构建治理新模式

（一）注重夯实基层民主

完善民主选举、民主协商、民主决策、民主管理、民主监督等制度，着力构建新型基层民主自治管理体系。加强对选举工作的领导和指引，规范选举程序，公开选举过程，努力保障选民的选举权，依法实现选举的公开、公平、公正。建立健全决策听证、专家咨询等机制，采取民主恳谈协商、专家咨询协商、书面征询协商、走访约谈协商、决策听证协商等形式，开展灵活多样的协商活动。对涉及社区集体和居民利益的重大事务，严格按照"五议两公开"程序和民主集中制原则实行民主决策。注重运用法治思维和法治方式化解矛盾纠纷，制定实施村规民约、社区公约，广泛开展村民议事会、民情恳谈会等基层民主协商活动，推广柯桥"夏履程序"、嵊州"八郑规程"、新昌"乡村典章"、上虞"祝温治村模式"等一批新典型，走出一条自治、法治、德治相结合的基层治理新路子。

（二）注重全面依法治理

全面落实司法责任制，通过量化考评与整体评价相结合的方式，加强对员额法官、检察官的综合评价。深入推进以审判为中心的刑事诉讼制度改革，让人民群众在每一起案件中都能感受到公平正义。实行行政调解、司法调解、人民调解、专业调解"多调合一"的调解制度，拓展专业、行业、企业、市场调解领域。积极推动更多法治力量下沉到基层一线，全市实现"一村一民警一律师"配置。深入开展"法润绍兴"

行动,积极开展"尊法学法守法用法"主题活动,把法治精神融入地方文化、社区文化建设。2013 年以来,全市成功创建全国民主法治村 11 个、省级民主法治村 73 个,市级以上民主法治村达 468 个。

(三)注重孕育文明乡风

培育良好乡风民风,加强和改善基层治理,充分发挥德治的基础性作用。组织开展弘扬良好家风、传承中华文明活动,在挖掘整理 50 余位绍兴名人家训家规的基础上,征集评选文明家训家规、优秀家风故事,做到以文化人,为推进基层治理体系和治理能力现代化提供道德支撑。大力开展农村文化礼堂建设,建成高标准农村文化礼堂近 700 家。健全"最美绍兴人"挖掘培育、学习宣传工作机制,实施"千村万户文明示范工程",制定《绍兴市文明行为促进条例》,设立"新风榜""功德榜""和谐榜"等文明榜单,努力实现德润人心。2013 年以来,全市有 15 个村、6 个镇成功创建全国文明村/镇,114 个村、15 个镇成功创建省级文明村/镇,涌现出"中国好人"40 名,全国道德模范 2 名。

五、以科技支撑助推治理手段升级

(一)运用智慧手段辅助社会治理决策

打造"智慧中心",依托"1349"智慧城市建设核心工程,全面汇聚公共基础数据库,通过对大数据的分析研判,提高透过现象看清本质的能力,增强决策部署的预见性。把科学化、精细化、标准化、常态化理念贯穿于社会治理决策全过程,推动社会治理与网络信息技术高度融合,实现以有限个案(事件)为基础向"用数据说话"转变,从大而化之向因事施策、因人施策转变,从事后追溯向事前预测预警预防转变,提高社会治理能力水平。打造多元化信息采集系统。开发应用"平安通""食安通""安监通""河长通""民情通"等信息采集终端,实现"多通合一"。健全工作机制。成立绍兴市社会治理指挥中心,对全市社会稳定、抢险救灾、突发应急等工作实行常态化决策指挥。建立健全中心工作组织机构和工作机制，规范综合分析、会商研判、通报预警、核查督办、追责问责程序，强化维稳安保工作的全面性、针对性和有效性。

（二）运用现代科技强化治安防控能力

推进智能辅助防控，深化全国"智慧安居"建设，以"雪亮工程"2019年全国重点支持城市建设为契机，实现重点公共区域和重点行业、领域视频监控覆盖率、联网率"四个100％"。推进智能辅助监管。积极探索流动人口智能辅助管理新途径，全面实施"IC卡式居住证"制度，强化出租房屋"旅馆式"智能化管理。推进瓶装燃气信息化监管，实行燃气瓶二维码实名登记制，实现信息化监管，做到"源头可溯、去向可查、全程管控"。推进智能辅助司法。以"全案上线、全员会用、全面提升"为目标，全面推广政法机关"一体化"办案系统应用，通过政法机关专网实现司法办案的业务协同、数据共享和流程再造，进一步形成办案合力，提高办案效率，促进执法规范。

（三）运用信息技术提升服务群众能力

推动群众诉求从"坐等门诊"向"主动约诊"转变。一是聚焦民情"一网直通"。牢固树立"民有所呼、我有所应"理念，全面打造"24小时不下班的网上政府"。开通"政民e线"直通车，实施记者追踪、督查通报制度，深化网民留言"3小时网上回应，48小时限时办理"工作机制，确保网民的诉求件件有落实、事事有回应。3.0版"政民e线——网络问政和民生服务互动平台"已在微博、微信等新媒体上线。二是聚焦民忧"一网受理"。围绕有效解决群众诉求，出台重大网络民生事项挂牌督办制度，持续开展民生帮忙活动、破难解困行动，推动网上问题网下解决，切实提升民生事项的办结率和人民群众的满意率。加大"平安通"和"平安浙江"App应用力度，有效提高基层信息收集报送的效率。三是聚焦民事"一证通办"。围绕群众办事难问题，创新推行群众办事"一证通办一生事"改革，建成居民电子证件信息大数据库，开

发"一证通办"信息管理系统,构建"一网三端"网上办事体系,同步打
通全市所有乡镇(街道)行政服务中心和行政村(社区)便民服务中心
的行政审批网络,实现网上办、移动办、自助办,确保"数据多跑路、群
众少跑腿"。

第五节　新时代"枫桥经验"拓展的理论指向

习近平总书记关于坚持创新发展"枫桥经验"的新理念新思想新
战略,是推进基层社会治理现代化的根本遵循,充分表明了以"枫桥经
验"为重要内容的中国特色社会主义社会治理体系具有独特优势。绍
兴始终坚持发展新时代"枫桥经验"、加强和创新基层社会治理,着力
推进法治绍兴、平安绍兴建设,较好实现经济发展与社会稳定同步推
进,社会治理与平安建设水平同步提升,人民群众获得感、幸福感与安
全感同步增强,被公认为全国最安全、社会公平指数最高的地市之一。
绍兴经济社会领域所取得的成就表明,新时代"枫桥经验"为全面提升
基层社会治理现代化水平提供了重要的理论和实践支撑。

一、党的全面领导是基层社会治理的本质特征

"党政军民学,东西南北中,党是领导一切的。"中国共产党领导是
中国特色社会主义最本质的特征,也是中国特色社会主义制度的最大
优势。党的十八大以来,习近平总书记结合理论和实践,对党的领导
进行了全面又系统的阐述,成为习近平新时代中国特色社会主义思想
的重要内容。这些重要论述有许多新话,也有一些老话,反映了在党
的领导理论上的一脉相承和与时俱进。这些内容既相互包含形成系
统,又相对独立富有新意,反映了新时代党的全面领导在外延上的拓
展和内涵上的深化,对于推进党的全面领导实践、提升党的执政水平

有重要意义。

　　党的领导是新时代"枫桥经验"的最大优势，是基层社会治理的定海神针。"枫桥经验"60年的发展历程，从形成之初到学习推广、创新发展，始终处于党的领导之下，这既是政治优势，也是根本保证。"枫桥经验"从预防化解矛盾的经验到基层社会治理新模式的发展历程，始终体现了坚持和加强党的全面领导的根本要求，其形成发展离不开党的领导和人民群众的创造。而党的领导无疑又是其前提条件，党的领导为坚持创新发展"枫桥经验"指明了正确道路，提供了坚强有力的思想指引和政治保障。"枫桥经验"历经60年仍充满生机和活力，最根本的原因就在于坚持党的领导，充分发挥党的政治优势，把党的领导落实到基层，使党组织成为基层社会治理的"领头雁"。把加强党的全面领导与践行"枫桥经验"基本精神紧密结合起来，推动基层党建与基层治理有机衔接，把党组织的服务管理触角延伸到社会的每个末梢，不断强化党组织对基层改革发展稳定各方面工作的政治引领、组织引领、能力引领、机制引领；健全联动融合、集约高效的政府治理机制，有力整合基层力量资源，积极创新"党建＋"模式，实现党领导下的政府治理和社会调节、居民自治良性互动，增强基层社会治理系统性、实效性；健全开放多元、互利共赢的社会协同机制，打造权责统一、风险共担、成果共享的命运共同体。从"枫桥经验"到新时代"枫桥经验"迭代发展的理论与实践中，党的领导是贯穿始终的政治红线，是引领基层社会治理更好发挥社会主义制度优越性的根本保证。

二、以人民为中心是基层社会治理的根本属性

　　以人民为中心作为中国共产党的根本立场，是新时代"枫桥经验"的核心价值，更是基层社会治理的出发点和落脚点。从新时代"枫桥经验"坚持创新发展历程来看，"以人民为中心"思想赋予"枫桥经验"本质属性，反过来又不断丰富、完善了"以人民为中心"思想。

"以人为本"作为建设"平安浙江"的指导原则之一,要求着眼于人的全面发展,不断满足人民群众日益增长的物质文化需要,切实保障人民群众的经济政治文化权利,关爱生命,关心健康,关注安全,努力提高人民群众的思想道德素质、科学文化素质和健康素质,积极为人民群众创造平等发展、安居乐业、和谐稳定、能够充分发挥聪明才智的社会环境,真正让改革发展的成果惠及广大群众。强调贯彻落实好党的群众路线,尊重人民主体地位,着力解决好人民群众最关心最直接最现实的利益问题,不断增强人民群众获得感、幸福感、安全感。

随着社会主要矛盾的深刻变化,人民群众对社会治理、平安建设、法治建设的需求也发生了许多新变化,但坚持以人民为中心的根本立场没有变,也不能变。是"枫桥经验"的生命力所在,更是中国共产党永恒不变的初心。

三、平安和谐是基层社会治理的价值追求

平安和谐是新时代"枫桥经验"的目标,更是基层社会治理的价值追求。无论是统筹基层社会治安、平安建设,还是矛盾化解、基层社会治理等,"枫桥经验"都具有目的性价值和目标导向,即建设"平安中国",实现"平安和谐"目标。习近平同志在浙江工作期间,立足浙江、放眼全国,创造性地提出并实施"平安浙江"建设战略,为探索社会治理科学有效之道形成系统性方案积累了丰富经验,也为今天的"平安中国"建设提供了弥足珍贵的思想资源和实践基础。

2004年4月22日,习近平同志主持召开建设"平安浙江"工作座谈会,提出要开展宽领域、大范围、多层面的"平安浙江"建设。当年5月10日至11日,浙江省委召开十一届六次全会,作出建设"平安浙江"、促进社会和谐稳定的决定。浙江成为全国最早提出并全面部署"大平安"建设战略的省份。围绕什么是"平安浙江"、为什么要建设"平安浙江"、怎样建设"平安浙江"等问题,习近平同志坚持调研先行、

集中民智，精心谋划、科学论证，形成了有关平安建设的一系列理论成果。建设"平安浙江"是基于广义的大平安而言的。习近平同志强调指出，"'平安浙江'中的'平安'，不是狭义的'平安'，而是涵盖了经济、政治、文化和社会各方面宽领域、大范围、多层面的广义'平安'"。①"广义的'平安'不是泛化的平安，不能理解为把经济、政治、文化建设都包含在'平安浙江'建设之内，大而化之地把它作为一个框，而是着眼于经济、政治、文化、社会建设之间的有机统一和内在联系，综合考虑各方面对社会和谐稳定的影响，使之统筹兼顾，同步推进。"②围绕"平安浙江"建设，浙江省委提出"五个更加"的总体目标和"六个确保"的具体目标，即经济更加发展、政治更加稳定、文化更加繁荣、社会更加和谐、人民生活更加安康，确保社会政治稳定、确保治安状况良好、确保经济运行稳健、确保安全生产状况稳定好转、确保社会公共安全、确保人民安居乐业。这与和谐社会六个方面的基本特征是相符合的。"平安浙江"是涵盖经济、政治、文化和社会各方面宽领域、大范围、多层面的综合的、系统的工程，具有深刻的哲学意蕴，建设"平安浙江"、构建和谐社会，决不是就平安论平安，就稳定论稳定，而是把社会建设提高到经济、政治、文化建设同等重要的地位，突出强调社会建设对经济、政治、文化建设的基础作用，揭示了社会建设与经济、政治、文化建设的交融互动和相互影响的辩证关系。

习近平同志在浙江工作期间关于"平安浙江"建设的探索和实践，特别是对"平安浙江"建设的组织架构、工作机制、工作平台和考核体系的设计，不仅为浙江群众安居乐业、社会和谐稳定提供了重要保障，成为推动浙江经济社会持续发展的重要法宝，也为"平安中国"战略的形成和发展提供了丰富的实践素材和先行经验。

---

① 习近平：《干在实处　走在前列——推进浙江新发展的思考与实践》，中共中央党校出版社2006年版，第235页。

② 习近平：《干在实处　走在前列——推进浙江新发展的思考与实践》，中共中央党校出版社2006年版，第238页。

四、基层基础是基层社会治理的鲜明导向

基层是社会治理的重心所在。新时代"枫桥经验"的精髓就是基层社会治理。"枫桥经验"是一个强基层、打基础的经验,发端于基层,基层基础是其本源。习近平总书记高度重视基层基础工作,指出治国安邦重在基层,党的工作最坚实的力量支撑在基层,最突出的矛盾和问题也在基层,必须把抓基层、打基础作为长远之计和固本之举。

构建社会主义和谐社会,重心在基层。基层既是产生利益冲突和社会矛盾的"源头",也是协调利益关系和疏导社会矛盾的"茬口"。把基层基础工作做扎实了,利益关系得到协调,思想情绪得以理顺,社会发展中的不稳定因素就能得到及时化解,各种矛盾冲突就能得到有效疏导,社会和谐也就有了牢固的基础。党的十九大报告明确提出要加强社区治理体系建设,推动社会治理重心向基层下移。社会治理的重心在基层。推动社会治理重心向基层下移,表明习近平同志对社会治理重心的精准把握,对基层民生、基层社会建设、基层组织建设和基层党建工作的高度重视,这与"平安浙江"建设强调固本强基、推动治理重心下移、注重社区自治等具有内在契合关系。2020 年 3 月 30 日,习近平总书记在浙江省安吉县社会矛盾纠纷调处化解中心考察时强调,基层是社会和谐稳定的基础。要完善社会矛盾纠纷多元预防调处化解综合机制,把党员、干部下访和群众上访结合起来,让老百姓遇到问题能有地方"找个说法",切实把矛盾解决在萌芽状态、化解在基层。①

五、党的群众路线是基层社会治理的价值取向

群众路线是"枫桥经验"的本质所在,依靠群众、发动群众,是坚持和发展"枫桥经验"的基本途径。群众工作是基层社会治理基础性、经

---

① 《统筹推进疫情防控和经济社会发展工作 奋力实现今年经济社会发展目标任务》,《人民日报》2020 年 4 月 2 日。

常性、根本性的工作。基层社会治理主要依靠人民群众做好各项工作，说到底是做群众的工作。习近平同志强调要坚持贯彻落实好党的群众路线，将其作为坚持创新发展"枫桥经验"的价值取向，指出"社会治理是一门科学"①，这门科学的密码就是群众路线。

2003 年 11 月 25 日，习近平同志在纪念毛泽东同志批示"枫桥经验"40 周年暨创新"枫桥经验"大会上指出，创新"枫桥经验"，就要始终坚持全心全意为人民服务的宗旨，坚持和发扬专门工作与群众路线相结合的优良传统，切实做到权为民所用、情为民所系、利为民所谋；就要不断创新密切联系群众的有效载体，推动各级领导干部深入基层、深入实际、深入群众，调解纠纷，化解矛盾，理顺情绪，维护稳定；就要积极探索服务群众的多种途径，真心诚意地为群众办实事、解难事、做好事，满腔热情地解决人民群众工作和生活中的实际问题，努力实现富民、安民、乐民、康民；就要相信和依靠群众，充分发挥群众自我教育、自我管理、自我约束的力量，让社会和谐稳定，让群众安居乐业；就要大力推动有关部门转变执法理念，更新管理方式，增强服务意识，做到严格执法、依法管理、热情服务，在执法、管理和服务的各个环节更好地体现公平、正义和文明。②

群众路线是党的生命线和根本工作路线。"枫桥经验"的精神实质，就是始终相信和依靠群众，发动、组织群众解决群众自己的问题，这与我们党"一切为了群众，一切依靠群众，从群众中来，到群众中去"的群众路线的本质要求完全吻合且一脉相承。"枫桥经验"在不同历史时期和发展阶段有不同的表现形式，但万变不离其宗，就是坚持走群众路线，密切党同人民群众的血肉联系。

习近平同志关于"枫桥经验"与党的群众路线关系的重要论述为

① 中共中央文献研究室编：《习近平关于科技创新论述摘编》，中央文献出版社 2016 年版，第 135 页。

② 习近平：《干在实处　走在前列——推进浙江新发展的思考与实践》，中共中央党校出版社 2006 年版，第 277 页。

浙江广大党员干部践行党的群众路线确立了价值导向。浙江省各级党委和政府高度重视学习推广"枫桥经验",紧紧扭住做好群众工作这条主线,为经济社会发展提供了重要保障。

第五章　完善为民办实事长效机制

一切为民者,则民向往之。① 完善为民办实事长效机制,是落实党的全心全意为人民服务根本宗旨的内在要求。早在 2004 年,浙江省就在全国率先制定实施《关于建立健全为民办实事长效机制的若干意见》,牢固树立"群众利益无小事"的思想,着力解决老百姓关心的民生问题,吹响了为民办实事长效机制建设的进军号。20 年来,绍兴坚持问题导向、需求导向、满意导向,从群众反映最强烈最突出最紧迫的问题着手,一件事接着一件事办,一年接着一年干,坚持在完善为民办实事长效机制上下功夫、出实招,真心诚意地为人民群众办实事、做好事、解难事,以实际行动彰显了人民对美好生活的向往就是我们的奋斗目标。党的二十大报告指出,要增进民生福祉,提高人民生活品质,坚持在发展中保障和改善民生,鼓励共同奋斗创造美好生活,不断实现人民对美好生活的向往。站在新的历史起点,绍兴要把这一机制作为推进市域治理现代化的重要抓手,奋力谱写新时代为民办实事新篇章,不断增强人民群众的获得感、幸福感、安全感。

第一节　加快破解城乡二元结构

城乡一体化与新型城镇化已经成为中国式现代化建设的重大发

---

① 习近平:《之江新语》,浙江人民出版社 2007 年版,第 216 页。

展战略。浙江省是最早在政策上提出城乡一体化的省份之一,2004
年就制定出台《浙江省统筹城乡发展推进城乡一体化纲要》,为国家城
乡协调发展提供了有益的经验。2004 年 8 月 24 日,习近平同志在绍
兴考察时指出,浙江也好,绍兴也好,发展中最大的不平衡,就是城乡
之间的不平衡;城乡二元结构不打破,农村不实现全面小康,就不可能
有浙江省的全面小康,就不可能实现浙江省的现代化。破解城乡二元
结构,对绍兴推进城乡一体化和新型城镇化建设具有重要的现实
意义。

一、着力缩小城乡之间差距

2002 年,浙江城市化率已达到 51.9％,比全国 39.1％的平均水平
高出 12.8 个百分点,总体上形成了城乡协调发展的优势,但同时也存
在城市化水平质量不高、功能不全的问题。城乡差别仍然比较大,城
乡二元结构相当明显,许多农村是"屋内现代化,屋外脏乱差"。2004
年 8 月 24 日,习近平同志在绍兴考察时指出,绍兴经济社会发展到目
前的水平,是加快推进城乡一体化的时候了,也已具备了推进城乡一
体化的条件,要自觉、主动地统筹城乡发展,率先实现城乡一体化。
2006 年 1 月 18 日,习近平同志在参加浙江省十届人大四次会议绍兴
代表团讨论时强调,要开始着力破除二元经济结构体制,这是当务之
急,要通过破除二元体制障碍,逐步达到改变二元结构的目标。

绍兴深刻领会习近平同志赋予的历史使命,牢牢把握城乡一体化
的核心要义,深入实施乡村振兴战略。通过发布《绍兴市乡村振兴战
略规划(2018—2022 年)》,扎实开展实施"七大行动"和"十大工程"。
2020 年,城乡居民人均可支配收入分别达 66694 元和 38696 元,城乡
居民收入比从 2005 年的 2.27：1 缩小到 2020 年的 1.72：1,恩格尔
系数下降到 30％;连续实施四轮欠发达乡村和低收入农民奔小康工
程,集体经济年经营性收入 15 万元以下薄弱村和家庭人均年收入

8000 元以下困难户全面消除，低收入农户人均可支配收入达 16304元。协调发展城乡社会事业。绍兴大力实施全民参保计划，先后出台《绍兴市城乡居民社会养老保险办法（试行）》《绍兴市基本医疗保险实施办法》等政策文件，实施城乡统一的失业保险、医保和大病政策。持续改善农村人居环境。出台《绍兴市高水平建设"四好农村路"实施意见》，截至 2020 年底，实现农村等外公路清零，公路优良中等路率达92％以上，建制村公交通达率达 100％；新增和改造供水管网 1507 公里，农村饮用水达标提标人口 21.5 万人，覆盖率达 98.8％，城乡规模化供水工程覆盖人口达 90.9％；生活污水治理、公厕改造提升实现全覆盖。常态化开展以"一分两清三化"为重点的农村人居环境整治提升活动，累计整治乱堆乱放 12.9 万处，拆除和综合利用空倒房 5300多幢，创建"五星"村 1404 个、美丽庭院 28.2 万户。

二、扎实做好社会兜底保障

1996 年以来，浙江省初步建立了城乡一体化的最低生活保障制度、被征地农民社会保障制度、新型农村合作医疗制度及医疗救助制度等制度，不断推动社会保障体系建设向农村延伸。但是，浙江省也面临着大规模的工业建设和用地指标的供需矛盾，失地农民问题成为引发一系列问题的社会不稳定因素。在此情况下，2003 年 7 月 14 日，习近平同志在绍兴考察时强调，解决好农民市民化的问题，解决好城市化的问题，关键是加强农民技能培训，使他们能够顺利转产、转岗，由农民转为市民，同时要有相应的劳动保险、社会救助、充分就业等措施。当时，政府"缺位"的现象比较严重，该作为的地方不作为，或者作为不够；对困难群众、低收入者以及困难地区、欠发达地区的关心不够。即使采取了具体的举措，比如领导干部逢年过节慰问困难群体，覆盖面是很大，也能解决不少问题，但这个不是根本措施。随着国民收入、公共财政和物价的增长，对困难群体的帮扶要形成配套制度。

针对这一情况,2006年10月17日至18日,习近平同志来绍调研时指出,要进一步完善为民办事的长效机制,扎实做好关心群众生产生活的工作,扎实做好社会保障工作,力求在提高人民群众生活水平上取得实实在在的成效。

绍兴深刻牢记习近平同志寄予的殷殷嘱托,充分认识为民办实事的重要内涵。扎实推进社会基本民生保障,成立农民培训和转移工作领导小组,将农民培训和转移工作列入岗位目标责任制考核,正式启动实施农民素质提升工程;出台《关于进一步完善城乡居民基本养老保险制度的意见》和《绍兴市区被征地农民养老保障制度并轨实施意见》,城乡居民基础养老金标准由2015年的145元/月提升至2020年的215元/月。截至2020年底,绍兴户籍人口基本养老保险参保率达到99.47%。稳步提高社会救助标准。城乡低保年标准由2015年的7560元提高到2020年的10200元,55276万名各类困难群众兜底救助得到有效保障;建立健全救助家庭核对系统、困难群众价格补贴联动机制,发放价格补贴2597.06万元,惠及困难群众36.29万人次。逐步提升残疾人公共服务水平。2018—2020年,照料智力、精神以及其他重度残疾人4300余人次,共发放残疾人两项补贴5.46亿元,开展残疾人职业技能培训,惠及残疾人6127人,创建残疾人创业孵化基地并落实7家企业入驻。

三、积极推进放心消费工程

进入21世纪后,消费对经济增长的贡献率越来越高,逐渐成为拉动经济增长的主要动力,但是消费领域假冒伪劣、虚假宣传、信息泄露、霸王条款等损害消费者权益的情况时有发生,经营者信用缺失的现状依然不容乐观,消费者的安全权、知情权、公平交易权、监督权等还得不到充分实现,在很大程度上影响着消费者满意度和消费信心,制约着消费潜力的进一步扩大。针对这一情况,2005年5月17日,习近平同志来绍考察时指出,绍兴县(今柯桥区)"百县万村放心店工程"建设活动可以在浙江省农村全面推广。

绍兴始终把放心消费放在重要位置。积极构建政府引领、部门协同、社会参与的放心消费建设新格局,全方位、多途径加强宣传引导,营造强大的社会声势和舆论氛围,提升放心消费影响力。同时,发挥行业专家、消费义工和新闻媒体的作用,强化对放心消费建设的监督,取得了显著成效。实现"农村放心店"全覆盖。2004 年 9 月,在绍兴县(今柯桥区)试点,在全省率先开展农村消费安全建设,大力推进农村"放心店"工程。2005 年 7 月 8 日,中央电视台等七大媒体来绍兴做专题采访,同年 11 月 22 日,时任国务院副总理吴仪来绍视察农村消费安全工作,对绍兴的做法给予高度评价,并在全国进行推广。构建食品安全工作机制。抓好以商品准入工程、索证索票为主要内容的食品安全工作机制,在浙江省率先开展农贸市场改造提升工作,着重解决市场的硬件设施和环境卫生等问题;2017 年,柯桥区启动农贸市场及室内农产品集散中心改造提升三年计划,全力推进镇村"小菜场"星级化改造、食用农产品快速检测、放心消费智慧监管"三个全覆盖"。截至 2020 年,完成改造提升农贸市场及农产品集散中心 67 家,改造面积 10.18 万平方米,投入改造资金 1.86 亿元;以"食安柯桥"App 为载体,构建农产品源头可追溯、安全有保障、执法有证据、信息可查询的大数据监管平台,持续跟进农产品溯源体系。实施"放心消费在绍兴"行动。2017 年起全面实施"放心消费在绍兴"行动,以高质量的产品和服务供给满足需求、促进消费,营造安全放心的消费环境,创建放心消费单位(商店、网店、餐饮、工厂)3211 家、放心农贸市场 124 家、无理由退货承诺单位 2272 家,形成"处处争创放心店,家家都可退换货"的放心消费氛围。

第二节　大力推进城乡一体化发展

早在 2004 年,习近平同志在浙江工作期间提出的"八八战略"就把城乡一体化视为其中一大重要战略,并认为城乡一体化是解决"三农"问题的根本出路。城乡一体化就是把工业与农业,城市与乡村,城镇居民与农村居民作为一个整体来进行系统谋划、统筹安排。推进城乡一体化作为加快完善社会主义市场经济体制和加快转变经济发展方式主要战略措施,是全面推进社会主义现代化建设的现实所需,通过体制改革和政策调整,缩小城乡差距,实现城乡经济社会的和谐发展、协调发展、可持续发展。

一、推进城乡基础设施建设

(一)基本建成城市框架路网

绍兴加快建设市区群贤路东延、104 国道高架改造、绍大线北延、绍三线北延、解放大道北延、兴越路延伸等项目工程,推动城市空间由相对独立转向三区融合发展。加快建设越东路、二环北路、329 国道、二环西路、二环南路等智慧快速路,在建长度超 70 公里,实现智慧快速路零的突破,城市道路建设由平面转向立体。加快建设轨道交通 1 号线、2 号线,全长 70 公里,共设站 43 座,其中轨道交通 1 号线将与杭州轨道交通 5 号线完成无缝接驳。城市治堵工作成效显著,圆满完成交通治堵 52 项清单,打通多条断头路,渠化一批交叉口,整治 18 个交通堵点,道路网络通行效率不断提升。公共停车设施不断完善,建设市公共服务、迪荡湖公园南入口、中央商务广场等大型公共停车场和人民医院、中兴北路等立体公共停车库,挖掘老城区停车潜力,缓解"停车难"问题。抢抓新基建机遇,加快交通数字化转型,通过"BIM

(建筑信息模型)＋GIS(三维地理信息系统)"的信息化管理手段,实现管理"一张图"、建设"一体化"、监管"信息化"和数据"云共享"。

2013年,绍兴大力实施行政区划调整,撤销了绍兴、上虞两个县,改名柯桥区、上虞区,与越城区形成了三区体制,实现由一个市辖区向三个市辖区的历史性转变,市区面积达到2800多平方公里。如何促进三区融合发展,交通先行势在必行。在加快交通基础设施建设的基础上,牢牢牵住"市区公交一体化"这个牛鼻子,大力推进市区公交集约化规模化规范化运营。一方面,着力优化公交发展体制机制,打破区块分割,市区组建新的市公交集团,下设第一、第二、第三运营子公司,实行"集团管总、均衡发展"。截至2020年底,绍兴市公交集团共有公交车2347辆,营运线路325条,公交场站74个,日载客量51万人次,日均营运里程36万公里。先后编制《绍兴市区公交规划》《绍兴市区公交场站三年建设规划》《绍兴市区公交专用道规划》,完善了顶层设计。建立市区公交场站"属地建设、无偿使用"的建管养机制,场站资源实现共享和统一管养。绍兴市政府出台实施《市区公交政府购买服务和财政补贴政策》和市区公交成本核算、服务质量、绩效评价和场站管理考核办法等配套制度,并按照"激励与约束"原则对市公交集团实施全方位考核评价。以资产为纽带,绍兴市区公交在规划、建设、运营和管理上真正实现了一体化。另一方面,健全完善公交线网体系,打破原行政区域限制,通过设置层次公交、优化重点线路、发展特色公交等措施,"区域间快速、区域内便捷、城乡间换乘"的市区公交线网体系基本构建;实现以镜湖新区为核心,越城、柯桥、上虞和滨海1小时公交可达;优化调整BRT(快速公交系统)线路运营模式,实行无人售票一票制,推行定制公交、守时公交、学生专线、通勤专线、夜公交等特色服务模式,特别是绍兴首条古城旅游公交环线"阳明号"正式运营;线网覆盖市区863个建制村,实现所有建制村500米通公交,并逐步向较大自然村延伸。

（二）建立健全城乡供水体系

积极建设国家节水型城市,科学合理利用水资源,输配水网络持续完善,供水环网格局基本形成,管网漏损率全国领先,分质供水体系初具规模,进一步保证优水优用。基本建立农村饮用水县级统管长效管护机制,大力实施农村饮用水达标提标工程,2020年城乡规模化供水工程覆盖人口达90.9％。滨海第二水厂一期、二期工程,汤浦水库输水第二通道工程,群贤路给水工程,二环北路供排水管道迁移改造工程,稽东王坛供水扩面工程,城北区域供水保障工程,小舜江供水第三通道(钱滨线)工程,上虞区原水管道复线工程,中心大道北延供水工程等均已完工,曹娥江水厂二期工程及部分新建道路配建工程有序推进,扩大了城区供水覆盖范围,巩固了城区节水效果,进一步保证绍兴供水安全。

（三）全力打造生态海绵城市

2020年,绍兴省级海绵试点通过考核,是4个省级试点城市中唯一达到优秀的,符合海绵城市要求的面积达65.91平方公里,试点区域碧水蓝天,水质改善效果显著,城市污水处理量质提升,排水防涝体系逐步完善,为全面打赢污染防治攻坚战奠定了坚实基础。当前,市区排污西线工程(柯桥区互通段)、滨海印染产业集聚区污水集中预处理二期工程及部分新建道路配套排污工程、上虞杭州湾污水处理厂尾水排放管工程、市域道墟总管改造工程、嵊新污水处理厂二期扩建工程,以及艇湖城市公园、洋江西路、凤林西路、东浦、城南等污水泵站均已建成,绍兴水处理发展有限公司除臭项目及柯桥江滨水处理有限公司污水强化脱氮工程业已完工,还完成部分道路排水管网检测疏通、道路积水点整修改造、上虞智慧水务平台建设工程,进一步扩大了市区污水收集系统的覆盖面,市区排水防涝综合能力明显提升。

二、充分激发农村发展活力

（一）完善乡村振兴政策体系

重点围绕招商引资、人才下乡、土地改革、品牌培育、全景打造、民生改善、富民强村、文化引领、"三治融合"、队伍建设等 10 个方面明确政策框架，先后出台关于"闲置农房激活计划"、村级集体经济发展壮大、农创客创业创新扶持、金融服务乡村振兴、"三治融合"、"百企结百村消灭薄弱村"、扶贫领域腐败和作风问题专项治理、农村公厕改造提升、"四好农村路"建设、农业水价综合改革、推进"两进两回"、创新驱动乡村振兴科技行动计划、"三农"高质量发展、农村生活垃圾分类管理等活动的政策文件，实施绍兴市村庄规划建设条例，努力构建务实管用的乡村振兴政策体系。在 2020 年这一高水平全面建成小康社会的决胜之年，及时出台《关于高质量推进乡村振兴确保农村同步高水平全面建成小康社会的实施方案》，明确六大重点任务，分解主要量化指标 74 项；同时出台市对县、对领导小组成员单位的乡村振兴战略实绩考核办法，除将省下达所有考核指标（其中 25 项指标提出了比省指标更高的要求）全部纳入考核办法外，新增"五星 3A"创建、产业提升计划、闲置农房激活、农村生活垃圾分类准确村比例等 7 项指标。

（二）深化农村改革创新

深入推进农村宅基地制度改革试点。完善农村承包土地"三权分置"制度，全面完成省定土地确权登记颁证工作任务，新昌县成为浙江省第一个通过综合验收的"非试点县"。基本建立农村宅基地确权登记常态化机制，符合登记发证条件的农村宅基地及住房登记发证率达到 96.29%。同时，以上虞区为试点，颁发全国首批宅基地及房屋租赁使用权证书，并完成首宗租赁使用权抵押登记。深化农村集体产权制度改革，越城区、柯桥区、诸暨市相继列为全国农村集体产权制度改革试点。深入推进嵊州市农村承包土地经营权抵押贷款全国试点，努力探索一条可持续、可复制、有实效的农村承包土地经营权抵押贷款新路径。全面推行农村集体"三资"去现金化管理改革,村务卡、无现金缴存、网上审核、银联直付全流程实现村(居)全覆盖。认真履行农村宅基地管理职责,加强农民建房用地保障,全面推进农民建房"一件事"办理改革。扎实推进"三位一体"农合联改革,完善农合联组织体系,市、县、乡三级"三位一体"农合联组织体系全覆盖,诸暨市同山镇成为省农村综合改革集成示范区建设试点。2019年10月,全国供销合作社服务乡村振兴现场会在绍兴召开,同山镇的经验做法在浙江省交流推广。加快推进农业水价综合改革,完成120万亩以上有效灌溉面积农业水价综合改革。柯桥区"花香漓渚"国家级田园综合体完成流转土地1060亩,"千亩花市、千亩花苑、千亩花田"建设有序推进,诸暨市成功创建国家级现代农业产业园。新昌县创新实施空倒房整治,出台三年整治行动计划,共整治302个村(撤并后为171个行政村),拆除农村空倒房642.81亩,其中拆后可用于宅基地复垦的约59亩,可用于村民建房的约98.23亩,可用于村庄基础设施建设、绿化用地的约485.58亩。嵊州陌桑高科(巴贝)工厂化养蚕入选2019年全国十大颠覆性创新榜单和浙江省重大标志性成果。

(三)强化乡村振兴要素保障

为了全面落实中央和浙江省委、省政府关于加强耕地保护和改进占补平衡工作部署,绍兴实施永久基本农田"田长制",守住240万亩永久基本农田保护红线。建立健全与乡村振兴战略目标任务相适应的财政投入保障机制,加大涉农资金统筹整合力度,设立"三农"发展专项资金,完善"专项＋项目(任务)清单"机制,全力保障"五星达标、3A争创"、乡村产业振兴、消薄增收、农村饮用水达标提标和农村景区化建设等重点工作。扎实推进全域土地综合整治与生态修复,有效满足农民合理建房需求,加强农村无房户、危房户建房保障。创新金融支农机制,引导鼓励各类金融机构服务乡村振兴,推动"三农"金融服务重心下沉，农户小额普惠授信服务覆盖率达 100%。拓宽金融支农担保方式，推进银行加快农村产权金融创新，盘活农村"睡眠"资产，推出土地承包经营权抵押贷款、农房抵押贷款、林权抵押贷款等农村金融产品，探索宅基地使用权抵押贷款、农村土地流转经营权抵押贷款。推动农业政策性保险扩面、增品、提标，创新推出桑葚采摘气象指数保险产品，新开设叶菜价格指数保险，申报古香榧树种植保险。

三、持续抓好农民增收工作

（一）发展壮大村级集体经济

坚持"输血""造血"并重，强化目标引领、项目建设、结对帮扶、工作创新和"三资"管理，整合资源要素，出台发展村级集体经济、扶持抱团项目相关政策，积极推广增收"十法"（农房激活、土地流转、土地整治、资源盘活、参股经营、资本经营、项目造血、服务增收、抱团发展、公司经营），如新昌县实施了 120 个经济薄弱村参股的工业地产项目和基金规模型扶贫开发项目，2010 年每村平均增收 5.1 万元。全力推进"百企结百村、消灭薄弱村"专项行动，推广"飞地抱团""村企结对"等成功模式，2020 年，绍兴新发展年增经营性收入 3 万元以上的"消薄"增收项目 159 个，年增经营性收入 7000 余万元。嵊州市、新昌县消除年总收入 30 万元以下、经营性收入 15 万元以下村，越城区、上虞区、诸暨市消除年经营性收入 30 万元以下村。绍兴下派农村工作指导员 2097 名，实现所有村（居）全覆盖，切实帮扶软弱落后村和经济薄弱村实现整转提升。全面完成行政村规模调整后的并村并账工作，绍兴新组建 292 个村实现并村并账、"三资"融合两个"百分之百"。

（二）打好低收入农户增收攻坚战

坚持扶贫与扶志扶智相结合，加强农民培训，加大就业帮扶，引导发展农家特色小吃、来料加工等业态，积极拓宽低收入农户增收渠道。落实低收入农户与低保边缘户认定标准"两线合一"，实现精准识别认

定。截至 2021 年 6 月,认定低收入农户 3.1 万户,低收入农民 4.35
万人,为每个低收入农户建档立案,纳入数据库实行动态管理。完善
低收入农户"一户一策一干部"制度,实现镇级以上干部结对低收入农
户全覆盖。强化兜底保障,城乡低保标准提高至 850 元/月、10200 元/
年,持续推进农村困难家庭 C 级、D 级危旧房改造,全面解决低收入农
户饮用水安全问题,实现低收入农户健康保险全覆盖,建立低收入农
户健康保险理赔直付系统,全面消除家庭人均年收入 8000 元以下困
难农户,绍兴低收入农户可支配收入保持两位数增长。开展绍兴扶贫
开发领域专项巡察,组织开展扶贫开发重点工作交叉检查调研、扶贫
领域腐败和作风问题专项调研督导、财政扶贫资金和项目管理专项检
查等,不断深化扶贫领域腐败和作风问题治理。

(三)探索实施"闲置农房激活计划"

以盘活农村闲置资源、改善农村人居环境、壮大村级集体经济和
促进农民持续增收为目标,持续深化"闲置农房激活"改革,积极推动
增收发展"长期化"、激活方式"多元化"、发展业态"多样化",形成了五
种典型模式、七大经营业态,有效打通"绿水青山就是金山银山"转化
通道,成为绍兴唤醒农村沉睡资源、激活"三农"发展动能和强化乡村
振兴制度性供给的重大创举,《人民日报》、中央电视台等新闻媒体专
题报道,得到浙江省委、省政府主要领导充分肯定,并作为浙江省经济
体制重点领域改革典型经验在浙江省甚至全国推广。

2018 年 1 月,出台《关于实施"闲置农房激活计划"的指导意见》,
绍兴全域推开"闲置农房激活计划",在完善农村产权交易制度、打通
城乡要素流动通道等方面积极探索。2019 年,绍兴加大"闲置农房"
激活扶持力度,制定出台《关于做好"闲置农房激活"改革工作的通知》
《闲置农房激活负面清单》等文件,成为"全国乡村振兴优秀案例"并在
全国推广。2020 年,全域推进"闲置农房激活",出台闲置农房激活扶
持政策,评选出"闲置农房激活"优秀项目 30 个和最佳实践项目 3 个,

选择 12 个乡镇（街道）开展全域激活试点。截至 2021 年 6 月，绍兴共激活闲置农房 17185 幢 352.21 万平方米，新引入开发建设项目 3859 个，吸引社会资本 76.19 亿元，带动农户就业 23061 人，增加农户收入 4.42 亿元、村集体收入 2.61 亿元。完善制度框架，农房使用权"明"。结合宅基地"三权分置"改革，率先出台《宅基地及房屋租赁使用权登记办法》，在维护宅基地集体所有权、保障农民对宅基地的资格权和房屋财产权的同时，放活了宅基地及闲置农房的使用权；修订完善《农村产权交易管理办法》等文件，将闲置农房流转租赁交易等纳入农村产权交易范围，由产权交易中心专门颁发闲置农房流转"交易鉴证书"。积极探索农房租赁使用权融资改革，出台《金融支持激活闲置农房实施办法》，推出"农宅贷""驿宿贷"等专项金融支持产品，承租方凭借宅基地及房屋租赁使用权登记证书或"交易鉴证书"，即可向银行申请抵押贷款。搭建流转平台，供需信息流"畅"。设立闲置农房在线推介平台，先后建成上虞"乡路网"、柯桥"乡愁网"、新昌"共享小院"等公益性网站，实现了闲置农房信息采集、审核、发布、竞价、交易等功能全部上线。组建村级农宅经营服务站，统一招商推介有出租意向的农房；市、县两级农业农村部门组织"乡村看房团"走进乡村，结合水果节、美食节、文化节等活动，向广大乡贤、农创客等推介闲置农房资源；绍兴市各县（市、区）组织乡镇（街道）到上海等地越商总会推介，相继签约"凤篁荟"颐养综合体项目等一批重点项目。丰富激活方式，资源全方位"激活"。从激活的模式看，闲置农房使用权出让（租赁）周期短则 1 年，长至 20 年（法律规定的最长年限）；可以由村集体统一收储，与社会资本共同实施"整村开发"，也可以采取"局部开发"的方式进行；可以只单纯激活农房，也可以带动村内耕地、水面、山林等资源整体盘活。从激活的主体看，有条件的村自主投入开发，把闲置农房改造成文化礼堂、农家客栈、民俗馆、"红心租"等文体场所和经营实体；有的村吸引乡贤回村，在绍兴投资 1000 万元以上的闲置农房激活项目中，乡贤开发占六成以上；有的村鼓励青年回村，大学生回乡盘活闲置资源创业,变身创客"农小二"。从激活的业态看,重点发展乡村旅游、养老养生、运动健康、文化创意等产业。以闲置农房为载体,乡村瑜伽馆、康养屋、骑行线、游步道等建设步入"快车道",60％的闲置农房经改造后"化身"为农家乐、民宿,越来越多的城市居民租赁农房,到农村养生养老。注重挖掘农村民俗文化、传统手工艺,同时植入"互联网＋"元素,电子商务、创意设计、网红直播等兴盛起来。

第三节　更好保障和改善民生

保障和改善民生是党的性质和宗旨的本质体现,能不能把人民群众最关心最直接最现实的民生问题解决好,是对党的执政能力的重要检验。只有把保障和改善民生作为发展的目标指向,不断破解民生难题,促进人的全面发展,才能赢得人民的信任和支持,巩固党的执政地位。

一、全力推动教育优质均衡发展

(一)推动基础教育均衡发展

一是学前教育普惠发展。通过公办与民办协同、城市与乡村协同、教育与保育协同、园所与家庭协同,全面普及普惠性学前三年教育,保障3—6岁儿童均能接受较高质量的学前教育,省二级及以上优质幼儿园在园儿童覆盖面达70.32％,普惠性幼儿园在园儿童覆盖面达93.20％,均处于浙江省前列。二是义务教育均衡发展。以基础教育共同体统筹区域、学校间的协调、均衡、互补性发展,高标准打造学校"一校一品";大力开展"高雅艺术进校园"等美育活动,打造全国中小学书法教育示范区;全面实施初中"强腰"发展行动,推进基础性课程分层走班教学,全面提升初中教育质量。累计建立29个教育集团和 70 个城乡教育联盟，省义务教育标准化学校创建率达 98.7%，列浙江省第一，义务教育巩固率达 100%，在浙江省率先实现全国义务教育基本均衡县（区、市）"满堂红"。三是高中教育高位发展。加快转变高中育人方式，改变千校一面，逐步实现普通高中学校分类办学和生动发展；绍兴域统筹建设重点高中、科技高中、人文高中、艺术高中，基本形成特色多样发展的新格局；新高考改革全面落地，绍兴市各县（市、区）均培育出一所以上优质普通高中，清华、北大录取人数多年保持在 40 人左右，高考总体成绩稳居浙江省前四位。四是职业教育融合发展。加快中高职一体化、中职本科一体化培养模式，搭建多元化的人才成长立交桥，推进职业院校混合所有制办学，深度开展产教融合、校企合作，创新现代学徒制、名师（大师）工作室、技能培育基地的载体与运行机制，绍兴 90% 的中职学校推行现代学徒制人才培养模式，与 1516 家企业签订校企长期合作协议，拥有 8 个省级中职校企合作共同体，中职学生获得全国技能大赛金牌数多年位居浙江省第一。

（二）深化教育改革

绍兴市全面推广市直学校"五权下放"经验，以"县管校聘"改革为契机，突出学校办学自主权，将教师招录权、岗位设置权、绩效考核权、职称评聘权、岗位竞聘权等五个权限由教育行政部门下放给学校，实现教师招、评、聘、用主体一致，推动教职工队伍能上能下、能进能出、竞争择优；推进初中教育"分层走班"制改革，大力破解初中教育"区域内生源分布不均衡、学校生源结构多元化、学科课堂教学实施难"等制约教育教学质量提升的问题。遵循"因材施教"的教育规律，尊重学生的个别发展，在部分学科教学中，以学生学业基础水平、学习能力为主要区分依据，推进学生自我选择和教师指导相结合的"分层走班"课堂教学模式。

（三）抓好教育"关键小事"

围绕办好人民满意的公平而有质量的教育，为民服务解难题，以开展中小学教室及学生宿舍空调安装、小学放学后校内托管服务、学生心理健康保障行动为抓手,切实拿出破解难题的实招硬招满足群众"小微需求"。

面对中小学教室及学生宿舍夏天热、冬天冷的实际情况,为了给广大师生提供一个安全、舒适的学习、生活和工作环境,绍兴市积极推进空调安装工程,把该工程列入 2019 年绍兴市人民政府"十大民生实事工程"之一。首先,制定《绍兴市公办义务教育段学校教室及学生宿舍空调安装工程方案》,成立市、县、校三级空调安装工程领导小组,分解落实市、县、校三级职责任务,并将该项工作列入对各县(市、区)政府及教体局、学校的考核指标,确保工程按时优质完工。其次,协同电力、国土、建设等部门制订"一校一策一方案"实施计划,根据学校教室结构、面积和学校意见,确定安装机型;根据学校线路改造和电力扩容等条件具备情况,确定安装顺序;对用电需求在 100 千瓦左右的学校,采用低压接入,大幅降低费用,加快工程进度。同时,要求各县(市、区)政府安排专项资金,全额保障工程所需经费。最后,明确绍兴市各县(市、区)按每年每生提高 50 元左右公用经费作为电费与空调维护费,对小规模学校再额外补助公用经费,保障学校空调正常使用。制定《绍兴市教育局关于学校空调使用管理的有关规定》,建立空调开启、温度设定、空调消毒、导流板使用等使用管理制度,同时实行空调网格化维修保养服务,保障空调正常使用。

社会各界对实施小学放学后校内托管服务呼声较高,为回应社会关切,综合施策解决小学"放学早、接送难"这一矛盾,绍兴市积极推动托管服务破除"接送难"问题,从城区部分小学开始试点,逐步推广。首先,规范准入机制。放学后晚托服务坚持公益性,采取财政补贴、适当收取服务费用相结合的方式,经济困难的家庭还可提出免费申请;优先保障留守儿童、进城务工人员随迁子女、双职工子女且无其他家人可照看等学生群体。其次,落实管理职责。加强管理,确保托管服务质量和安全。学校成立托管服务工作领导小组,大部分学校采取跨班级组班管理的方式，平均班额控制在 25—30 人；参与托管服务的老师以本校教职工为主，目前绍兴参与托管服务的教师占一半以上；学校建立健全《托管管理人员工作职责》《托管巡视安排表》《托管学生提前离校登记表》等制度机制，实施全方位、精细化、规范化管理。再次，丰富托管形式，校内托管服务以学生自主活动为主，组织学生在校园内开展自主阅读、课后作业、体育锻炼等活动。如越城区培新小学在两节课之间安排了室内课间操和"说说心里话"心理辅导；嵊州市鹿山小学安排了 16 个训练特长的社团，包括写作、舞蹈、美术等。

心理健康教育逐渐成为社会关注的"热点"，特别是中小学心理健康教育，对此，绍兴市积极推进各项心理保障活动。首先，强化师资培训。2020 年，共培训心理健康教育 C 证人员 3418 名，B 证人员 270 人，比上年增长 5%；进行未成年人心理健康研究会换届，增补理事会成员，聘请首席志愿者专家顾问团，同时面向全社会"招兵买马"，组建 60 人专家讲师团和咨询团；聘请中国人民大学、浙江大学、北京师范大学、华东师范大学等 8 家单位 17 名专家进行指导引领。其次，强化宣传引导。利用校园广播、展板、黑板报、电子屏等宣传阵地普及心理健康知识，定期邀请心理教育专家到校开讲座；学校结合实际成立"心理健康与学生生涯规划教研组""学生发展中心""心理辅导基地"等组织，定期开展心理测试、个别辅导、团体辅导、青春期辅导、职业生涯规划辅导、创业就业辅导等。学校定期对学生心理进行全面筛查，对心理高危学生建立"一对一"结对帮扶；依托"青少年服务中心"等力量介入家庭，重点关注特殊家庭心理健康问题，提升家长心理辅导水平；建立教师心理服务志愿队，成立"园丁心语工作室"，保证教师心理健康。最后，强化机制保障。市、县、校成立"中小学心理健康教育"民生工程工作领导小组，层层签订责任状压实责任，建立常态化工作机制，确保经费投入力度和工程开工进度；对各地各校工程推进情况进行动态管理，对照任务清单和时间节点，解决一个，销号一个；把心理健康教育民生工程列入县（市、区）教育工作业绩考核和学校年度考核，市县督导部门进行专项督导检查,对未完成的实行年终考核一票否决。

二、扎实推进健康绍兴建设

(一)优化医疗资源配置

一方面,扩大优质医疗资源供给,充分发挥绍兴地处长三角一体化发展和浙江大湾区建设战略节点的区域优势,全面加强卫生健康领域的融杭联甬接沪,不断深化绍兴与省卫生健康委、浙江大学的卫生健康战略合作,全力推进中国科学院大学附属肿瘤医院、浙江大学医学院附属邵逸夫医院等名校名院引进与深度合作,加快建设镜湖医院、市妇幼保健院(市儿童医院)、市中医院、国科大附属肿瘤医院绍兴院区、浙大附属邵逸夫医院绍兴院区等高水平医疗机构。2015年以来,共完成重点医卫项目46个,在建20个,总投资123.57亿元。另一方面,深化医药卫生体制综合改革,深化"1+5"医药卫生体制综合改革,积极推进公立医院改革,加快建立现代医院管理制度,完善综合改革绩效评价。实施新一轮医疗服务价格调整,完善支付方式改革,严格控制医药费用不合理增长,医疗总费用下降明显。健全"双下沉、两提升"长效机制,实现市(县)级优质医疗资源下沉全覆盖。引导支持主动承接上海、杭州、宁波等省内外优质资源下沉,不断推进高水平医联体和医疗集团建设。推进县域医共体建设,组建12个医共体,覆盖1311个基层医疗卫生机构。基本建立"基层首诊、双向转诊、急慢分治、上下联动"的分级诊疗体系,"转得上、接得住"的诊疗格局基本形成。

(二)巩固发展中医药事业

提升中医药服务能力,推广应用疗效确切、技术规范的中医单病种诊疗规范,促进中医药临床特色优势标准化建设;加强中医药服务"龙头"牵引和"骨干"支撑作用,开展中医药重点学科(专科)建设,新建成14个市级中医临床重点学科(专科、专病),11个中医重点专科列入省中医重点专科创建行列,着力打造一批品牌中医工作室。扩大中医药服务覆盖面,健全完善市—县—乡—村多层次一体化的中医药服务网络,加强基层中医药服务能力,提高基层医疗机构中医药服务量占总服务量的比例,绍兴112家街道社区卫生中心(乡镇卫生院)、522家社区卫生服务站实现中医药服务全覆盖,898个村卫生室中99％能提供中医药服务。发展中医"治未病"服务,加强中医医院"治未病"科规范化建设与管理,探索开展中医体质辨识、中医调治、中医康复、中医膳食、体格锻炼等方面的服务和指导,普及中医养生保健知识。加强越医文化建设,全力建设富有绍兴特色的越医陈列馆,升级越医古籍经典再造工程,发掘了一批越医名家名方,共有11个传统中医药项目列入省市非物质文化遗产名录,共建成国家、省级传承工作室、传承基地13个,建有中医博物馆和具有中医药文化陈列室等宣教功能窗口单位469家。推进中医药产业发展,优化中医药健康服务发展环境,促进中医养生、中医医疗、康复养老、文化旅游等产业融合。

(三)打造国际赛事目的地城市

坚持跳出体育看体育、跳出赛事干赛事,积极引导社会力量参与体育赛事,通过举办一系列品牌赛事为城市发展赋能,全力构建政府、学校、社会协同推进大体育的新格局。强化制度保障。出台《绍兴市打造国际赛会目的地城市行动三年计划(2018—2020)》,明确年度重点赛事筹备及场地建设任务清单,要求全面提高赛事规格和扩大赛事规模、提升赛事国际化水平、优化赛事设施设备,提升承办国际、国内高规格体育赛事的硬件和软件支撑能力。加快建设了一批体育健身设施,包括绍兴市奥体中心体育馆、游泳馆,浙江省首个、全国第三个开闭顶体育场中国轻纺城体育中心体育场,各县(市、区)实现大型公共体育场、体育馆、游泳馆全覆盖。以杭州亚运会为契机,攀岩项目及棒(垒)球项目已落户绍兴,届时将有5个项目的体育赛事在绍兴举行。出台《绍兴市体育产业发展专项引导资金使用管理暂行办法》,设立每年 2000 万元体育产业发展专项引导资金,重点扶持对市内体育产业发展具有示范带动作用、创新性和引导性较强的项目。注重宣传营销。如 2018 年女排世俱杯期间,策划了"中国女排纪念改革开放 40 周年"系列活动,两任中国女排主帅、女排精神第一位记录者传播者、老女排家属、体坛"名嘴"以及多位资深排球迷齐聚绍兴,共话中国女排荣耀,传承弘扬女排精神,唱出了珍贵的女排精神"四重奏";2017—2020 年连续 4 年举办绍兴国际马拉松赛,以其独特的文化魅力,成为中央电视台连续 4 年全程直播的马拉松赛事之一,向全国乃至全世界全景式呈现了名城、名人、名胜等越文化元素,吸引了更多国内外客商和游客来绍旅游、观光、投资,带来了人流、物流、信息流和资金流,形成了前所未有的"绍兴热"。助推产业发展。体育品牌赛事的举办为体育产业的发展带来直接的经济效益,2019 年,绍兴体育消费金额达 100 亿元以上。社会资本结合体育品牌赛事,投资体育产业的热情越来越高涨。

三、构建适度普惠社会福利制度

(一)深化国家居家和社区养老服务

绍兴自 1987 年以来,老龄化程度不断加剧,截至目前,老年人口已超过 117.1 万人,老龄化程度达 26.1%,高于浙江省和全国平均水平。近年来,以国家居家和社区养老服务改革试点为契机,深化养老服务综合改革,截至 2020 年底,共建成乡镇(街道)级示范型居家养老中心 110 家,建成示范型城乡社区居家养老服务照料中心 1100 家。2018 年被确定为国家居家和社区养老服务改革试点优秀地区,获民政部、财政部通报表彰,成为全国 8 个考核优秀地区之一,为全国提供了可复制、可学习的"绍兴经验"。

第一,夯实养老"支撑点"。首先,高起点推进改革。成立由市政府主要领导任组长的绍兴市国家居家和社区养老服务改革试点工作领导小组，及时召开试点工作领导小组会议和试点联络员会议，明确各地各部门任务职责；市长、分管副市长先后 4 次专题调研试点工作开展情况，切实加强试点工作的统筹指挥、部门配合、上下联动。其次，高标准定位目标。组建专门班子，7 次赴上海、南京、杭州、宁波、嘉善等地考察，学习第一批试点城市和国内一线城市居家养老服务先进经验；制定出台《绍兴市人民政府办公室关于深化养老服务综合改革提升养老服务质量的实施意见》《绍兴市开展国家居家和社区养老服务改革试点工作方案》等文件，从打造居家养老服务升级版、健全社区居家养老服务设施、升级智慧养老综合服务平台、完善养老服务补贴制度、深化公办养老服务机构改革、支持社会力量举办养老服务机构、加大养老服务机构用地保障、强化护理服务人才培养机制等 8 个方面提出了一系列具体举措。最后，高效率落实工作。制定完善《绍兴市居家和社区养老服务改革试点补助资金操作细则》等 6 个政策文件，各县（市、区）积极行动，安排专项资金，落实建设用地，出台具体方案；将乡镇（街道）级示范型居家养老中心、示范型社区居家养老服务照料中心建设和助餐、配送餐服务等项目纳入省市政府为民办实事项目，先后组织开展 15 轮专项督查，对检查中发现的问题和不足，提出具体整改意见，限期整改，督促试点工作取得实效。更重要的是，启动《绍兴市居家和社区养老服务条例》立法工作，引领、促进和规范绍兴居家和社区养老服务；推进《绍兴市区养老服务设施规划》的编制工作，形成城乡统筹、区域均衡、功能完善的养老服务设施空间布局体系；发布了《智慧居家养老标准体系》和《智慧养老管理和服务标准》，建成浙江省首个智慧养老示范园区，推动绍兴大市区养老服务业提速发展。

第二，突破养老"关键点"。首先，多层次提供服务。绍兴 17 个基层医疗机构列为市级医养结合试点单位，1379 家社区居家养老服务照料中心与医疗卫生机构签订合作协议。为 71 万多名居家老人建立电子健康档案，每年免费提供体检、慢性病随访管理等基本公共卫生服务;为社区失智、失能、失独、空巢、留守、高龄等老年人提供上门巡诊、家庭病床、社区护理等个性化服务。其次,多方位保障需求。2021年,绍兴在建、完工的加装电梯共309台,已通过方案联审51台;上虞区大通社区等19个社区跻身"浙江省无障碍社区";建立养老救护培训基地8个、养老志愿服务基地17个,建成融合养老服务内容的红十字社区服务站点7个;重点关爱孤寡、空巢、高龄、失能等老人,涌现出新昌关爱老年人协会、柯桥区欢乐慈爱义工团等优秀为老服务社会组织。社会救助城乡同标,到2022年2月,绍兴低保标准从2018年1月份的每人每月720元提升至每人每月890元,增幅达到23.61%,进一步保障老年人基本养老需求。最后,多渠道培育人才。携手高校,成立市养老与家政产业学院、红十字会参与养老服务培训基地两大培训平台,将"老年照护与管理"列为市级项目;发挥养老护理技能大师工作室的"传帮带"作用,加大家庭养老护理人才、养老服务机构管理人员和专业化管理人才培养,实现机构和居家养老护理技能融合。

第三,激活养老"发力点"。首先,建设居家养老新高地。将老城区内所有机关单位搬迁后的闲置用房优先用于养老,110家具备"五助"(助医、助浴、助餐、助急、助洁)和"两托"(日托、全托)功能的乡镇(街道)级示范型居家养老中心已经建成并投入运营;以上虞区城北邻里中心为代表的一批示范型五星级居家养老中心,成为绍兴居家养老服务的新亮点。其次,打造信息平台新高地。在越城区、柯桥区试点"96345"居家养老服务信息平台基础上,在越城区塔山街道居家养老中心内,建成集大数据平台、服务平台、支付平台、监督平台、线上线下产业平台于一体,覆盖绍兴、囊括各类养老资源的智慧养老综合服务平台。再次,壮大居家养老新力量。引进省内外一流养老服务组织(企业)参与绍兴居家和社区养老服务。培育本土的"浙江省居家养老服务知名机构(企业)",参与居家养老服务照料中心运营,1100家城乡社区居家养老服务照料中心实现公建民营;试点PPP模式,带动社会力量参与农村居家和社区养老建设、运营,改变农村居家和社区养老设施相对落后、服务相对单一的局面,实现农村居家养老服务软硬件同步提升。最后,探索养老服务新模式。引进省内外优秀养老服务机构,建成多种体制机制并行、多种功能融合的养老产业综合示范园区,构建居家养老、机构养老一条龙服务模式;在绍兴最大公办养老机构改革引领下,42家公办养老机构通过转型升级,建成面向全体老年人提供多种养老服务的区域性养老服务中心,进一步发挥养老机构在人才队伍、服务管理等方面的优势,满足失能失智、高龄、失独等特殊老年人的居家和社区养老服务需求。

(二)加强特殊儿童福利保障

高度关注困境儿童、留守儿童、孤残儿童等特殊群体,立足当地经济社会发展状况、儿童生存与发展需要和社会福利制度的发展,安排和设计儿童福利制度,建立健全基本生活保障、健康心理培植、精神慰藉关爱等长效机制,建立孤儿基本生活费自然增长机制,省内率先编制《孤困儿童福利服务与管理规范》,构建网格化孤困儿童关爱服务体系。借助国家相关政策和资金支持,充分发挥党员、基层网格员、社区志愿者等多方作用,建立以困难家庭儿童、孤残儿童等为重点对象的定期探访慰问制度。联合学校、社会增加医疗资源,减轻医疗费用负担,加强对残疾儿童心理和身体健康的关注。统筹推进"儿童之家"和基层儿童工作队伍建设,做好儿童督导员、儿童主任能力提升工程,使关心关爱惠及每位未成年人。提升残疾儿童福利水平。落实《未成年人保护法》《残疾人保障法》等法律法规,积极拓展孤困儿童康复、医疗等服务的场所、内容和辅助器具提供,促进孤困儿童康复教育和训练等工作。着力探索建立"医训教结合"的特殊教育模式,规划设计学前教育、基础教育、职业教育相融合的教育体系,保证孤困儿童都能受到完整实用的教育。提升困境儿童分类保障水平。依法履行救助保护和兜底监护等职责,加强困难家庭儿童和精神障碍患者儿童关爱工作,针对低保户、低保边缘户、因病因灾造成家庭临时困难和患有精神疾病的儿童,在生活保障和精神关怀等方面要制定落实保护制度,促进其身心健康成长。大力实施儿童福利院提档升级工程,按照家校融合、资源整合等理念,实施孤儿医疗康复"明天计划"和困难残疾儿童"添翼计划",确定市人民医院、市妇保院等一批定点医疗服务机构,为困难残疾儿童提供集中养育和康复训练等服务。提升农村留守儿童帮扶水平。实施农村留守儿童动态监测管理制度,切实落实农村留守儿童属地管理责任,织牢织密以走访关爱为重点的乡村工作网络,做到农村留守儿童精准定位到村、精准识别到户、精准建档到人,为留守儿童积极营造一个温暖的港湾。依托城乡社区资源,因地制宜推进儿童之家扩面增量,向儿童提供娱乐、教育、卫生和心理支持等一体化服务,采取"公益＋创投""公益＋助学""公益＋艺术"等方式,建立健全儿童督导员、未成年人救助保护中心等体制机制。

(三)探索推进"越惠保"工作

2020年,绍兴在浙江省率先出台《关于促进商业补充医疗保险发展进一步完善多层次医疗保障体系的实施方案》;2021年1月7日,绍兴市政府召开新闻发布会,首款商业补充医疗保险产品——"越惠保"正式发布并上线,广大群众反响较好,踊跃参保,截至2021年3月底,累计参保人数达306.8万人,参保率达67%。"越惠保"的特点是零门槛、保大病、重惠民、优服务,投保时不设置年龄、既往病史、健康状况、疾病风险和职业类型等前置条件;报销范围拓展至基本医保报销范围之外的自费费用,将高发肺癌、肝癌、胃癌等13个病种的20种特殊药品纳入《越惠保高额外购自费药品目录》;在政策设计上,与社会医疗保险无缝衔接,年保费100元/人,即可获得最高150万元的赔付保障,且职工医保参保人员可用个人历年结余账户为本人及其家庭成员(配偶、子女、父母)购买。

四、健全就业创业服务体系

（一）开启人才招引新模式

牢牢抓住高校毕业生就业窗口期，积极探索人才招引新机制，绍兴开展市县联动招才引智春秋季专列活动。2020 年，在 340 余所高校共举办线上线下招聘会 389 场，新增大学生就业 12.23 万人，同比增长 15.38％。活动覆盖高校数、招聘会场次、收获简历数、新增就业大学生数均达到了"历史之最"，在"最难就业季"探索出一条有绍兴特色的招才引智工作新路径。创新线上招聘方式，探索"人社干部线下对接高校＋企业线上对接人才""线下发动＋线上开展有组织的招聘会"新模式，精准匹配高校专业和企业需求信息，一对一生成所属高校独有二维码，明确线上招聘会时间和平台，"照搬"实体招聘会到线上，实现"一校一码一招聘"，精准发动高校毕业生投递简历。建立"云小二"服务机制，根据专业和就业意向，全程服务每一所学校，为高校毕业生提供企业推荐、岗位分析、HR 对接、面试指导等个性化服务，招聘会后由"云小二"回访高校，已服务 248 个企业微信群。在新冠疫情防控常态化形势下，坚持"一手抓疫情防控，一手抓复工复产"，聚焦重点企业，多渠道解决企业缺工、员工返岗难题，组织开行从"家门口"到"厂门口"的"就业大巴车"，接返省外务工人员，精准保障复工企业用工。绍兴累计开行 1094 辆大巴、40 列火车、1 架包机（拼机），接返企业员工 3.61 万人，开行全国首趟湖北潜江—绍兴就业大巴和恩施—绍兴就业专列，累计接回湖北籍员工 970 人，获得中央级媒体报道 41 次，省级媒体报道 62 次，其中 6 次上《人民日报》，1 次上《新闻联播》。

（二）建立浙江省首个工资争议"速裁庭"

创新拖欠农民工工资争议速裁机制，通过快速立案、快速开庭、快速结案"三快速"模式，实现工资争议简易案件 5 日内速裁办、案件 15 日内办结，结案率、调解率和自动履行率均达到 100％。一是"三优先"

实现快立。标的额不超过省平均工资、已达成调解协议但未履行、事实清楚且争议不大等 3 类单一劳动报酬案件优先由速裁庭处置,立案期限由 5 个工作日缩短为 1 个工作日,78％的案件实现当场立案,90％的案件实现当天立案。对符合"三优先"情形的案件,可在立案当天进行组庭排期、文书制作,并在文书签发后 1 个工作日内通过电话、网上平台、办案人员直接上门等方式实现文书一揽子送达。二是"双排期"实现快审。按照急缓分类、简案速裁原则,制定速裁庭办案规则,优化程序转换审批、答辩期确认等办案流程。创新建立"双排期"模式,排庭时同时生成 2 份开庭文书,根据送达时当事人情况确定开庭时间。当事人主张答辩权利的,在 10 天法定答辩期满次日开庭;如当事人放弃答辩权利,案件最早可于文书送达当日开庭。目前,70％的案件当事人自愿放弃举证答辩权利,仲裁效率明显提升。三是"重调解"实现快结。完善速裁庭协同办案机制,组建由 250 多名基层联络员、调解员构成的调解资源库;遵循调解优先原则,加强与劳动监察、人民调解、法律援助等调解组织的衔接配合,多方协同以调促裁;将调解工作贯穿立案、庭前、案审、庭后全过程,87％的案件实现庭前调解,较按普通程序调解的案件结案时间至少提前 15 天,速裁案件 100％实现自动履行,实现农民工工资争议快速案结事了。

（三）打造浙江省首家人才服务综合体

纵深推进人才发展体制机制改革,构建创业创新"全生命周期"服务体系,创新打造海智汇·绍兴国际人才创业创新服务中心,搭建线上线下服务平台,线上实现人才政策兑现、人才找工作、企业找人才等功能,线下优化高校毕业生就业手续办理等工作。一是从"多门办"向"一门办"转变,实现人才服务"集成化"。"海智汇"高标准设置"三中心一园区一学院",总面积约 1.5 万平方米,集聚"人才服务、政策宣传、成果展示、项目对接、创业创新、联谊交流"六大功能。特别是整合相关部门 88 项职能,统一入驻"海智汇",形成人才综合服务"全流程"

工作清单，为人才提供"一窗受理、集中办理、专员服务、全程跟踪"的集成化服务。二是从"大厅办"向"网上办"转变，开启人才服务"即时化"。推行人才新政网上申请兑现，实现108个政策事项"一网通办"，新冠疫情期间推行"容缺受理""单位代办"，实现"数据网上跑"。开启人才招聘"网购模式"，针对新冠疫情期间企业招工难、用工紧问题，第一时间在"海智汇"线上平台全新打造"淘岗网"，集直播宣讲、线上对接、视频面试、用工监测等服务于一体。三是从"政府办"向"市场办"转变，助力人才服务"专业化"。着眼企业人才招引难题，创新"政府＋市场"的引才服务模式。持续开行招才引智"春秋专列"，组织就业季"双创"系列活动等，打通人才招引"最后一公里"。在"海智汇"配套建设4200平方米的市级人力资源产业园，入驻28家国内知名人力资源机构和14家科技转移中介机构，构建人才资源服务集群。重点打造"大咖讲坛""HR寻宝记"等系列品牌活动，累计培训各类人才1500余人次。2021年6月，绍兴人力资源服务产业园正式升级为省级人力资源服务产业园。四是从"点式办"向"全链办"转变，实行人才服务"立体化"。主动对接人才发展需求，提供人才来绍创业创新发展"全链条"服务。在浙江省率先推出"揭榜挂帅"全流程服务机制，从2021年6月发布首批35项企业"卡脖子"技术需求，总计发布183项"揭榜挂帅"项目，首批"评榜"立项11个项目，财政补贴1755万元，形成了"发榜、揭榜、评榜、奖榜"全套"闭环"流程，推动人才链、产业链、创新链深度融合。积极拓展"双创"空间，成立绍兴国际人才创业创新学院，整合近万个项目合作渠道、100余位创业导师、158家投资机构、300余家创新创业服务机构资源，承办中国·绍兴数字经济全球创业大赛、绍兴高层次人才创业创新训练营等人才对接活动100余场，引进各类高层次人才1662名。五是从"单项办"向"专项办"转变，推进人才服务"常态化"。围绕人才"房子、车子、孩子、本子、票子"等"关键小事"，不断完善"店小二"式人才服务。完善人才金融服务体系，召开金融服务专项例会，组织人才企业上市专题培训会，成立5亿元规模的第二期人才发展基金,实施高层次人才创业创新综合保险,建立人才创业企业融资担保机制,完善"人才投""人才贷""人才保""人才险"等金融产品,为人才创业创新提供更多金融扶持方案。实行人才安居工程等"一揽子"服务举措,市区计划5年建成2.2万套人才租赁住房。发放人才"一卡通"1050张,有效提升人才归属感、幸福感、获得感。绍兴打造的全省首家人才服务综合体,多次获省委、省政府有关领导批示肯定并在浙江省推广。

第四节　探索民生领域"微改革"

"微改革"聚焦的是民生视角下的疼痛点,时刻盯紧群众最关心、最现实、最直接、最期盼的民生领域。"微改革"既是民本情怀的出发点,也是改革深入的着力点,事项虽然微小,却承载着绍兴人民生活的幸福指数。通过"微改革"更加充分地汇聚智慧力量,推出一系列便民利民、接地气、管用的新招、实招、妙招,成为推动民生建设的一把"金钥匙",形成人人关注改革动向、献计改革决策、助推改革落细的良好氛围,切实增强群众的获得感。

一、推进退役军人全生命周期服务管理"一站式"改革

绍兴市积极构建市、县、乡、村四级"全覆盖"的退役军人服务保障网络,形成横向到边、纵向到底、覆盖全员、专业规范的服务保障体系。2020年8月,全国退役军人事务系统学习推广新时代"枫桥经验"现场推进会在绍兴召开,入伍新兵、退役士兵"双五个一"和"六必访"的做法被写入《关于学习推广新时代"枫桥经验"提升基层退役军人管理保障能力的实施意见》。

（一）构建"五位一体"大平台

首创"五位一体"基层退役军人服务保障新模式,把乡镇（街道）服务站打造成兼具退役军人服务站、退役军人综合服务党支部、征兵办公室、关爱退役军人协会、爱国拥军教育基地等五大功能作用的服务站点。全面推广乡镇（街道）人武部长和村（社区）党组织书记（主任）任基层服务站站长,更好发挥基层党组织战斗堡垒作用。重点培养优秀退役军人,作为村（社区）"两委"班子后备干部,发挥"兵支书""兵委员"在乡村振兴中的领头雁作用。出台《绍兴市基层退役军人服务中心（站）规范化创建实施方案》,增设 10 条"三五"特色创建指标,作为绍兴"双示范型"服务站创建内容。印发《关于做好绍兴市"双示范型"乡镇（街道）退役军人服务站创建补助工作的通知》,投入 100 万元财政资金采用"以奖代补"方式给予一次性奖励补助,并要求各县（市、区）落实配套资金,做好"新时代枫桥式退役军人服务中心（站）"创建工作。

（二）开展"全生命周期"大服务

绍兴全域推广入伍服役"一件事"、退役返乡"一件事"、就业创业"一件事"、矛盾化解"一件事"、困难帮扶"一件事"等"五事集成"的"一站式"服务模式。围绕入伍和退役两个重要时段,分别开展欢送入伍新兵和迎接退役士兵"双五个一"活动。推行退役返乡必访、立功受奖必访、英模典型必访、重要节日必访、遇到困难必访、重大变故必访"六必访"制度。全力解决官兵相关事宜,军转干部、符合政策条件的退役士兵及随军随调家属安置率连续多年实现 100%。创新推出"退役军人创业导师制和辅助计划",建立退役军人创业导师团,成立绍兴市退役军人学院,招收退役士兵开展"订单式"培训,100% 推荐就业上岗,并为退役军人创新创业提供服务和指导。

（三）坚持"五治融合"大路径

坚持政治、自治、法治、德治、智治"五治融合",突出党建引领,汇聚退役军人智慧和力量,把退役军人紧紧凝聚到党的旗帜下。建立退役军人党员联系制度,把退役军人党员全部纳入基层党组织管理,过好党内政治生活。绍兴 11 家当地银行、太平洋财产保险以及中国移动绍兴分公司成为拥军优属战略合作单位,为退役军人提供优先优质优惠的金融服务。运用大数据、互联网等技术手段,开发绍兴退役军人综合服务平台,同时配套开发"绍兴市退役军人之家"微信小程序,探索建立"线上一平台、线下一个站"的新型退役军人服务管理模式。截至 2021 年底,绍兴已创建 926 个全国"示范型"退役军人服务中心(站),其中县级 6 个,镇街 76 个(含绍兴"双示范型"服务站 30 个),村社 844 个,创建比例分别达到 100%、70% 及 40%。在新冠疫情防控期间,绍兴共有 5 万多名退役军人组成 650 余支志愿者队伍,冲在社区防疫、复工复产等疫情防控工作一线,排查人员 523.6 万人次、车辆 356.3 万辆次,并捐献了价值 1500 余万元的防疫抗疫物资。

二、上虞区实现不动产登记"零跑腿"

2018 年 8 月,上虞区依托浙江政务服务网,接轨智慧城市构建,推出"互联网＋不动产登记"智慧服务,在浙江省率先试行不动产登记"不见面审批",实现不动产登记领域"一次不用跑"。

（一）推出网上远程审批

设计研发"不见面审批"系统,办理人只需在系统上传申报材料并承诺材料真实性,即可进行问询、签字等网络面签环节,所有业务在线一次办结,并可实时跟踪办件进度。同时启用"互联网不动产登记"大厅,实现网上远程审批从最初的预约式向常态式转变。截至 2021 年 6 月底,已完成境外 60 余宗、境内近 2000 宗登记业务办理,打破不动产办理空间、时间桎梏。

（二）实行关联事项联办

在推行不动产登记与居民水电气等事项网上数据联办服务的基

础上，2019 年 6 月，上虞又在浙江省率先实施不动产登记与户籍迁移网上联办。交易双方在办理不动产转移登记时可同步申请户籍迁入、户籍迁移，申请信息通过不动产与户籍联办信息系统即时推送至公安部门，当日内即可办结，并将户口本快递至双方。至此，涉及不动产登记的 10 项民生事项全部实现联办。

（三）实施证书证明电子化

在浙江省试点开展不动产登记资料电子化归档，经上级授权、委托，研发不动产权证书、不动产登记证明电子化软件系统，申请 CA 证书和电子印章，办理登记后统一出具不动产登记电子证书，与纸质证书具有同等法律效力。办证人使用时可登录浙江政务服务网自助查询、下载，实现实时取证。此项举措减少了缮证、寄证环节，也节省了登记费和工本费。

三、诸暨市创新开展"一证通办一生事"改革

2017 年以来，诸暨市在浙江省率先推行涉民"一证通办一生事"改革，以市民身份证件作为唯一标识，通过开发"一证通办"信息管理系统，实现居民仅凭一张身份证即可办理从出生至死亡的绝大多数（占 91%）民生事项，平均办理时限较改革前缩短 50% 以上，相关经验在全省复制推广，并入选全国首批农村公共服务典型案例和浙江省 20个"最多跑一次"改革地方最佳实践案例。

（一）搭好信息"一个台"

坚持共享、集成理念，形成基于市民身份证号码的线上线下互认的群众办事统一身份认证体系"一张网"，实现群众办事"一网通办"。一是建立信息数据库。按照便捷、高效原则，梳理高频民生事项，分类集成事项数据串，全面建成户籍、社保、不动产等 25 个数据仓，全面采集、共享公安、民政、人社、建设、地税、市场监管、房管、国税等 13 个部门 72 项涉民数据资源，纳入信息 3300 余万条，基本涵盖所有民生事项。二是搭建

信息管理系统。创新开发应用"一证通办""一码通用"信息管理系统,以"一证一码"(居民身份证和统一社会信用代码)为索引,把 25 个部门数据仓整合到统一的数据库,建成公共数据平台,按照统一的标准,实现数据交换、数据清洗和数据归集。三是制作电子证照库。以各部门(单位)提供的证照、证明为模板,制作电子公章 28 枚,将单位相关的信息系统数据加工成加盖单位电子公章的 PDF 电子证明模板 72 份,经数字签名的 PDF 文档应用于行政审批、公共服务等各类政府业务,实现跨部门证件、证照、证明的互认共享,有效减少市场主体在审批过程中重复提供的共性材料,让需求数据快速跑起来。四是构筑系统防火墙。根据每个业务岗位,逐一细化访问和使用权限,制定使用规范,并专门设定调用、核验电子证明的类别;建立统一的用户认证网关和授权管理,工作人员必须使用数字证书进行 CA 认证,且每次操作均记录在案,坚决有效杜绝篡改、滥用、泄露个人信息。

(二)做好审批"一件事"

坚持减负、快捷理念,以减环节、减流程、减前置、优服务为着力点,提高服务效能。一是服务集成化。围绕一窗受理、集成服务,打造"中央厨房式"集成审批,通过应用"一证通办"信息管理系统,将市级大厅原有功能整合形成公安服务、医保社保、税务服务、投资项目审批、涉企证照通办、不动产交易登记、其他综合事务 7 个综合板块,以及婚姻登记、公积金中心 2 个专业窗口,实现"一窗口受理、一站式服务"。二是数据标准化。作为浙江省"一证通办"市、县两级数据梳理和数据确认试点单位,重点加强对社保、民政、公安、市场监管、税务局等高频事项的数据梳理、数据整合。三是审批精简化。全方位梳理各类证明、盖章类材料,清理无谓证明和重复手续,减少证明类材料的收取与出具,砍掉各种"奇葩"证明、循环证明、重复证明,制定标准化材料清单与办事指南,累计减少证明材料 877 万余件,同比减少办事材料 71% 以上。

（三）织好服务"一张网"

坚持扩面、精准理念，多点推进，推动"一证通办"全面应用，推进数据"横向互联、纵向互通"。一方面，纵向延伸，加快多领域应用，推动"一证一码"信息系统在司法行政和司法公证领域的广泛应用。例如人民法院在立案过程中，当事人原先需跑 7 个部门调取相关信息，现在到法院立案，系统就能自动生成相关电子文书，立案时间从 1 天缩短至 5 分钟，有效解决了群众多头跑部门出具证明材料的痛点，大幅提高办事效率。另一方面，横向推进，实现全区域覆盖，全力推进"一证一码"应用平台向镇村延伸、共享信息数据向镇村两级开放。通过数据上传到镇、市进行远程审批、办理，实行"就地受理，远程办结"，打通行政审批服务的"最后一公里"。绍兴镇级可应用"一证通办"事项达 184 项，绍兴各行政村已实现"一证通办"全延伸、全覆盖，村民仅凭身份证即可到村服务中心窗口办理社保、民政等 198 项高频率事项业务。

四、嵊州市积极推进"一表通享"

为有效解决群众掌上办事表单填写费时、重复填写等问题，2020年以来，嵊州市在浙江省率先探索"一表通享"，以表单中心为核心平台，数据无感传输为技术保障，个人宝典为数据支撑，实现"N 种"场景事项表单自动填写，大大提升了企业、群众办事体验和效能。嵊州市已上线 91 个"一表通享"事项，网办件数量同比增加 69％，好评率达100％，该经验做法在浙江省推广。

（一）建立表单中心，优化群众办事流程

表单中心具体分析办事应用场景、优化办理流程、简化申请材料、重塑表格电子化全流程。一是非必要信息容缺处理。在表单电子化前，对紧急联系人、通信地址以及邮政编码等部分非必要信息容缺处理，91 个事项共减少填写字段 417 个；对非必要、非关键性证明材料容缺办理,允许先行提交申请,受理后再补充提供材料。二是复用数据自动填写。智能关联一证通办、历史填表和个人宝典等数据来源,结合业务场景进行语义分析,实现个人基本信息以及公安、教育、医疗、婚姻、社保、公积金等业务信息自动映射、自动查询、自动填写。目前,已实现免填表单事项 29 个,62 个事项平均 85％以上字段自动填写。三是数表分离排列组合。在表单电子化中,区分不同业务应用场景,经过实名认证后,从事项表单中分离提取出相应要素字段,生成面向用户的事项申报页面,办事群众只需补充填写或核对修正并确认提交。

（二）搭建数据无感传输通道,实现业务协同对接

运用数据无感传输技术,进行跨系统的数据融合、数据共享,有效支撑政务服务智能化多端融合办理。一是连接数据通道。经业务部门授权,在云端和线下窗口端(一窗受理系统)安装数据无感传输系统插件(运用数据无感传输技术在多系统间自动进行信息交换的工具),建立业务审批系统与收件系统之间的数据通道。打通全国植物检疫、林业采伐管理等国家部委系统,浙江省智慧畜牧云平台养殖管理、动物检疫等省级部门系统,嵊州市手机移动端("嵊里办"应用)、自助服务机端以及线下窗口端等收件系统的数据通道。二是办件自动推送。通过数据无感传输技术,群众在手机移动端线上提交的申报信息将被传输至表单中心,并被自动采集、传输至各个业务审批系统,审批结果信息将被自动采集回传至群众申报端。截至 2020 年底,老年人优待证办理、动物及动物制品检疫合格证核发、对外贸易经营者备案登记、一般林木采伐许可、森林植物检疫证核发等 5 个事项通过数据无感传输通道累计推送 2120 余件,办事效率显著提高。三是业务协同对接。表单中心自动配置形成业务系统所需的申请表,并同步获取相关办事电子证明材料,形成规范的办件信息,满足审批及归档要求;同时开展用户画像和行为建模,实现对企业、群众办事需求的精准预判、即时感

知、定向推送和智能处置,真正实现零跑腿。

（三）归集个人宝典,完善数据信息资源

依托"浙里办"App 开发"嵊里办"应用,设置个人宝典模块功能,不断拓展完善数据资源,破解历史数据归集不全、用户信息更新不及时等问题,为表单中心提供数据支撑。一是激活存量数据,提供数据支撑。在政务信息数据共享互认互用的基础上,运用大数据、人工智能、区块链等技术,摸排梳理电子证照库和其他相关政府数据库内的用户信息数据。目前,已归集有关户籍、婚姻登记、学历证书、职称、医疗保障等 270 余项近 20 亿条存量数据,为个人宝典建设提供数据支撑。二是采集办件数据,拓宽数据资源。按照一数一源、多源校核要求,通过数据无感传输技术规范采集业务系统中办件申报信息和审批结果等办件数据,重点对文字、数字、图表、图像、音频、视频、电子证照、电子档案等各类结构化和非结构化数据资源进行实时更新,丰富个人宝典数据资源。三是入库修补数据,建立数据画像。将加工处理后的数据向用户本人开放,并提供部分在线个人数据修改补录功能,对于通信地址等普通信息即录即入库,对于婚姻情况等重要信息提交业务部门核验后入库。通过汇聚、应用、反馈、完善的数据闭环,探索建立完整的个人数据画像,实现数据复用、自动填表等功能,推动由纸质填写、拍照上传的传统模式变为系统表格自动生成、用户核对修改、电子签名确认的新模式。

五、新昌县延伸办事系统实现"村民办事不出村"

2018 年 3 月,新昌县先试先行开展"村级便民服务站规范化便利化联动化"项目。通过量身定制办事清单,自主研发"村民办事不出村"系统,打破"信息孤岛",高标准建设规范化村级代办点,打造高质量的代办队伍,实现了山区群众"办事不出村,就近跑一次"。截至2020 年底,新昌县村级代办点已累计办理各类服务事项 3 万余件,为交通不便的山区乡村实现"最多跑一次"提供了"新昌模式"。

（一）量身定制办事清单

从村民实际需求出发，重点梳理需求量大、办件量多的事项，满足共性需求，保障个性需求，形成特色村级代办事项服务清单。一是优化政务审批事项。建立"17＋X"村级审批事项体系，梳理涉及民政、残联、人社、农业农村等6个部门的17项高频事项和5项特色事项，高频事项覆盖全部示范型、标准型村级代办点，特色事项由各乡镇（街道）结合实际自主选择。同时，推广联办"一件事"，对出生、入学、死亡等涉及多个部门的办事事项进行跨部门整合，实现"一件事"高效联办。二是拓展公共服务事项。实现与群众日常生活密切相关的水、电、气、网络等11项公务服务事项进驻村级代办点，进一步提高村级代办点能级。三是推出特色服务事项。对偏远乡镇各村，推出金融服务、快递接收等事项，解决村民小额存取钱难、包裹下到村难等现实困难；对园区镇各村，推出家门口就业工程，让村民在家门口就能上班。目前已推出各类常态化区域特色事项30项，其中金融服务事项13项。

（二）自主开发办事系统

紧扣村级热点政务事项，以"浙里办"平台为统一入口，利用新一代信息技术，自主研发"村民办事不出村"系统，打通村、镇、部门三级业务数据渠道，实现数据共享"网上办"。一是实现"一网通办"。在"村民办事不出村"系统首页设置热点政务服务、"一件事"服务（包括出生"一件事"、入学"一件事"、身后"一件事"）、特色服务三个板块，打通与部门自建系统的业务数据共享通道，相关办理事项在对应板块内以条目形式展示；村级代办员点击需办理的事项就可直接提取办事信息并自动生成申请表供手工签名或在线电子签名，实现面向村民群众的一网式集成通办服务；审批部门登录自建系统直接读取村镇录入数据，有效解决政务服务网与部门自建系统"两张皮"导致的二次登录、重复录入等问题。二是打通数据共享。按照数据共享模型，进行事项最小颗粒度细分，建立村级代办事项的办事材料信息库，村民办事只需提供身份证号，其他所需的证照材料均可通过该系统共享获取，实现纸质材料零提供，大幅减少办事时间。以办理残疾人生活补贴为例，过去申请人需到所在乡镇提供至少 4 份纸质资料，使用该系统后，申请人只需到村代办点提供身份证号和银行卡号即可当场办理。"17＋X"项高频审批事项中，已有 19 项事项打通运行；联办"一件事"中，入学"一件事"、身后"一件事"已实现运行。三是打造"全城通办"。强化统一身份认证、电子签名等公共支撑技术应用，村民凭身份证可实现办理事项全城通办、异地可办，办理结果可通过系统动态查询，并短信告知办件人；采取物流快递等保障措施，实现办件人异地收件，有效解决生活在城区的村民往返户口所在村镇办事的问题。

（三）优化配置村级站点

通过合理设置代办点，规范建设标准，完善管理制度，实现村级代办点常态化运转。一是优化代办点设置模式。坚持"因地制宜"，创新推出"乡镇直办＋固定＋区域"村级代办点全覆盖设置模式，集镇辖区及周边村实施"乡镇直办"，在重点村及人口较多村实行固定代办，对同区域内的多个小村或人口较少村，优选一个"中心村"实行区域代办，实现村级便民服务代办全覆盖。二是规范建设标准。建立"示范型""标准型""简约型"三种代办点建设标准体系，并配齐电脑、扫描仪、高拍仪等服务设备，在确保代办点满足基本需求的同时，实现最优的投入产出比。275 个代办点中重点打造示范型、标准型代办点 112 个。三是完善管理制度。从提高事项办结率、办事效率和保障工作人员常态化值守等层面出发，推行首问责任制、事项限时办结制、AB 岗制等制度，健全代办点管理制度体系，确保代办点实现常态化有序运转。

第五节　民生建设关键在于方式方法

习近平同志在浙江工作期间关于民生建设的论述,特别是对绍兴民生工作作出的重要指示,将群众对美好生活的向往和期盼都融汇其中,具有长远性和全局性,给绍兴扎实推进民生建设指明了方向、提供了遵循。通过深入基层调查研究民生实情,结合绍兴实际,绍兴市制定实施了一系列具有针对性的关于民生方面的方针政策,取得了显著实效。完善为民办实事长效机制,为中国特色社会主义民生理论研究提供了绍兴的生动实践,也为浙江民生建设的市域探索留下了宝贵经验,而且与党的十八大后以习近平同志为核心的党中央作出的全国范围内保障和改善民生的决策部署是前后贯通、一脉相承的。

一、始终把大局意识和系统思维有机融合起来

不谋全局者不足以谋一域。绍兴作为一个经济大市,各方面发展已然形成一个有机整体,单纯追求某个领域的发展已经远远不能适应全面建设社会主义现代化国家的要求和步伐,这就表明要想提升绍兴民生建设的质量,就必须有大局意识,运用系统思维,协调各个领域综合发展,从全局的高度用系统的方法把握民生建设的发展进程。

从绍兴发展来看,自 2002 年以来就将民生建设统筹于浙江民生建设大局之下,展现出以习近平同志为首的浙江省委掌控民生建设全局的能力,彰显了清晰的大局意识和系统的思维方法,从织密全方位的民生布局网到推进多领域的民生攻坚战,从筑起保障重点群体生活生产的底线到深化就业、教育、医疗、社保等领域的改革,一系列具有实效的民生举措不仅增强了绍兴人民的幸福感、获得感、安全感,而且探索了市域层面保障和改善民生的典型经验。作为一个拥有 14 亿人

口的大国，我国每个省和地区面临的民生问题呈现出较大的差异性，同一政策产生的效果也会大相径庭，绝不能搞千篇一律、千人一面。党的十八大以来，我国根据实际国情，把保障和改善民生放在经济社会发展的整个大局中去思考、去定位，强化运用系统思维方法，既抓当前，又谋长远。党的十八大提出"全面建成小康社会"；党的十九大对打好脱贫攻坚战作出总体部署；2019 年 4 月 16 日，在解决"两不愁三保障"突出问题座谈会上再次强调"到 2020 年，稳定实现现行标准下农村贫困人口不愁吃、不愁穿，义务教育、基本医疗、住房安全有保障"，牢牢把握为民办实事的主动权。

二、始终把民生细节和"关键小事"放在突出位置

健全为民办实事长效机制。2006 年 10 月 17 日至 18 日，习近平同志来绍调研时指出，要进一步完善为民办事的长效机制，扎实做好关心群众生产生活的工作，扎实做好社会保障工作，力求在提高人民群众生活水平上取得实实在在的成效。这是对市域层面积极开展民生建设的殷殷嘱托，体现了以人为本、心系百姓的宗旨意识，彰显了人民至上的执政理念和深厚情怀。

绍兴作为拥有 500 多万人口的城市，坚持把每年新增财力的 2/3 以上用于民生。在抓好民生大事的基础上，把民生细节和"关键小事"放在更加突出的位置，每年在市人代会上承诺办好十方面民生实事并全力兑现。以满足群众"小微需求"为导向，通过探索民生领域"微改革"，积极推进教育现代化，加强重点人群就业服务，推动各类社保扩面提标，推进"健康绍兴"建设，持续提高人民群众生活水平。建成浙江省首个智慧养老示范园区，获评全国居家和社区养老服务改革试点优秀市，全国义务教育发展基本均衡县、省级教育基本现代化县实现全覆盖，国家卫生城市、省级卫生乡镇全覆盖，累计改造城中村、旧住宅区、旧厂区 2.25 亿平方米。

三、始终把由浅入深和点面结合作为构建方法

城乡一体化发展事关现代化建设全局。2004年8月,习近平同志在绍兴考察时指出:"绍兴经济社会发展到目前的水平,是加快推进城乡一体化的时候了,也已具备了推进城乡一体化的条件,要自觉、主动地统筹城乡发展,率先实现城乡一体化。"这是对市域层面加快实现城乡一体化的殷切期望。绍兴始终做到"发展为了人民、发展依靠人民、发展成果由人民共享",以点带面、由浅入深,大力推进城乡一体化发展,积极参与大湾区大花园大通道大都市区建设,实施行政区划调整,实现由一个市辖区向三个市辖区的历史性转变,设立和完善镜湖新区开发建设体制,加强古城保护和利用,加快诸暨、嵊新城镇组群集约发展,抓好小城市培育和中心镇建设,城市发展体系日益完善,城镇化率从2002年的51%左右提高到2020年的69%;积极推进基础设施建设,杭甬高铁、绍诸高速、曹娥江大闸、嘉绍跨江大桥等一大批重大工程建成投运;深化"千村示范、万村整治"工程,积极推进美丽乡村建设,全面实施乡村振兴战略,稳步推动农村领域改革,加快发展现代农业、乡村旅游等产业,开展田园综合体、现代农业园区国家试点。

第六章 发展经济要重视
生态环境建设

改革开放以来,由于长期受到"重经济发展,轻资源环境保护""先污染、后治理,先破坏、后恢复"等观念的影响,加上以纺织、印染、五金、化工、机电、酿酒等高污染行业为主,在经济高速发展的同时,绍兴也面临环境污染和生态破坏事件高发的态势,生态环境保护压力巨大。在习近平同志的指示下,绍兴通过"腾笼换鸟"实现产业结构转型升级,实施"千万工程"推进农村环境整治,以垃圾无害化、资源化处理为突破口解决好人与自然和谐问题,始终坚持以人民为中心处理经济发展与环境保护的关系,最终走出一条生态立市、生态立县的可持续发展之路,写就绍兴生态文明建设的"胆剑篇"。习近平同志对绍兴生态环境保护方面的重要论述,既为绍兴推进生态文明建设的生动实践提供思想引领和行动遵循,更是习近平同志到中央工作后,对中国生态文明建设进行顶层设计并深入推进的重要理论基础和实践素材,是习近平生态文明思想的重要理论来源和有机组成部分。

第一节 保护和改善生态环境就是保护和发展生产力

进入 21 世纪以来,绍兴秉持科学发展观,坚持经济社会协调发展、城乡一体统筹发展,促进社会全面进步和人的全面发展、经济社会与人口资源环境相适应的可持续发展,最终走出一条生产发展、生活富裕、生态良好的文明发展道路。这一时期，习近平同志结合绍兴经济社会发展的实际，多次对绍兴生态环境建设作出重要指示，为绍兴生态环境建设提供了重要指引。

一、保护好环境，实现科学发展、和谐发展

（一）生态即产业，生态即经济，生态即资源

2004 年 5 月，习近平同志率浙江省党政代表团赴长江沿线的四川、重庆、湖北考察。在看到长江沿线的不少地方生态保护得很好，成为旅游休闲胜地，生态要素实实在在转化成了富民产业、旅游经济、生态资源，促进了一方经济社会的发展，产生了良好的生态效益后，习近平同志提出了"生态即产业，生态即经济，生态即资源"的重要论述。

20 世纪 80 年代以来，绍兴乡镇企业迅猛发展，工业经济已达到较大规模，以纺织、印染为代表的高污染传统产业对环境的负面影响日益呈现，尤其是河道污染，逐渐影响人民生活，生态资源日益成为一种稀缺资源。

2003 年，中国年人均国内生产总值超过 1000 美元，绍兴年人均国内生产总值超过 3000 美元。国际经验表明，这既是一个黄金发展时期，又是一个矛盾凸显时期，既是一个战略机遇期，更是各种矛盾并存的挑战期。各种"时期"叠加，使得经济社会和人口发展同自然资源和生态环境的冲突日益严峻。为化解经济发展与生态建设之间的矛盾冲突，2004 年中央经济工作会议提出要大力发展循环经济。在此背景下，习近平同志深入贯彻中央提出的科学发展观战略决策，指出"一定要重视环境保护，抓好生态建设，走循环经济、资源节约型的发展道路"[1]。在这一重要论述指引下，绍兴始终坚持"生态即产业，生态即经济，生态即资源"理念，在激烈的国际国内市场竞争中谋求经济健康发

---

①　中央党校采访实录编辑室：《习近平在浙江》（上），中共中央党校出版社 2007 年版，第 250 页。

展的同时,通过各种举措保护环境,促进经济发展与生态建设的同向同行。

(二)转变经济增长方式,实现科学发展与和谐发展

改革开放初期,绍兴乡镇企业发展过程中呈现"村村点火、户户冒烟"的分散格局。农村集体土地被大量用作工业发展用地,整个农村地区出现了相当均匀的工业扩张和经济增长,大量出现"这边是村庄,旁边就是工厂"的局面,一旦企业生产有污染,就会直接影响周边居民生活。随着科学发展理念不断深入、人民生活水平不断提高、人民环保意识不断增强,广大群众对生活质量、环境保护的要求逐渐提高,从而使经济发展与环境保护的矛盾日益尖锐,转变经济增长方式势在必行。

2006 年 1 月 18 日,习近平同志在与浙江省十届人大四次会议绍兴代表团讨论时指出:"经济增长方式的转变,决定着今后经济发展的走向,我们现在正处于这样一个关键时期、重要时期,所以,要有紧迫感。不是说这个事'逼'过来了,我们才这么做。但是,确实'逼'过来了,我们就要采取'倒逼'机制,不能由于逼过来了,就把我们逼垮了、压垮了。即使有阵痛,也不能有骄、娇二气,不能怨天尤人,只能顺应这个形势。你跟规律去斗,是斗不过的。有的人斗不过规律,于是就怕,临阵脱逃,这也是不对的。应该学会适应,学会掌握规律。无论生物进化,还是人类历史的发展,都是一个不断顺应规律的过程。人类进化到这个程度,人长成这个样子,都是适应的结果。"[1]就此,他还讲道:"什么事都有辩证关系,如果因为资源条件受到约束,就索性'鸟去笼空',是不可取的。应该摒弃这种消极态度,主动借机'腾笼换鸟',运用倒逼机制,养出吃得少、下蛋多、飞得高的'鸟',才是大好事。"[2]他

---

[1]　中央党校采访实录编辑室:《习近平在浙江》(上),中共中央党校出版社 2007 年版,第 238-240 页。

[2]　中央党校采访实录编辑室:《习近平在浙江》(上),中共中央党校出版社 2007 年版,第 240 页。

进一步指出，像中国这样大的一个国家，资源、能源都消耗不起，不能走资源能源消耗型、经济附属依赖型的发展道路，只能靠自己。靠自己，就必须有自主创新能力，必须有自力更生精神。[①] 所以，他提倡浙江不但要加快推进"腾笼换鸟"，而且要实现"凤凰涅槃"。"凤凰涅槃"是一个创新的过程，是一种浴火重生，是一种脱胎换骨。"腾笼换鸟""凤凰涅槃"都是一个调整结构、转变增长方式的过程。当然，"凤凰涅槃"更侧重创新。[②] 习近平同志用"腾笼换鸟、凤凰涅槃"八个字形象地说明了"转方式、调结构"的重大意义和方向路径。这些思路和理念，有力地推动了绍兴经济爬坡过坎，在实践中取得了成功。

　　针对社会转型期存在的各类矛盾，习近平同志提出要借机"腾笼换鸟"，实现经济增长方式的转变。他认为，大型化工和纺织企业较多是绍兴的发展优势，要进一步保持这个优势。现在这些企业遇上了"成长的烦恼"，就会有一个"腾笼换鸟、凤凰涅槃"的过程。企业要靠自身的努力升级，创造更多发展机会，推动现有企业转型升级。[③] "腾笼换鸟"，使绍兴人民对于经济发展的理念有了一种质的更新，对于经济发展的道路有了一种新的选择。绍兴深入学习贯彻习近平同志的重要部署，以"腾笼换鸟"的思路和"凤凰涅槃"的精神，加快经济增长方式的转变，让"吃得少、下蛋多、飞得高"的好"鸟"引领绍兴经济。

二、以保护生态为前提推进循环经济发展

（一）因地制宜发展规模工业

　　1978 年以来，绍兴乡镇企业和家庭作坊式个体私营经济如雨后春笋般发展起来。至 1980 年，三次产业结构的构成由 1978 年的 45.6：32.8：21.6 转变为 39.8：40.4：19.8，呈"二一三"排序，第二产业

---

① 中央党校采访实录编辑室：《习近平在浙江》（上），中共中央党校出版社 2007 年版，第 240 页。

② 中央党校采访实录编辑室：《习近平在浙江》（上），中共中央党校出版社 2007 年版，第 240 页。

③ 中央党校采访实录编辑室：《习近平在浙江》（上），中共中央党校出版社 2007 年版，第 237 页。

首次超过第一产业。随着工业化进程的加快,1990 年,绍兴三次产业结构转变为 22.4∶54.9∶22.7,呈"二三一"排序。到 2004 年,绍兴全市工业企业单位达 98289 家,工业总产值达 3390.17 亿元,三次产业结构构成为 7.0∶59.9∶33.1。一方面,在经济总量日益提高、绍兴工业企业大量增加的同时,工业污染,特别是以纺织、印染等为代表的传统高污染行业对环境造成了越来越严重的破坏,而产业结构升级换代迟缓。另一方面,长期以来地方政府坚持把经济发展放在首位,以GDP 作为地方政府政绩考核的主要指标,从而进一步强化了单纯追求经济增长的发展模式,使环境污染、生态破坏越发严重。

对此绍兴市委、市政府将"八八战略"以及针对绍兴实际情况作出的战略部署进一步细化,出台了一系列政策,采取了很多措施。比如,提倡当地企业与其他省市的龙头企业进行配套整合,不再单纯追求企业的大而全,而是因地制宜办企业;鼓励企业进行创新,在推动科技创新、打造科技型企业的同时,基于原有技术和设备开发新产品,进行产品创新、品牌提升;改变衡量经济发展的指标,不再以总的产量来论英雄,而是以实际产出的效率来衡量地区发展,而且鼓励和扶持高科技企业。

(二)大力发展循环经济

发达国家的实践证明,发展循坏经济是推动经济、社会及环境协同发展的有效途径,能有效解决经济发展与环境保护的"两难"问题。循环经济作为一种新型的经济发展模式,是在对传统工业发展中"先污染、后治理"模式深刻反思的基础上提出来的。2002 年 6 月 29 日,全国人大通过了《中华人民共和国清洁生产促进法》,并于 2003 年 1月 1 日起施行。这不仅标志着污染治理模式由末端治理开始向全过程控制转变,而且也是中国首次为循环经济正式立法,环境与经济协调发展的理念在法律层面得到体现。这一时期,《浙江省国民经济和社会发展第十一个五年(2006—2010 年)规划纲要》明确要大力发展循环经济、加强环境治理和保护等，并把发展循环经济、建设节约型社会作为战略性任务来抓。同时，浙江先后发布了《浙江省人民政府关于印发浙江省循环经济发展纲要的通知》《浙江省人民政府贯彻国务院关于建设节约型社会重点工作的实施意见》，并在 2005 年 9 月通过了《浙江省发展循环经济"991 行动计划"工作方案》，明确浙江发展循环经济的九大重点领域、落实循环经济"九个一批"抓手、实施 100 个左右循环经济重点项目，"991 行动计划"成为浙江省发展循环经济的重要载体和工作指南。

习近平同志高度重视生态环境保护工作。他多次到绍兴考察调研，对绍兴生态环境建设作出重要指示。要求绍兴委制定鼓励政策，努力形成循环经济体系。在园区内特别是在化工园区内，形成自然资源—产品—再生资源的循环经济体系，使某个资源的终端、废品变成另一个资源、另一个产品利用的加工原料。要坚持发展的先进理念、循环经济的理论，不以牺牲生态为代价，提高附加值，保护好环境，实现可持续发展，要求绍兴牢牢树立生态立市、生态立县的观念，主动抓好生态环境建设，做到人与自然和谐相处。要积极推进经济结构调整和增长方式转变，推进循环经济发展和资源节约型社会建设，推进生态建设，促进人与自然和谐相处，保持经济持续稳定健康较快增长。对绍兴的环境保护、节约型社会建设、循环经济发展提出了更高的要求，也为绍兴建立循环经济体系提出了明确目标和发展方向。

（三）用环保方法保护生态环境

"山阴道上行，如在镜中游"，曾是历史上绍兴水生态环境的生动写照。然而，长期以来由于忽视了水环境保护，作为越国古都护城河的环城河遭受了严重污染。1999 年 6 月，为提高防洪标准，改善水环境，绍兴发布《绍兴历史文化名城保护规划和绍兴市城区防洪与环城河综合整治规划》，举全市之力实施环城河综合整治。工程历时近 3 年，整治后不仅成为绍兴生态环境建设的样板工程，还先后获得"中国人居环境范例奖""中国水利工程优质（大禹）奖"，环城河列入"国家水利风景区"。

2006 年 10 月，习近平同志在新昌调研时指出，要通过不同的模式、不同的技术路线，推进循环经济的减量化、环保的无害化，这个是我们现在所要大力提倡的。多年来，绍兴实施了一系列的治水工程和生态示范工程，加大环境整治力度，积极调解环境纠纷，切实将矛盾解决在萌芽状态，在生态建设和环境保护方面取得了明显成效。在这次调研中，习近平同志结合新昌县生态建设和环境保护的具体做法，强调用环保方法处理生活垃圾，变废为益，对推进生态省建设和环境保护有重要意义。作为发展循环经济的重要举措，这种做法值得提倡。

三、发展过程中要做到人与自然和谐相处

（一）促进城乡、区域、经济社会、人与自然的协调发展

2005 年 11 月，习近平同志在绍兴市上虞市（现上虞区）调研时指出，"十一五"时期，必须保持经济社会发展处于周期上升阶段的良好势头，防止出现大的波动，并促进城乡、区域、经济社会、人与自然的协调发展，这不仅对今后五年的发展，而且对 21 世纪第二个十年的发展也至关重要。这是习近平同志在当时浙江经济发展受资源和环境双重约束，高消耗、低成本的增长模式已难以为继，人与自然和谐方面的矛盾进一步加大的背景下提出的。

绍兴作为浙江经济发达地区，在区域经济发展中与省内其他地区一样，面临着如何防止经济出现大的波动和进一步促进城乡、区域、经济社会、人与自然协调发展的问题。2006 年 10 月，习近平同志在新昌调研时指出，要加强政策集成，形成新的利益导向，逐步形成责、权、利相对应的环境生态、环境保护和生态恢复的经济补偿机制，鼓励企业积极转变经济增长方式，强调生态环境问题直接影响经济发展、人民生活和社会和谐。之后，绍兴在实际工作中严格执行国家规定的约束

性指标和限制性产业政策,加大对资源浪费、环境污染、安全生产等方面的执法力度,迫使违背科学发展的行为付出更高的成本和代价。同时,加大宣传力度,强化公众的资源意识和节约意识,形成崇尚节约的社会风气,营造有利于加快转变经济增长方式的良好氛围。

(二)处理好人与自然的关系,处理好经济发展和环境保护的问题

经济发展与环境保护的关系,归根到底是人与自然的关系。增长不是发展,发展不是无节制的,发展应该是与人协调、与环境协调的发展。单纯的 GDP 增长,或者说经济社会不协调的发展是不科学的发展,经济社会的发展如果以牺牲环境为代价,这种发展就是得不偿失、难以为继的,同时也会引起人民群众很大的意见和强烈的反响。

政府在事件处理中起着中流砥柱的作用,当然也需要企业、社会公众等发挥主体作用,共同探寻和谐发展之路。

(三)牢牢树立生态立市、生态立县的观念

2003 年上半年,国家环保总局批准浙江省为国家生态建设示范省。浙江省编制了《浙江生态省建设规划纲要》,着力打造"绿色浙江"。绍兴地形地貌复杂,大致可概括为"四山三盆两江一平原",其中丘陵山地占 62.23%,盆地占 19.43%,平原占 18.34%,素有"七山一水二分田"之称,生态资源较为丰富,建设生态市具有得天独厚的优势。

对此,绍兴牢牢树立生态立市的观念,主动抓好生态环境建设,真正强化绿色观念和环保意识。坚持把生态文明建设纳入经济社会发展全局,并以"壮士断腕"的决心治理生态环境、推进产业转型升级,走生态立市之路,重塑城市山水格局,先后获得国家环保模范城市、国家卫生城市、国家园林城市和国家节水型城市等荣誉称号,并在 2006 年国家环保总局发布的 509 个城市环境综合整治定量考核中,取得浙江省第一的成绩。下一阶段绍兴将继续坚持以科学发展观为指导,进一

步增强前列意识、创新意识和责任意识，扎实做好经济增长方式转变、和谐社会建设等各项工作，努力实现科学发展、和谐发展。

第二节　坚持经济社会发展与生态环境建设相融共赢

"十五"末期，伴随着浙江生态省建设的不断推进，环境问题从软约束变为硬约束。已经进入上中等收入阶段的浙江百姓[①]，对污染的容忍度达到饱和状态，对良好生态环境的诉求日益递增，从而对地方政府转变经济发展方式和应对社会风险挑战提出了严峻考验。在这一背景下，绍兴根据习近平同志关于生态环境建设的重要讲话和指示精神，结合全国、浙江省最新政策要求和绍兴发展情况，坚持生态立市，实施了一系列生态建设和环境保护政策，开展了大量实践探索，使绍兴生态文明建设走在了全省前列。

一、推进生态环境保护，实现科学发展

改革开放的 40 多年，既是中国经济发展高歌猛进的 40 多年，也是中国环境保护山重水复、柳暗花明的 40 多年。20 世纪 80 年代到 90 年代初，新昌经济社会快速发展，其中制药业成为新昌的支柱产业。同时，大量生活污水、化工污水排入新昌江，江水遭到严重污染。2002 年 10 月，新昌江流域新昌嵊州段被列为 11 个省级环境保护重点监管区之一，新昌江城区下游主体河道水质呈劣 V 类水。

2005 年 7 月 4 日，新昌京新药业股份有限公司原料药厂门口聚集了四五十名当地村民，其中主要是嵊州黄泥桥村的村民。他们要求厂方赔偿损失，并组织村民免费体检，乡镇干部闻讯后迅速赶来协调处

---

①　世界银行将人均国民收入在 3200—11110 美元的经济体划入上中等收入经济体，浙江人均国民收入在"十五"末期达到了 3363 美元。

理。之后,新昌县政府紧急停止了原料药厂的生产,同时要求厂方必须与村民协商解决好矛盾后才能恢复生产。7月15日,因周边地区群众认为京新药业原料药厂投入生产以来,将污水排入新昌江,严重污染了环境,影响到他们的生产生活,新昌江下游的嵊州农民再次向京新药业提出补偿诉求。事件发生后,浙江省委、省政府和绍兴市委、市政府高度重视,立即成立了事件处理小组,妥善协调双方关系。京新药业则专门成立了由董事长负责的危机处理领导小组,积极采取措施:一是稳定职工情绪;二是保障强制停产遗留在反应过程中的化学物料的安全;三是积极与相关政府部门进行协调,要求尽快恢复合法生产。同时,在当地政府的协调之下,京新药业与嵊州黄泥桥村结对,双方和谐相处,共同谋求发展。

在事件处理过程中,绍兴市委、市政府认为,维护社会稳定,首先要从根本上解决新昌江的环境污染问题,提出到2006年使新昌江嵊新交界断面水质60%以上达到地表功能水要求。绍兴市人大常委会举行全体会议,专题听取和审议绍兴市人民政府关于新昌江环境污染治理情况报告,作出《关于加强新昌江环境治理的工作决议》《关于合力共治新昌江环境污染的合作协议》《关于共建嵊新污水处理厂的合作协议》等决策;决定京新原料药厂在2006年底之前停工搬迁,仅保留无污染的"精、烘、包"生产车间和污染较小的左氧氟沙星和乳酸环丙沙星两条生产线,实施雨污分流,做到污水、废气达标排放;花大力气解决群众实际困难,调动各级力量投资2800万元建设自来水等群众急需的公共基础设施工程。2005年9月9日,京新药业董事长与黄泥桥村代表签下了《浙江京新药业股份有限公司与嵊州市三江街道黄泥桥村友好合作协议》。10月21日,药厂恢复正常生产。

嵊新环境纠纷事件后,被生态"倒逼"的新昌,以壮士断腕的决心主动拨快了治理污染时间表,打响了"环保风暴"战役。从2005年开始,新昌转变发展思路,用生态约束重塑区域经济发展规则,把发展严格限定在生态约束的规矩中,用强有力的生态约束倒逼企业、产业升级，实现生态和经济协调并进。一方面，产业治污梯度展开。"关、转、迁、并"一大批重污染项目，5 年中新昌江边 40 多家化工企业、项目陆续迁出，治理范围扩大到电镀、印染、机械、轴承等所有产业，工业固体废物处置利用率达到 100%，危险废物实现零排放。另一方面，环境基础设施投入踏实"补课"。与嵊州共建嵊新污水处理厂，生产、生活污水相继纳管，累计建成工业废水截污干管 104 公里，纳管企业 500 余家；城区截污干管建设基本完成，污水处理达到城镇全覆盖，城镇污水处理率达 82.4%。新昌通过建设城市治污工程、水源调度工程、企业搬迁工程等六大工程，深化新昌江流域环境综合整治，实现了新昌江水质从劣 V 类变为接近 II 类水，"新昌到、臭气闻"旧况不再。2007 年 11 月，新昌摘掉了"省级环境保护重点监管区"的帽子。2013 年，新昌通过国家级生态县技术评估。从经济发展看，依托科技创新和坚持绿色发展，资源禀赋、交通区位等均无优势的新昌，战略性新兴产业产值占比近 40%，崛起了一批具有国际竞争力、利润率高达 20% 的实体企业群，实现了生态和经济协调并进，绿色发展与创新发展相得益彰。新昌，这座人口仅 40 余万人的山区小县，用 9 年的坚持，一任接着一任干，为"绿水青山就是金山银山"理论作出了生动诠释。

近年来，新昌进一步落实生态环境保护责任，创新出台《新昌县党政领导干部生态环境损害责任追究实施办法》，明确实行生态环境损害责任终身追究制，对违背科学发展和绿色发展要求、造成生态环境和资源严重破坏的，责任人不论是否已调离、轮岗、提拔或者退休，都必须严格追责；出台《新昌县生态补偿资金转移支付试行办法》，对 16 个乡镇（街道）进行生态绩效评价考核；成立公安局驻环保局工作联络室、检察院驻环保局检察官办公室和环境执法与司法协调联动办公室，形成打击生态环境违法行为的高压态势。

实践证明，越坚持绿色发展，"绿水青山"和"金山银山"就越相得益彰，生态和经济就越表现出协调一致的共性，就越易看到科学发展的新风景。如今,生态文明建设已成为新昌人生活幸福指数的增长点,带来人心的凝聚和生活方式的改变,让人记得住乡愁、留得住乡情。

二、推进印染化工产业集中整治,实现"腾笼换鸟"

2005 年以来,绍兴深入践行"腾笼换鸟、凤凰涅槃"理念,以新发展理念为引领,围绕印染、化工两大重点传统产业,痛下整治决心,狠抓对标提升,在前期完成印染、化工特定区域"一园式"改造提升的基础上,盯紧"率先走出腾笼换鸟、凤凰涅槃的智造强市之路"战略目标,紧抓传统制造业改造提升省级试点建设契机,加快实施越城区印染企业有序向柯桥区跨域集聚,开创产业"跨域整合"先河,全力打造传统产业改造提升"绍兴模式"。截至 2021 年底,搬迁至柯桥区的五大印染组团项目已全部建设完成,其中 4 个组团已投产。

(一)出台"史上最严"的印染行业改造提升标准

在环保标准越来越严、升级步伐越来越快、群众呼声越来越大的严峻形势下,关闭和整顿既是阵痛,同时也是产业发展机遇。2016 年以来,绍兴的印染企业开展了高频率、高强度的整顿治理。绍兴市政府将产业升级的"亮剑"指向印染产业,继 2016 年初对近 1/4 印染企业实施停产整治之后,出台了"史上最严"的印染行业改造提升标准,而这意味着该地 90％以上的印染企业面临改造提升。为进一步推动印染(包括预处理、染色、印花和后整理)产业转型升级,促进印染产业与生态环境协调发展,绍兴市人民政府办公室于 2016 年 12 月 1 日下发了《关于印发加快印染产业提升促进生态环境优化工作方案的通知》。方案指出,力争到 2017 年,绍兴产值超 10 亿元的印染企业达到 20 家以上,到"十三五"末期,力争培育 5 家产值超 50 亿元的印染龙头骨干企业;加大印染上市公司培育力度,力争到 2017 年新增 1—2 家印染上市企业。同时,2017 年底前完成所有印染企业向集聚区搬迁集聚或就地提升工作，其中柯桥区除滨海工业区提升区外的所有印染企业向滨海印染产业集聚区转移。鼓励滨海工业区积极创建"印艺小镇"，打造印染产业绿色高端发展样板区。

同时，绍兴市工业转型升级工作领导小组向各县（市、区）下发了《绍兴市印染行业落后产能淘汰标准（试行）》《绍兴市印染行业先进工艺技术设备标准》《绍兴市印染行业绿色标杆示范企业标准》《绍兴市印染企业提升环保规范要求》等四项标准，从创新能力、装备水平、绿色发展、管理水平、规模和实力等方面，引领企业脱胎换骨，被称为绍兴有史以来最严、全国罕见的印染行业提升标准。标准要求，印染企业所有沟渠要一目了然，即使是藏在地底下的，也要"晒"出来；废气排放口要明确采样口设置，环境监察监测人员进入厂区要"3分钟之内能到达标准化排放口监测点位、3分钟内监测设备能放置到监测平台、3分钟内能完成各项准备工作进入监测状态"。对照标准，更多的企业进入整治提升行列。

如果说绍兴印染行业以前是"有与无"的问题，那么现在则是"有与优"的问题，原来是粗放、粗糙、偷排，现在则是按市场法则汰劣存优。从生产方式看，家庭作坊式的时代已经过去了；从市场竞争看，低价竞争的时代也已经结束。由资源消耗转变成节能环保和生态安全，是国家和社会对行业的基本要求，是行业发展的前提条件和基本保障，也是体现企业核心竞争力的一个重要方面，其目标是在符合国家环保标准的前提下实现低消耗高产出。从这个意义上说，绍兴实施的这场印染产业"革命"正当其时。

（二）实施"染整革命"，集聚提升印染业

改革开放以来，柯桥区（原绍兴县）依托"一块布"，从农业大县一跃成为经济强区，印染产能约占全省的1/2、全国的1/3，成为浙江省发展最快、活力最强的区域之一。但到21世纪初，柯桥经济发展过程中长期积累的结构性、素质性矛盾日益显现，纺织业高排放、高能耗、高污染的发展模式已越来越难以为继,率先感受到发展的"阵痛"、成长的"烦恼"。而此时,适逢习近平同志提出"腾笼换鸟、凤凰涅槃"理念,为当时绍兴的纺织业"突出重围"指明了方向。

2005年,绍兴县全面实施"染整革命",按照"退出一批,并购一批,提升一批"的原则,规范印染企业管理。2010年,绍兴县委、县政府按照《绍兴县印染行业发展规划》《印染行业开展资源要素市场化配置改革实施方案》《关于进一步推进印染产业集聚升级工程的意见》《浙江绍兴印染产业集聚提升示范工程实施方案》要求,将绍兴县印染企业空间布局划分为集聚区、提升区和退出区,举全县之力强势启动印染产业集聚升级工程。

一是开展分批集聚。按照"整合集聚一批、退出淘汰一批、兼并重组一批"的整体方案,组建"一企一策"工作专班,将63家企业整合成17家,停产整治企业64家,兼并退出企业47家,历经8年,将遍布柯桥全区的212家印染企业整合成107家,并全部集聚到滨海工业园区集聚区(规划面积1.1万亩)。2018年,柯桥区积极承接区外印染产业跨区域整合集聚,32家印染企业整合成5个印染组团项目,已成功落户。

二是打造生态园区。围绕"绿色高端、世界领先"的目标,以高标准打造省级特色小镇(蓝印时尚小镇)为契机,优化集聚区生产、生态、生活设施布局,同步建设水、电、气、污泥等19个配套保障项目,制定中国首个绿色印染团体标准,明确集聚区设备、工艺、废水(废气)综合治理的准入标准(推荐名单、负面清单),实现印染污水和印染污泥集中处理。历经5年,完成68个循环化重点改造项目,累计完成投资43.24亿元,高质量完成国家级园区循环化改造试点验收。

三是实施数字改造。精准对接"工业4.0",深入实施"两化"融合,加快推进实体经济与互联网、大数据、人工智能的深度融合,以智能化、信息化、绿色化推动传统产业改造提升,引导企业选用高效、节能、低耗的连续式处理设备和工艺。2019年,柯桥区印染企业国际先进设备比重达到60%以上,重点印染企业CAD技术普及率达100%,染色设备平均浴比由 1∶10 提高到 1∶5。成功培育一批行业龙头企业，如迎丰纺织、东盛印染、乐高实业先后被认定为市级绿色标杆示范企业，英吉利印染引进全国首个"印染大脑"模式，对每台染缸实施 24 小时自动动态监测。

柯桥区通过实施印染产业集聚升级工程，强势推进"亮剑"行动和印染产业跨区域集聚提升，将分散布局的 212 家印染企业整合成 107 家，全部集聚到蓝印时尚小镇，腾退土地 1.3 万亩，先进设备应用比例提高到 60%，每米印染布附加值提高 15% 以上，亩均税收从集聚前的 13.47 万元提高到 28.77 万元，基本实现"绿色高端、世界领先"目标，实现了印染产业的蝶变重生，走出了一条传统向时尚、单一向多元、低端向高端的产业转型和集聚提升之路。在 2021 年度全国综合实力百强区榜单中，柯桥区位列全国百强区第 10 位。柯桥区根据《柯桥印染产业高质量发展实施方案》的要求，通过提升设备工艺、强化技术创新、推进生态治理、强化安全生产、促进厂房更新、提高综合效益等六个方面的提升，为全区工业经济高质量发展作出了新的贡献。印染产业集聚发展的成效，充分说明生态文明建设和经济高质量发展可以携手并进。

（三）坚持集聚集约，"腾""拓"发展空间

为统筹大市区城市发展规划和产业布局，越城区围绕"整合"加快印染、化工行业集聚，强势推进印染化工产业跨区域集聚提升，坚定不移推动越城区所有印染、化工企业整体搬迁集聚至柯桥区、上虞区。"印染板块"共涉及越城区印染企业 47 家，按照 1 万吨/日以上排放标准要求，计划推动 34 家企业整合成 5 个印染组团集聚落户柯桥滨海工业区，余下 13 家未组团印染企业通过兼并重组、征收退出、转型发展等方式实施改造提升。目前，5 个跨域整合印染组团已全部建设完成。越城区坚持"搬迁不是平移、提质才是目标"的理念和目标，按照"一套标准、一个口子、一视同仁"原则，以国家新石化规定为衡量标

准,并划定投资强度、亩均效益、安全环保等强制标准,推动全区 35 家化工企业加快提质发展,其中 21 家企业集聚提升至上虞区,其余 14 家化工企业按照征收退出、转型发展等方式实施改造提升。

三、推进"五水共治、重构重建",创新河湖长制

(一)加强制度建设,着力推进生态市建设

2006 年以来,绍兴牢牢树立生态立市、生态立县的观念,根据浙江省委"以治水为突破口坚定不移推进转型升级"的决策,作出"重构绍兴产业,重建绍兴水城"的重大战略决策,对绍兴"五水共治"工作进行全面部署,加快水城建设。通过进一步加大治水力度,不断推进产业转型升级,不断改善城乡环境,着力打造"美丽绍兴"。

为保证"五水共治、重构重建"战略的深入推进,保证产业转型升级、污染治理、河湖整治等行动计划的顺利实施,特别是清三河、治污水、美环境、促转型等各项工作的全面铺开,绍兴市先后印发《关于重构绍兴产业 重建绍兴水城的意见》《关于狠抓"五水共治"加快水城建设的实施意见》《绍兴生态市建设目标责任考核及奖励办法》《绍兴市"河长制"管理实施方案》《绍兴市农村生活污水治理三年行动计划(2014—2016 年)》《绍兴市"811"生态文明建设推进行动方案》《绍兴市水资源保护条例》《绍兴市"十三五"水利发展规划》《绍兴市水功能区水环境功能区划》《绍兴市地表水质量考核办法》《印染产业提升促进生态环境优化工作方案》《"低小散"块状行业整治提升行动方案》《化工产业集聚提升行动方案》《绍兴市"五水共治"(河湖长制)碧水行动实施方案》《关于组织开展"黑河、臭河、垃圾河"整治大行动的通知》《关于在全市范围内开展深化"清三河"治理百日攻坚行动的通知》《剿灭劣Ⅴ类水和Ⅴ类水战役行动方案》《绍兴市"污水零直排区"建设行动方案》《绍兴市美丽河湖建设实施方案(2018—2022)》《绍兴市治污水暨水污染防治行动 2018 年实施方案》《绍兴市生态文明示范创建行

动方案》《打赢蓝天保卫战三年行动计划》等文件，以制度为引领，全面推进水环境治理，努力构建生态经济、生态景观、生态环境、生态文化四大体系，推进具有鲜明绍兴特色的生态市建设。

（二）坚持综合治水，着力推动河湖长制

2014年，绍兴市委、市政府抓住浙江省大抓"五水共治"的契机，成立"五水共治"（河湖长制）工作领导小组。"十三五"以来，绍兴坚持以"河湖长制"为抓手，紧扣"截、清、治、修"四大环节，统筹推进河（湖）生态环境综合治理，全面打赢了2014—2016年"清三河"、2017年"剿灭劣Ⅴ类水"、2018年"污水零直排区"和"美丽河湖"四大标志性战役。2014年以来，绍兴累计完成"五水共治"投资475亿元，连续6年获评浙江省"五水共治"（河长制）工作优秀市并夺得浙江省治水最高奖"大禹鼎"，群众治水满意度历年均居全省前列。在2021年8月召开的全省建设新时代美丽浙江推进会上，绍兴7个国考断面、7个交接断面、128个县控及以上断面Ⅰ—Ⅲ类水比例和功能区达标率均达到100%。绍兴用最高标准重塑山水格局，加快打造"三生三宜"美丽绍兴升级版。在系统推进"十江百河千溪水美"工程建设过程中，累计建成"美丽（幸福）河湖"50条（个）。河道总长502公里，湖泊面积33平方公里，逐步形成"一村一溪一风景、一镇一河一风情、一域一江一风光"的全市美丽河湖新格局。

一是以标准化为要求精心构筑制度保障网。为深入推进"五水共治"，绍兴于2012年在浙江省率先实行"河长制"管理，并于第二年建立起市、县、镇、村四级河长体系。2017年，在全国率先推行"湖长制"管理，同时精准落实"一河（湖）一策"。2018年，发布全国首个"河湖长制"地方标准《绍兴市河长制工作规范》《绍兴市湖长制工作规范》，随后该标准被列入省级标准化试点项目。2019年，完成"河（湖）长制"标准化管理浙江省试点，制定河（湖）巡查、水污染防治、水域岸线空间管理等6个核心技术规范，开展"一江（鉴湖江）一湖（迪荡湖）"标准化管理,并顺利通过省级验收。2020 年 6 月 16 日,绍兴市河(湖)长制标准化试点项目正式通过省级验收评估,此项试点工作共梳理出省级标准、试点标准、地方标准共 147 项,构建了具有绍兴特色的河(湖)长制省级标准化体系。

二是以信息化为引领严密编织精准监管网。一方面,设计一张地图。全面展示绍兴市每一条河(湖)的河(湖)长组织体系、水质、排污口、取水口、水工程、河(湖)等级、河(湖)划界等各类基础信息,加强"河(湖)长制"信息管理平台的上下贯通、左右连通和内外融通工作。同时,建立农村生活污水处理设施、畜禽养殖场污水处理设施、工业园区(企业)和城镇生活小区"污水零直排区",建设雨污管网图等重点污染源数据库,为各级河(湖)长精准履职实时提供第一手资料。另一方面,打造一个"河(湖)长制"监督管理平台。对镇级以上河(湖)长"一河一策"年度治理任务进行跟踪统计分析和进度实时督办,并通过监管平台下发督导单和任务清单,整改结果通过监管平台及时反馈。此外,充分发挥社会公众监督功能,建立"市民发现问题→向河(湖)长投诉举报→河(湖)长落实整改并反馈→市民进行满意度评价→市治水办后台管理"的网上工作体系,为社会公众参与河(湖)管护治理提供新渠道,有效解决社会公众参与难的问题。

三是以社会化为抓手加速织密全民治水网。一方面,通过加强宣传,营造全民治水氛围。在《绍兴日报》、绍兴电视台、绍兴广播电台开设"河(湖)长制"工作专栏,对典型案例进行宣传推介,对河(湖)"脏乱差"问题进行集中曝光。同时,开设投诉举报电话,设立"五水共治"(河(湖)长制)工作宣传月。另一方面,通过制度创新,整合基层网格资源。创新河(湖)长制管理模式,探索"河(湖)长制"管理与"枫桥经验"的有机结合,推进市级"河(湖)长制"监管平台与省四平台系统、村级"河长通"App 与四平台"掌上基层"App 的有效衔接、融合运行,充分发挥基层治理网格员力量,与基层河(湖)长形成合力,将问题解决在基层。此外,通过开发"碧水联盟"小程序,组建公众护水志愿者队伍,凝聚社会各界力量。

四、推进生态环境损害赔偿制度改革破解困局

2016 年,为破解"企业污染、群众受害、政府买单"困局,绍兴市政府法制办、市财政局、市生态环境局、市检察院和中级人民法院等部门合作探索,推进生态环境损害赔偿制度改革实践工作。通过构建生态环境损害赔偿改革实施方案和配套的调查评估、赔偿磋商、损害修复、赔偿诉讼、司法修复、资金管理等"1+6"生态环境损害赔偿制度框架,形成了"自行修复""替代修复""异地修复"的责任承担方式,建立了生态环境损害赔偿技术协作机制、行政磋商机制和司法修复机制,为全国推行生态环境损害赔偿提供了有益的"绍兴模式"。这一实践探索入围 2018 年第十届中华环境奖,入选中组部组织编写的《贯彻落实习近平新时代中国特色社会主义思想、在改革发展稳定中攻坚克难生动案例》,被评为 2018 年度浙江省政府法制工作创新项目。

(一)先行探索试点,规范鉴定评估

作为生态环境损害赔偿过程的首要环节,环境损害鉴定评估在绍兴起步较早。早在 2011 年,绍兴市环境保护局就开始探索环境污染损害鉴定评估工作,并于 2014 年 9 月成为全国第 9 个环境污染损害鉴定评估的试点单位,是当时全国 9 家试点单位中仅有的 2 家地市级环保部门之一,2016 年被确定为唯一一个生态环境损害赔偿浙江省级试点。在 2016 年环保部对绍兴市环境污染损害鉴定进行阶段性评估时,绍兴市环保科技服务中心被列入环保部环境损害鉴定评估推荐机构名录(第二批),并成为浙江省高级人民法院对外委托机构中首家也是唯一一家环境污染损害鉴定评估机构,为环境管理、司法以及损害赔偿制度试点提供了有力的技术支撑。2017 年以来,绍兴已建立浙江省高级人民法院对外委托机构中首家环境污染损害鉴定评估机构,成立全省首个环境资源审判庭,出台新《环保法》实施后全国第一

个环境损害赔偿金管理办法,达成全国首份环境赔偿磋商协议。

(二)健全制度体系,突出法制把关

2016 年,绍兴先后印发《绍兴市生态环境损害赔偿制度改革试点工作方案》《绍兴市生态环境损害赔偿磋商办法(试行)》《绍兴市生态环境损害修复管理办法》《关于进一步推进生态环境损害赔偿诉讼工作的意见》《关于建立生态环境司法修复机制的规定》《绍兴市生态环境损害赔偿金管理暂行办法》《绍兴市生态环境损害赔偿鉴定评估管理办法(试行)》,基本建立了较为完善的"1+6"生态环境损害赔偿制度体系,为损害赔偿工作开展打下了坚实的基础。2018 年绍兴市委、市政府又在全国设区的市中率先出台《绍兴市生态环境损害赔偿制度改革实施方案》。

(三)加强诉讼保障,启动公益诉讼

绍兴市中级人民法院成立全省第一个环境资源审判庭,越城区法院成立了环境资源审判庭。2016 年 11 月,绍兴市生态文明促进会作为公益组织向市中级人民法院提起浙江省第一起环境损害赔偿公益诉讼,经法院主持调解,3 名被告经调解赔偿环境修复费用 8 万余元。2018 年 3 月,绍兴市越城区人民法院公开审理绍兴市首例污染环境刑事附带民事公益诉讼案,并当庭宣告判决。2020 年,绍兴全市开展生态环境损害鉴定评估案件 12 件、生态环境损害赔偿磋商案件 11 件,共收缴生态环境损害赔偿金 168 万余元,其中办理的浙江诸暨某建材有限公司环境污染磋商案件入选生态环境部十大生态环境损害赔偿磋商案例。

五、推进"无废城市"试点,实现高质量绿色发展

(一)以制度引领绿色发展,建设"无废城市"

2003 年以来,为稳步推进污染物减排工作,加大环境执法力度,

不断创新环境监管体制，不断完善环保基础设施，绍兴先后出台了《关于发展循环经济的实施意见》《关于推进循环经济提升工业经济发展的若干政策意见》《绍兴市"十二五"主要污染物总量控制规划》《绍兴市区城市扬尘污染管理办法》等文件。2012年，又集中出台了《绍兴市"十二五"主要污染物总量控制规划》《绍兴市区燃煤热电和水泥熟料企业脱硝工程改造资金补助实施办法》《关于"十二五"期间重点企业开展主要污染物总量减排的实施意见》《绍兴市电镀行业污染整治方案》《关于进一步提升环境空气质量的实施意见》等文件，把减排工作列为各县（市、区）党委、政府年度工作目标责任制考核的重要内容，不断调动企业减排积极性。

2013年，绍兴全面启动印染、造纸、制革、化工四大行业三年整治行动，印发《绍兴市印染造纸制革化工等行业整治提升实施方案》，出台《2013年大气污染防治实施计划》《绍兴市区大气污染集中整治行动方案》《冬春季大气污染专项监管行动方案》《大气污染防治实施方案（2013—2017年）》《空气污染应急响应操作流程》等系列方案和配套文件，不断完善全社会共同参与大气污染防治的体制机制。2014年，绍兴市环保部门开展以"控烟气、降废气、减尾气、消浊气、除臭气"为主要内容的"五气合治"行动，印发《绍兴市园区循环化改造推进工作方案》，推进工业园区循环化改造。2016年，制定《绍兴市危险废物处置监管三年行动计划（2016—2018年）》《绍兴市工业固废集中处置设施建设规划（2016—2020年）》。2018年，出台《绍兴市清废行动实施方案》，明确2020年和2022年工作目标，初步形成"政府主导、部门联动、企业主体、社会监督"工作格局。

随着各项制度的相继落实、各项工作的顺利推进，绍兴绿色发展取得显著成绩。2009年，绍兴被列为浙江省工业循环经济试点市；2010年，成功创建2个工业循环经济示范园区、12家工业循环经济示范企业；2014年，绍兴滨海工业区被国家发改委和财政部联合授予"国家级循环化改造示范试点园区"称号；2019年，有5个园区列入省级以上循环化改造示范园区,其中柯桥滨海工业区和杭州湾上虞经济技术开发区还被列入国家级循环化改造示范试点园区。全市累计有 9 家企业被认定为国家级绿色工厂,有 12 家被认定为绿色企业,循环经济和绿色发展的理念已经深入人心。

(二)推进"无废城市"试点,打造"绍兴样板"

2019 年 4 月,生态环境部发文确定"11＋5"个"无废城市"试点城市,绍兴市作为浙江省唯一入选城市,定位是东部发达地区综合性中等城市的试点代表。2019 年 9 月,生态环境部会同"无废城市"建设试点部际协调小组成员单位在北京组织召开评审会,一致同意《绍兴市"无废城市"建设试点实施方案》通过评审,绍兴市向"无废城市"建设迈出重要一步。2019 年 10 月,中共绍兴市委办公室正式印发《绍兴市"无废城市"建设试点工作实施方案》,将试点任务纳入全市重点工作目标责任制考核。

近年来,绍兴立足制度、市场、技术、监管四大体系建设,不断完善涵盖固废从源头到末端的"62＋X"制度体系,扎实推进 52 项重点项目建设、13 项技术实现产业化应用从源头减量、资源化利用、无害化处置,探索固体废物治理领域的治理体系和治理能力现代化,取得显著成效。同时,绍兴积极对接高校、科研院所,创新开展废盐、飞灰、尾矿砂等固体废物管理利用的技术研究,培育"无废"产业市场,形成产、学、研、用一体化的固体废物经济模式,努力为中国"无废城市"建设提供"绍兴样板"。在项目建设方面,绍兴积极推进包括生活垃圾焚烧、危废资源化利用在内的 90 余个重点工程项目。2020 年 6 月,全国"无废城市"建设试点推进会在绍兴召开,新和成上虞基地依托固废治理数字化系统实现闭环管理、珠海村"互联网＋"助力农村生活垃圾"源头分类"、盖北镇秸秆回收粉碎实现资源化利用等特色做法引起较好反响。

(三)精心编制方案,首创"1＋4＋7"体系

为保障"无废城市"建设试点顺利实施,绍兴立足实际,在全国首

创"1＋4＋7"方案体系，即 1 个总体实施方案、4 个固废专项子方案、7 个区域子方案的方案体系，以确保各级各部门协同作战，共同参与污染防治各项工作。在编制过程中，绍兴确定了 22 个必选指标、22 个可选指标和 9 个自选指标。在自选指标的选择上，绍兴充分考虑自身发展定位、发展阶段、资源禀赋、产业结构、经济技术基础等实际情况，梳理出如固废、危废跨区、县（市）生态补偿金制度，印染化工行业绿色园区标准体系，农药实名制购买及回收补贴政策等亮点工作。在方案落实过程中，"无废办"进一步细化 3 张清单，形成责任清单 43 项、任务清单 95 项、项目清单 70 项。另外，借鉴国内外先进固废管理成熟经验，在保持发扬原有先进制度的基础上，列出试点期间拟制定的政策目录 62 个，其中工业源 21 个、农业源 5 个、生活源 31 个、综合类 5 个，并发布《关于在全市公共机构限制一次性消费用品的通知》《关于加快推进废旧农膜回收和无害化处置工作的指导意见》《粮油作物秸秆还田技术指导方案》等文件，为全国"无废城市"建设试点工作提供制度模式。

六、推进农村"三大革命"，改善农村人居环境

（一）农村生活污水治理

2014 年，根据浙江省委、省政府统一部署，绍兴市委、市政府确定农村生活污水治理为"三农"工作的"一号工程"。以"农村包围城市"倒逼"重建绍兴水城"战略和农村生活污水治理实现"走在全省前列和全市'五水共治'前列"两个"前列"的要求，决定用 3 年时间，在全市开展农村生活污水治理行动。全面实施《绍兴市农村生活污水治理三年行动计划（2014—2016）》，按照"村点覆盖全面、群众受益广泛、设施运行常态、治污效果良好"的工作要求，通过成立领导小组、制定各项政策、编制各类规划、筹措多方资金、加强宣传报道等措施，凝聚各级政府、村（社区）、企业和社会民众的力量，为农村生活污水治理提供用地

保障、资金保障、服务保障和人才保障等,全面推进农村生活污水治理工作。

2014—2017年,绍兴农村生活污水治理完成1715个规划保留村和66个规划非保留村的农村生活污水治理,新增受益农户66.66万户,加上建设部门负责的城镇规划区范围内的建制村污水管网全覆盖,绍兴已实现建制村生活污水治理全覆盖。各地方政府和治理村、施工单位根据不同镇(乡)情和村情不断创新,涌现出许多典型做法,如嵊州黄胜堂、黄百坂两个示范村管理模式在浙江省得以推广,布局管网的"接、挂、贴、跳、并""五字法"获得省领导的高度肯定等等,主要做法表现为以下三个方面:

一是规划先行,突出重点。坚持"农村治污,规划先行"的理念,及时制定出台《绍兴市农村生活污水治理三年行动计划(2014—2016年)》《绍兴农村生活污水治理2014—2016工作要点》。绍兴各县(区、市)域全部编制农村生活污水治理专项规划和工作计划,明确各年度的目标任务、对象范围、建设布点及其技术模式、建设管理与运行要求、投资估算与筹资方案、建设时序、保障措施和绩效评价体系等,注重与村庄布局规划、城镇建设规划、环境保护机制以及美丽乡村建设等专项规划的相互衔接。在制定规划时,率先将重要流域周边、水库、垃圾河和黑臭河、生态保护区等环境敏感地区以及美丽乡村示范区、精品村、中心村、历史文化村落的农村生活污水纳入重点治理规划。

二是整合资源,形成合力。自绍兴启动农村生活污水治理工作以来,各级政府坚持"财政保障,社会捐助,尽量不增加村户负担"的原则,统筹安排土地、资金等要素资源,充分调动镇、村两级和广大群众的治水积极性,引导和支持民营企业、社会团体、个人等社会力量,通过投资、捐助、认建等形式,参与农村生活污水治理项目建设和运行维护。

三是明确任务,落实保障。在组织上,成立农村生活污水治理工作领导小组,由市委书记任组长,市长任第一副组长,市委副书记、相关分管副市长任副组长，领导小组办公室设在市农办。同时，各地充分利用报纸、电视、网络、信息简报等媒介，因地制宜组织策划电视问政、系列论坛、"讲好治水新故事"、"我的水城我的河"等一批有影响力的专题宣传报道活动，在全社会形成农村生活污水治理人人有责、人人参与、人人监督的浓厚氛围。在技术保障上，一方面，组建市、县两级专家服务团。选择确定一批技术过硬、信誉较好的项目设计企业、团队和专家作为长期技术依托，并整合有关部门的技术资源，切实加强服务指导。另一方面，引进先进技术，抢占技术高点。大力推广"黄胜堂模式"，积极实施"首席专家制度"，保证农村生活污水治理有序有效推进。在制度保障上，先后制定《绍兴市农村生活污水治理工作领导小组办公室工作制度》《关于加强农村生活污水治理档案管理工作的通知》等文件，规范管理农村生活污水治理。同时，各地严格按照"党政主导、部门分工、乡镇村主体"的要求，将农村生活污水治理工作纳入岗位目标责任制考核，形成合力治水的工作格局。

（二）农村生活垃圾分类

2014 年以来，绍兴深入开展农村生活垃圾分类试点工作，针对农村生活垃圾产生点多面广、运输费用高等特点，以抓源头分类投放为重点，以易腐垃圾就地资源化处理为导向，探索农村生活垃圾分类工作最优方法路径，取得显著成果。截至 2020 年底，绍兴农村生活垃圾分类处理覆盖率达到 90.7%，资源化利用率达 99%，生活垃圾回收利用率达 47%，无害化处理率达 100%。同时，在分类质量和处理能力上下功夫，确保生活垃圾"真分类、实处置"。绍兴农村生活垃圾分类的主要做法主要包括以下四点。

一是明确目标责任。制定出台《绍兴市农村生活垃圾分类处理三年行动方案（2020—2022 年）》《绍兴市农村生活垃圾分类管理办法》，从完善规划布局体系、提升源头分类质量、强化收运能力提升、健全处置体系建设、推进运行机制创新这 5 个方面制定了工作任务，并进一步明确了分类投放、分类收运、分类处置规范，从制度层面明确工作方向、任务和规范。将农村生活垃圾分类工作纳入全市乡村振兴考核和"五星3A"创建，印发《关于全市农村人居环境整治提升常态化评估的实施意见》的通知，落实领导负责制，常态化开展以垃圾分类等为重点的测评。在全省率先提出"分类准确村比率"指标（分类准确户比率达80％的行政村占总行政村数的比率），计划2022年达到60％以上。2020年，绍兴已累计创建省高标准农村生活垃圾分类处理示范村59个、市垃圾分类示范村50个、市级垃圾分类示范培育片区6个。

二是紧盯工作重点。自2019年8月以来，绍兴开展以农村生活垃圾分类为重点的"一分两清三化"人居环境整治行动，以抓党员、干部、村民代表三大类家庭分类准确为突破口，逐渐覆盖全体村民，促进全村源头分类准确。印发《2020年绍兴市农村生活垃圾分类工作评价办法》《2020年绍兴市农村生活垃圾分类示范村、示范片区评价办法》，重点对321个分类准确村展开检查。通过聘请第三方常态化评估，共走访74个镇（街）420个村，入户检查8404余户。截至2020年7月底，绍兴321个分类准确村的准确户比率为80％，农村生活垃圾源头分类投放意识和准确率有了大幅提升。

三是构建处理闭环。针对农村易腐垃圾产生点多面广且运费较高的特点，绍兴因地制宜、合理布局，构建起覆盖全市行政村的易腐垃圾站点处理网，如上虞区按照"虞北集中处置"和"虞南就地处置"原则，形成"一个中心＋多个处置站"的最优站点布局。2020年，绍兴在建成省、市各级农村生活垃圾资源化处置站点340多个，垃圾日处理能力达850多吨的基础上，新建21个省级农村生活垃圾资源化站点（71个项目村），预计新增日处理能力59吨，基本能够应对当前全市农村易腐垃圾产生量。

四是建立智慧监管。绍兴通过建设农村生活垃圾分类数字化监管平台，逐渐构建起源头分类可追溯、中间收运可监控、末端处理可计量的数据系统。如上虞区加快农村生活垃圾分类大数据监管平台建设，2020年底实现30％以上的行政村纳入信息化监管平台。诸暨市通过"可溯源"分析系统，实现农户分类和收运员收运情况的实时亮分试点。嵊州市新增农村生活垃圾分类监管平台，将示范村、资源化站点纳入监管平台，为转运车辆安装GPS，实现市、镇、村三级监管。

（三）农村公厕改造

开展农村公共厕所改造提升工作，是绍兴着眼于改善农村人居环境、提升群众满意度和幸福感而推进的民生实事，无论是超前性还是影响力，都处在全省甚至全国前列。

2018年，绍兴两会将农村公厕改造提升工作列为民生实事，出台《绍兴市农村公厕改造提升实施方案》，明确将在2018年底前全面消灭旱厕及露天粪坑，全面完成陈旧公厕改造提升，农村中小学校、乡镇卫生院、集贸市场、旅游景点等公共场所无害化卫生公厕普及率达到100％，改建或新建农村公厕总数将达4805座。截至2018年12月底，绍兴共拆除农村旱厕及露天粪坑9515处；农村公厕完成新改建4805座，完成农村中小学校、乡镇卫生院、集贸市场、旅游景点等公共场所公厕无害化改造建设318座。年初确定的"两个全面、一个100％"目标全部实现。

同时，绍兴配套出台《绍兴市农村公共厕所建设与卫生管理规范》，对具体工程实施实行规范化管理。规范突出便民性，针对农村公厕老年人使用频率较高的现状，要求男女厕间应至少各布置一个坐便器，设置扶手，并安排在出入方便的位置；突出无害化，要求农村公厕具备水冲条件，规范化粪池改造，做到密闭、有盖、不渗漏，并要求将污水优先接入生活污水收集系统管网，无法接入的建立定期清掏机制，进行无害化处理；突出长效化，提出了农村厕所卫生标准和保洁人员工作标准。2018年4月25日晚，央视《新闻联播》在头条《在习近平新时代中国特色社会主义思想指引下——新时代新作为新篇章》里，报道了绍兴开展农村"厕所革命"的做法。

结合美丽乡村和农村污水治理等工作,绍兴市越城区和嵊州市在2016年就率先启动了农村"厕所革命"。其中,越城区在2016年出台了《越城区农村公厕改造二年行动实施方案(2016—2017年)》,投入资金近6000万元,开展农村公共厕所改造提升工作,通过拆除、新建、改造"三管齐下",明显改善了农村河道水质,推进了美丽乡村建设,得到广大农村群众的高度认可,并得到上级领导的肯定。2017年底,越城区累计投入资金5800余万元,完成了76个村674座公厕的新建和改造任务,全区新增受益农户33000户,有效改善了农村环境面貌。2018年,越城区又印发了《越城区农村公厕扩面提标改造实施方案》,拟新建公厕78座,改建公厕108座,投入资金1662万元,并推广"公厕长"制度,使每一座农村公厕都有人管、管得好,确保"一次建成,长久使用"。

诸暨市通过3年努力,投入上亿元资金,完成1977个农村公厕改造提升工作,其中改造农村公厕1388座,新建589座,消灭1332个农村旱厕及1696个露天粪坑,实现了露天粪缸(池)、旱厕和简易棚厕全面消灭,厕所污水全部得到生态处理。2020年以来,诸暨又在全市率先引入农村智慧公厕云平台系统,农村范围内的近2000座公厕接入了互联网,通过大数据、云计算、物联网、5G通信打造形成农村智慧公厕云平台系统。

实践证明,绍兴农村公厕改造提升工作,建设了宜居环境,带动了产业兴旺,涵育了乡风文明,构筑了和谐社区,其助力乡村振兴的效果正在显现。

第三节　新发展阶段必须坚持人与自然和谐相处

习近平同志多次就绍兴生态文明建设作出的重要指示和批示,为绍兴经济社会发展和生态文明建设指明了方向,提供了动力。党的十八大以来,以习近平同志为核心的党中央始终坚持"绿水青山就是金山银山"的理念,坚持山水林田湖草沙一体化保护和系统治理,全方位、全地域、全过程加强生态环境保护,生态文明制度体系更加健全,污染防治攻坚向纵深推进,绿色、循环、低碳发展迈出坚实步伐,生态环境保护发生历史性、转折性、全局性变化,充分彰显了习近平生态文明思想的生命力。

一、坚持经济发展与保护生态环境的紧密结合

生态环境保护和经济发展是辩证统一、相辅相成的。建设生态文明、推动绿色低碳循环发展,不仅可以满足人民日益增长的优美生态环境需要,而且可以推动实现更高质量、更有效率、更加公平、更可持续、更为安全的发展,走出一条生产发展、生活富裕、生态良好的文明发展道路。党的十八大以来,习近平总书记提出要始终坚持"正确处理好经济发展同生态环境保护的关系,牢固树立保护生态环境就是保护生产力、改善生态环境就是发展生产力的理念,更加自觉地推动绿色发展、循环发展、低碳发展,决不以牺牲环境为代价去换取一时的经济增长"[1],生态环境保护"要坚持在发展中保护、在保护中发展,实现经济社会发展与人口、资源、环境相协调"[2],强调发展经济的同时加强生态环境保护的重要性。这些论述与习近平生态文明思想所包含的正确处理经济发展和生态环境保护的思想一脉相承,充分体现了在国家层面环境与经济协调发展理念的逐步形成,也更好地推进了全国各地的生态文明建设工作。

生态环境问题归根结底是发展方式和生活方式问题。必须坚决摒弃损害甚至破坏生态环境的发展模式,以调整经济结构、转变增长

---

① 中共中央文献研究室编:《习近平关于社会主义生态文明建设论述摘编》,中央文献出版社2017年版,第20页。

② 中共中央文献研究室编:《习近平关于社会主义生态文明建设论述摘编》,中央文献出版社2017年版,第19页。

方式为切入点,推动经济发展和人口、资源、环境相协调,发展绿色产业,形成经济社会发展新的增长点,提高经济绿色化程度,推动形成绿色生产方式。党的十八大以来,面对资源约束趋紧、环境污染严重、生态系统退化的严峻形势,面对广大人民群众的热切期盼,习近平总书记明确指出,"要坚定推进绿色发展,推动自然资本大量增值,让良好生态环境成为人民生活的增长点、成为展现我国良好形象的发力点,让老百姓呼吸上新鲜的空气、喝上干净的水、吃上放心的食物、生活在宜居的环境中、切实感受到经济发展带来的实实在在的环境效益"[①],"良好生态本身蕴含着无穷的经济价值,能够源源不断创造综合效益,实现经济社会可持续发展"[②],明确必须统筹生态文明建设和经济建设,把生态文明建设融入经济建设,转变经济发展方式,实现绿色发展。习近平总书记的这一思想深刻地说明,不能将生态文明建设与经济发展对立起来,两者是相互依赖、相互制约、相互转化的辩证关系。2005年"嵊新事件"的有效处理及后续以科技创新引领产业成功转型,用鲜活的事实说明经济发展与环境保护两者是可以相互促进、共同发展的,这既为习近平生态文明思想提供了实践样本,也是其重要的理论渊源。

　　党的十八大以来,习近平总书记明确指出,要大力节约集约利用资源,推动资源利用方式根本转变,加强全过程节约管理,大幅降低能源、水、土地消耗强度,大力发展循环经济,促进生产、流通、消费过程的减量化、再利用、资源化。2016年,习近平总书记在中央财经领导小组第十四次会议上强调:"要研究总结浙江等地的好经验,加快在全国推广。"[③]这个"好经验",就是2006年10月习近平同志来绍调研时

　　① 《让绿水青山造福人民泽被子孙——习近平总书记关于生态文明建设重要论述综述》,《人民日报》2021年6月3日。

　　② 《让绿水青山造福人民泽被子孙——习近平总书记关于生态文明建设重要论述综述》,《人民日报》2021年6月3日。

　　③ 中共中央文献研究室编:《习近平关于社会主义生态文明建设论述摘编》,中央文献出版社2017年版,第84页。

所大力提倡的,即通过不同的模式、不同的技术路线,推进循环经济的减量化、环保的无害化。随后,习近平同志又对新昌县生态建设工作作出重要指示,强调要大力创新、积极推广富有实效的环保方法。当前,垃圾分类制度已成为关系 14 亿多人口的生活环境能不能改善,关系垃圾能不能减量化、资源化、无害化处理的一项重要制度。

二、坚持和谐发展与保护生态环境的紧密结合

生态文明建设是关系中华民族永续发展的根本大计,是确保当代人的发展及其后代可持续发展的权利,实现人与自然和谐共生的必由之路。我们党历来高度重视生态环境保护,把节约资源和保护环境确立为基本国策,把可持续发展确立为国家战略。党的十八大以来,习近平总书记始终着力推进人与自然和谐共生,提出"坚持人与自然和谐共生"理念,明确指出现代化是人与自然和谐共生的现代化,把坚决打赢"污染防治攻坚战"列为决胜全面建成小康社会的三大攻坚战之一,他指出要坚持"人与自然生命共同体"的发展理念和"人与自然和谐共生"的辩证法则,诠释了新时代生态文明建设的重要意义,谋划了中华民族永续发展的前进方向。在 2021 年的领导人气候峰会上,习近平总书记强调:"自然遭到系统性破坏,人类生存发展就成了无源之水、无本之木。我们要像保护眼睛一样保护自然和生态环境,推动形成人与自然和谐共生新格局。"[①]这些思想与习近平同志在绍兴考察时提出的"在发展过程中,我们要处理好人与自然、人与人之间的和谐""重视处理好人与自然的关系""推进经济结构调整和增长方式转变,推进循环经济发展和资源节约型社会建设,推进生态省建设,促进人与自然和谐相处"的论述,既一脉相承,又创新发展,充分体现了习近平同志关于人与自然和谐共生理念的历史延续和现实发展。

---

① 《共同构建人与自然生命共同体——在"领导人气候峰会"上的讲话》,《人民日报》2021 年 4 月 23 日。

　　生态环境是重要的公共产品,其质量如何关系着区域居民的生活质量。先富的浙江百姓对"我们既要绿水青山,也要金山银山。宁要绿水青山,不要金山银山,而且绿水青山就是金山银山"的体会最深。党的十八大以来,受资源与环境的双重约束,环境问题引发的农村冲突、群体性事件和维权事件成为影响农村社会稳定和发展的重大问题。为此,习近平明确指出:"扭转环境恶化、提高环境质量是广大人民群众的热切期盼,是'十三五'时期必须高度重视并切实推进的一项重要工作。"①"党中央对生态环境保护高度重视,不仅制定了一系列文件、提出了明确要求,而且组织开展了环境督察,目的就是要督促大家负起责任,加紧把生态环境保护工作做好。"②同时他还强调:"对生态环境污染问题,各级党委和政府必须高度重视,要正视问题、着力解决问题,而不要去掩盖问题。"③习近平总书记的这些论述充分说明,做好环境保护工作是各级党委、政府的重要职责,要加强政策集成,形成新的利益导向,逐步"形成责、权、利相对应的环境生态、环境保护和生态恢复的经济补偿机制",其具有明确的指向性和可操作性,为全国上下在新时代如何发挥政府主体作用,做好环境保护工作提供了行动指南。

三、坚持美好生活与保护生态环境的紧密结合

　　建设生态文明,关系人民福祉,关乎民族未来。习近平生态文明思想最鲜明的特征是不断满足人民群众日益增长的优美生态环境需要,这是生态文明建设各项工作的根本出发点。新时代,人民的美好生活需要不仅对物质文化生活提出了更高要求,对美好生活环境与健

① 《让绿水青山造福人民泽被子孙——习近平总书记关于生态文明建设重要论述综述》,《人民日报》2021年6月3日。
② 中共中央文献研究室编:《习近平关于社会主义生态文明建设论述摘编》,中央文献出版社2017年版,第90页。
③ 中共中央文献研究室编:《习近平关于社会主义生态文明建设论述摘编》,中央文献出版社2017年版,第90页。

康的生态食物的需求也日益增长，从而对生态文明建设提出了更高要求。党的十八大以来，大气、水、土壤等污染问题仍较突出，重污染天气、黑臭水体、食品安全等突出环境问题成为民生之患、民心之痛。在此背景下，习近平总书记明确指出："生态环境是关系党的使命宗旨的重大政治问题，也是关系民生的重大社会问题。广大人民群众热切期盼加快提高生态环境质量。我们要积极回应人民群众所想、所盼、所急，大力推进生态文明建设，提供更多优质生态产品，不断满足人民群众日益增长的优美生态环境需要。""我们要牢固树立绿水青山就是金山银山理念，坚定不移走生态优先、绿色发展之路，增加森林面积、提高森林质量，提升生态系统碳汇增量，为实现我国碳达峰碳中和目标、维护全球生态安全作出更大贡献。"①绍兴生态文明建设实践雄辩地证明，生态环境保护得好，全体人民就受益；生态环境遭到破坏，整个社会就遭殃。当前，必须打赢蓝天保卫战、清水行动、净土行动三大污染防治攻坚战，把创造良好的生态环境作为党和政府必须提供的基本公共服务，深入贯彻新发展理念，树立新的政绩观、发展观，推动绿色决策、科学决策，不断提供更多优质生态产品，以满足人民群众日益增长的优美生态环境需要。

---

① 《让绿水青山造福人民泽被子孙——习近平总书记关于生态文明建设重要论述综述》，《人民日报》2021年6月3日。

第七章　强化党组织在基层的
领导核心作用

　　党的工作重心在基层，执政基础在基层，活力源泉在基层。党的基层组织是党全部工作和战斗力的基础，是落实党的路线方针政策和各项工作任务的战斗堡垒。2004 年 6 月 30 日，习近平同志在纪念建党 83 周年暨表彰农村党建"三级联创"先进单位和先进个人电视电话会议上指出："基层组织是党执政的基础，是保持党的先进性和战斗力的前沿和关口。只有把基层党组织建设得充满活力，生机勃勃，整个党才能坚强有力，朝气蓬勃。"① 习近平同志高度关注绍兴的党建工作，多次对绍兴的党建工作作出重要指示和批示，对绍兴强化党的全面领导，发挥党组织的政治功能，提升组织力，推动全面从严治党向基层延伸、向纵深推进，具有重要的指导意义。

第一节　党的根基在基层

　　习近平同志在浙江工作期间就绍兴党建工作从基层党建的战略意义、党建工作覆盖到党员的先进性、党员干部培养、党风廉政建设、基层党建制度等方面提出了一系列的重要观点、论断，坚持目标导向、

　　①　习近平：《干在实处　走在前列——推进浙江新发展的思考与实践》，中共中央党校出版社 2006 年版，第 427 页。

问题意识、责任担当,突出"执政重在基层、工作倾斜基层、关爱传给基层"①。

一、执政重在基层

中国共产党是中国唯一的执政党,是社会主义事业的领导核心。从党实现领导和执政的角度来说,基层是党执政的基础,基层组织是党的全部工作和战斗力的基础。2004 年 8 月 23 日,习近平同志在宁波温州绍兴舟山台州党建工作座谈会上指出,基础不牢,地动山摇,基层的同志不要认为执政能力建设与己无关,党正是依靠广泛的基层组织,有了坚实的工作基础,形成一个团结统一的整体;也正是依靠这些基层组织,党能够深深地扎根于人民群众之中,顺利地实现党的领导。党的基层组织是党联系群众的桥梁和纽带,是包括村委会在内的各类社会基层组织的政治核心。"党和国家的各项方针政策和工作部署,省委提出的'八八战略'和'平安浙江',最终要靠广大基层干部团结带领群众去贯彻和实施,人民群众的经济、政治、文化利益,也要靠广大基层干部组织引导群众去实现。"②

(一)从执政能力建设的高度来审视问题

习近平同志曾告诫基层的党员干部要充分认识到基层工作是事关执政能力建设的大问题,要站在大局和全局的高度来思考问题。2004 年 8 月 23 日,在宁波温州绍兴舟山台州党建工作座谈会上,习近平同志强调指出,执政能力建设对于基层是十分重要的,它使我们无论站在哪个角度上,都能增强责任意识、全局意识。责任意识,就是应该具备一种历史的责任感;全局意识,就是应该具备一种政治的全局

---

① 习近平:《干在实处　走在前列——推进浙江新发展的思考与实践》,中共中央党校出版社 2006 年版,第 432 页。

② 习近平:《干在实处　走在前列——推进浙江新发展的思考与实践》,中共中央党校出版社 2006 年版,第 433 页。

意识,树立全局意识就要防止片面、简单化地看问题。

(二)执政为了人民

群众路线是党的生命线和根本工作路线。习近平同志在领导基层党建工作的实践中,始终坚持党的群众路线,严格履行"心里装着人民、时刻想着人民、讲话贴近人民、奋斗为了人民"的诺言,处处体现着关心群众、尊重群众、依靠群众的执政理念。2004 年 8 月 23 日,在宁波温州绍兴舟山台州党建工作座谈会上,习近平同志指出,中国共产党没有私利,都是为了人民大众。共产党执政,就承担了为人民大众奋斗的重任,现阶段就要抓发展,解决这个主要矛盾。但是,还是要围绕人民群众的各种利益,开展各种工作。我们从执政党的作用、执政能力的高度去认识、看待这些问题,就能把出发点、落脚点找得更明白。就出发点来说,我们是人民的党、无产阶级的党,就是要为人民着想;落脚点就是服务人民,什么问题突出就抓什么问题,当前哪个最重要就抓哪一个。只有这样,我们才能永远代表人民,人民才能永远拥护我们。实践证明,只有坚持以人民为中心,紧紧依靠人民群众,才能发动人民群众,才能把党的正确主张内化为人民群众的自觉行动,才能为党长期执政奠定最坚实的基础。

(三)扩大党的工作覆盖面

扩大党的组织覆盖和工作覆盖是基层党建的首要任务。2004 年 6 月 30 日,习近平同志在纪念建党 83 周年暨表彰农村党建"三级联创"先进单位和先进个人电视电话会议上强调,要"扩大党的覆盖面,努力做到有群众的地方就有党的工作,有党员的地方就有党的组织,有党组织的地方就有正常的组织生活和坚强的战斗力,使党的领导、党的工作、党组织的作用有效地覆盖到社会的各个领域,把广大人民群众紧紧地团结在党组织的周围"①。浙江省民营经济发达,新经济和

---

① 习近平:《干在实处　走在前列——推进浙江新发展的思考与实践》,中共中央党校出版社 2006 年版,第 428 页。

新社会组织众多，而这些恰恰是基层党建工作的新领域。同时，由于新经济和新社会组织产权私有等特殊因素，在新经济和新社会组织建立党的基层组织、开展党建工作，其难度比在农村和机关事业单位等传统领域要大得多。面对这种情况，习近平同志一再强调要做好新经济和新社会组织这些新领域的党建工作，并提出了许多可行策略和有效举措。2004 年 8 月 23 日，在宁波温州绍兴舟山台州党建工作座谈会上，习近平同志强调指出，只要是有利于社会主义建设的新领域，都要建立党的组织。不能认为单位小就觉得没有必要，更不能因为目前条件不具备而主动放弃。在非公有制企业，要进一步做好在符合条件的企业中建立党组织的工作，重点把那些企业规模较大、影响也较大的非公有制企业的党组织建立起来。目前尚不具备建立党组织条件的非公有制企业，要通过在优秀员工中发展党员、加强对业主党员的教育管理、做好工会工作以及向非公有制企业选派党建工作指导员等办法，推动这部分非公有制企业的党建工作。在社会和民间组织、流动人口中，要不断总结、推广、创新已有的支部建在楼道上、支部建在项目上、支部建在专业协会等好做法。[①] 习近平同志重视新经济组织和新社会组织的党建工作，既有巩固党的执政基础又有促进企业更好更快发展的战略考虑。换言之，他看到了基层党的组织和工作对企业的引领和促进作用，将企业党建视为企业健康发展的内在需求。

（四）党的先进性和纯洁性

如何永葆党的先进性和纯洁性，如何永远得到人民拥护和支持，如何实现长期执政，是必须回答好、解决好的根本性问题。保持党的先进性和纯洁性，必须坚持党员标准。如果不严格要求，会引起和带来一系列严重后果，最终影响基层党组织战斗堡垒作用的发挥。这就要求必须坚持把政治标准摆在首位，严把党员"入口关"。发展党员必

---

① 习近平：《干在实处 走在前列——推进浙江新发展的思考与实践》，中共中央党校出版社 2006 年版，第 429 页。

须坚持党章规定的党员标准，突出政治上的先进性，始终把政治标准放在首位。习近平同志高度重视党员的先进性和纯洁性建设，强调无论是农村党员的发展，还是新的代表人士入党，都要坚持政治标准。

对于新的领域，新的代表人士的入党问题，在扩大党组织覆盖面的同时不能降低标准，还是要坚持慎重的原则。对于党员发展的问题，必须加强思想政治建设，解决好世界观、人生观、价值观这个"总开关"问题。各级党组织要严格党员发展标准，把坚定理想信念的标准放在首位并使之贯穿于党员发展的全过程，从而实现从"数量建党"向"质量建党"的转变。

二、干部是决定性因素

（一）把干部队伍建设好

政治路线确定以后，干部就是决定因素。2006 年 6 月 22 日，习近平同志在诸暨市考察调研时强调，要切实加强领导班子建设，着力提高各级领导干部把握大局的能力、判断形势的能力、依法办事的能力和应对复杂局面的能力，还有做好群众工作的能力。广大党员干部是党的事业的骨干力量，是党履行执政使命的主体。各级干部队伍的能力如何，直接决定着我们党的执政能力。加强党的执政能力建设，根本在于加强各级干部队伍的能力建设。在浙江工作期间，习近平同志高度重视干部队伍的能力建设，就培养党和人民需要的好干部作出了一系列重要论述，主要有以下三个方面。

首先，强调干部能力建设的重要意义。2006 年 10 月 18 日，习近平同志在绍兴调研时指出，很多同志的责任心都很强，也都想把工作做好，但是最后就是拿不出有效解决问题的办法。这里有一个称职不称职的问题，还有一个怎么不断地掌握新本领，提高驾驭全局、解决复杂问题能力的问题。干部能力不足将制约事业的发展，这是一个必须高度重视的问题。基层干部的能力素质，不仅关系到经济社会各项事业的发展,而且直接影响到党的执政能力。基层干部作为党和政府联系广大人民群众的桥梁和纽带,是党的各项政策的直接参与者、实践者、推动者,其素质的高低直接影响到各项政策的落实。

其次,强调要努力提升党员干部的能力。各级党委和党员领导干部一定要适应新形势、新任务的要求,坚持与时俱进,转变发展观念。2005 年 11 月 18 日,习近平同志在绍兴市上虞市道墟镇镇村干部座谈会上指出,现在是"老兵新传",不适应就要落伍。与时俱进是一种时代特征、时代精神。要坚持用科学发展观武装头脑,指导实践,推动工作,努力做到科学执政、民主执政、依法执政。做到科学执政,最重要的是要不断增强贯彻落实科学发展观的能力,把握经济社会发展的客观规律,正确处理好事关经济社会发展全局的重大关系,推动经济社会全面协调可持续发展。同时,要不断提高驾驭全局的能力,提高处理利益关系的能力,提高务实创新的能力,使执政能力、领导水平跃上新高度。

最后,强调要加强对基层干部的培养和锻炼。习近平同志强调要通过理论培训、岗位轮训、学历教育、技能培训、压岗锻炼等多种有效途径,不断提高基层干部的领导能力和工作水平。比较而言,村级干部队伍的文化理论水平整体较低,培训机会比较缺乏,加大对这支基层干部队伍的培养和锻炼显得尤为迫切。在这一情况下,浙江省从2005 年开始启动大规模的农村党员干部现代远程教育工作,建立了覆盖全省各地农村的远程教育网络,为广大基层干部提供了良好的培训环境、丰富的教学资源和便捷的培训服务,绍兴市的农村党员干部现代远程教育工作开展得有声有色,农村远程教育网络也因此被农村干部和群众誉为"办到村里的党校、没有围墙的技校、发家致富的桥梁,提高素质的平台"。

（二）基层干部要学会做群众工作

基层干部直接面对群众,能不能、会不会做群众工作,直接决定着其工作成效和党的各项方针政策能否在基层贯彻和落实,关系到城乡基层的发展和稳定。习近平同志在浙江工作期间,反复强调基层干部要学会做群众工作。在他看来,做好群众工作是基层党员干部的一项基本功,是一门很深的学问;基层出现的问题,很多是因为没有重视群众工作,没有做好群众工作,不会做群众工作,甚至不去做群众工作。2004 年 8 月 23 日,习近平同志在宁波温州绍兴舟山台州党建工作座谈会上指出,关于增强做群众工作的本领这个问题,要进一步探讨,加强研究。基层这一级要善于做群众工作,获得这方面的经验,提高这方面的本领。在基层党建过程中处理好与人民群众的关系,扎实做好群众工作,"头脑要清醒,要看到有可能干部是错的,群众是对的,这时干部要主动地改正,求得群众的谅解;还有可能干部是对的,群众是错的,这时干部也要主动,千万不能站到群众的对立面,要采取适当的方式方法,做好说服教育工作"①。

（三）关爱基层干部

基层干部奋斗在改革、发展、稳定的第一线,承担着艰巨繁重的任务,面临着权责不一、压力较大和条件艰苦的矛盾和困难。2004 年 8 月 24 日,习近平同志在听取绍兴市经济社会发展工作情况汇报后指出,激烈的区域竞争,加上宏观调控和要素紧张,对各级干部特别是身处绍兴这样发达地区的干部来讲,压力很大。对此,一方面基层干部要承受住压力,不能有"骄娇"二气;另一方面要真正关心重视、真正帮助支持基层干部,对基层干部工作中、生活上出现的困难,要设身处地地加以理解,满腔热情地给予支持,扎实有效地进行帮助。习近平同志指出:"关心基层干部,最关键的不是给基层多少钱、多少人,最关键的是支持基层干部化解矛盾、解决问题,帮助基层干部分担责任、共渡

---

① 习近平:《干在实处　走在前列——推进浙江新发展的思考与实践》,中共中央党校出版社 2006 年版,第 438 页。

难关。"①在他的重视和推动下,浙江省广泛开展了"落实'三真'、关爱基层"活动,其中就包括改善基层组织办公条件、提高基层干部报酬等许多实实在在的举措。

三、作风就是形象

(一)干部作风关系到党和政府形象

习近平同志历来重视党的作风建设,对基层干部也不例外。他深知基层干部作风关系到党和政府形象,"作风就是形象,基层干部的形象是我们党的形象的一个窗口"②。2004 年 8 月 23 日,习近平同志在宁波温州绍兴舟山台州党建工作座谈会上指出,干群关系问题,有很多是索取与给予、要得多与给得少这些矛盾所引起的。除了增强做群众工作的本领以外,这个问题也要高度重视。老百姓都要享受到改革成果,他们是从基层干部身上看我们共产党形象的。如果基层干部都很恶劣,耍小特权,好的都让他们拿去了,都靠当干部而致富,那就不应该了。致富途径应该是平等的,不能靠权力致富,更不能把集体财产私分、挪用。所以我们要把吏治搞好,如果不搞好,确实是会激化矛盾的。

(二)基层干部如何保持良好作风形象

2004 年 12 月 26 日,习近平同志在瑞安市基层干部座谈会上强调:"广大基层干部一定要严格要求自己,加强学习,增强本领,好自为之、自珍自重。"③党员和干部要加强自身修养,就应将自觉遵守国家法律和党纪党规作为最起码的要求,做到违法的事不干、违纪的事不做、有损党员形象的话不说,带头执行村规民约,切实为群众树立榜样。

---

① 习近平:《之江新语》,浙江人民出版社 2007 年版,第 112 页。
② 习近平:《干在实处 走在前列——推进浙江新发展的思考与实践》,中共中央党校出版社 2006 年版,第 436 页。
③ 习近平:《干在实处 走在前列——推进浙江新发展的思考与实践》,中共中央党校出版社 2006 年版,第 436 页。

同时,他还十分重视发挥优秀基层干部的榜样示范作用,号召广大基层干部见贤思齐。在浙江工作期间,连续开展不同主题的"作风建设年"活动,大张旗鼓地抓机关效能建设,提出干部要算好"三笔账",即经济账、法纪账和良心账,对基层干部保持良好作风有着深刻的影响和巨大的作用。

四、发挥示范引领作用

(一)丰富和完善"民情日记"

"民情日记"的发源地是嵊州市。1998 年 3 月,针对嵊州市雅璜乡(现属于石璜镇)部分干部存在人浮于事、作风不实、形象欠佳、缺乏做群众工作的基本功等突出问题,乡领导班子下决心要转变作风、重塑形象,提出在全乡干部中开展密切党群干群关系的"民情日记"活动,确定了"串百家门,知百家情,解百家难,连百家心"的"四百"主题。由于"民情日记"活动的首创地是雅璜乡,所以也被称为"雅璜经验"。后来又增加"办百家事,致百家富"两个主题,进一步丰富了"民情日记"的深刻内涵,被称为"六百"精神。1998 年 6 月,雅璜乡开展的"民情日记"活动得到了嵊州市委的重视和赞扬。嵊州市委组织部制定了《关于乡镇领导班子和干部队伍建设若干意见》,提出在嵊州市各乡镇中建立健全"民情日记"制度的构想,并将"民情日记"活动作为一项全市性工作进行考虑并推进。

2004 年 12 月 14 日,习近平同志在嵊州调研"双建设、双整治"工作时充分肯定了雅璜乡"民情日记"在提高执政能力、处理干群关系上的作用。他指出,嵊州是一个出经验的地方,"民情日记"这个好经验就出在嵊州。"民情日记"访民舍、记民情、想民心、议民事、解民难、帮民富,确实是密切党群关系的一种可信可学可行的好形式,具有很强的针对性和实效性。要认真把握"民情日记"的精神实质,坚持执政为民的理念,切实做到权为民所用、情为民所系、利为民所谋,进一步密切干群关系，进一步丰富、完善"民情日记"这一典型经验的内涵。要把"民情日记"活动与加强党的执政能力建设切实结合起来，与农村工作驻村指导员制度有机地结合起来，与保持共产党员先进性教育活动紧密结合起来，让"民情日记"更有生命力，取得更好的实效。

（二）驻村指导员制度值得肯定

2003年12月，绍兴市绍兴县（今柯桥区）开始驻村指导员试点工作。绍兴县从兰亭镇机关选派优秀干部到村担任农村工作驻村指导员，帮助村"两委"摸清村情民情、理清发展思路、兴办为民实事、调解农村纠纷、推进基层管理。2004年初，绍兴市委总结推行绍兴县建立农村工作指导员的做法，向全市农村派驻工作指导员2984名。农村工作指导员工作在村，专职驻村，既前移了乡镇党委在农村工作的关口，又强化了镇、村两级组织的联创活动。

（三）党建引领社区"契约化"共建的有益探索

2008年，绍兴市越城区按照"构建区域党建格局，提升社区服务水平"的要求，在结对共建基础上，提出了党建引领社区"契约化"共建的整体概念。由社区党组织牵头，在双方自愿基础上，与驻社区单位党组织签订契约，逐步构建起党建资源共建共享、驻社区单位合作共赢的区域化党建新格局。这一创新做法最早在越城区府山街道越都社区试水。党建引领社区"契约化"共建模式一改以往的单向帮扶模式，实现了社区与共建单位的双向互动、互惠互利。

第二节　基层党建重在落实

绍兴深入贯彻落实习近平同志关于绍兴党建工作的重要指示批示精神，积极适应形势变化和时代要求，按照"执政重在基层、工作倾斜基层、关爱传给基层"的要求，积极推动基层党建实践创新，不断拓展基层党建工作新思路,创新党建工作新方法,构建党建工作新载体,采取党建工作新举措,取得了显著的成效,并形成了一系列具有绍兴标识度的典型经验,为绍兴经济社会发展提供了强有力的组织和政治保证,为浙江省在高质量发展中奋力推进中国特色社会主义共同富裕先行和省域现代化先行贡献绍兴党建力量。

一、制度治村"四大模式"

(一)"乡村典章"

2004 年,新昌县沙溪镇董村根据《中国共产党章程》《中华人民共和国村民委员会组织法》等法律法规规定,结合董村实际制定了《董村典章》。《董村典章》共八章二十四条,内容涵盖了村务决策、村务管理、村务监督、村规民约等各个方面。

"乡村典章"实施具有重要的价值,突破了"能人治村"模式的瓶颈。在"乡村典章"的框架内,每个人、每个组织权利和权力的行使都有明确的边界和规范,村民参与村庄管理建设的热情也得到充分调动,任何有不良动机的人在这种制度下都很难达到目的。"乡村典章"的规制范围重点锁定在农村选举之后的村务决策、村务管理和村务监督三个环节,抓住了基层民主的实质内容和关键所在,保障了农民的民主权利真正落到实处。"乡村典章"创造了公平感,调动了农民政治参与的热情,重塑了基层组织的威信。"乡村典章"通过民主实践,增强了群众自我教育、自我管理、自我服务的能力,有利于新型农民的培养。

(二)"夏履程序"

2004 年,绍兴市绍兴县(今柯桥区)夏履镇率先在莲东村试点以保障村民"四权"为核心的村级民主管理程序化模式——"夏履程序"。"夏履程序"以保障村民"知情权、参与权、决策权、监督权"为核心,按照一系列村级民主管理制度,设定村民自治路径。"夏履程序"由三部分构成：村级民主管理组织、村级民主管理规范和村民行为规范。在村级民主管理组织部分，它对党支部（总支）、党员大会、村民委员会、村民代表会议和村民大会的职责和权力作了明确的界定。

"夏履程序"的价值主要表现在以下四个方面：一是实现了村级管理的民主化。"夏履程序"是根据夏履农村实际在实践中创设的一个制度安排，集中体现了村民自治精神，使村里的一切事务都按民主管理制度办理。让村民知情、参与、决策、监督，改变了过去村级事务完全由村干部说了算的状况，激发了村民参与村级事务的热情。二是提高了村民参政议政的积极性。"夏履程序"的实施满足了村民的民主需求和参政议政的意愿，调动了村民参与村务管理的积极性，有力地推动了农村经济社会的协调发展。三是得到了村民的认同。"夏履程序"贯穿了科学执政、民主执政的理念，为村级事务的公开、公正、公平提供了有效保证，有利于从源头上避免出现各种问题。四是形成了有效的监督机制。实施"夏履程序"，使村民全方位参与村级事务，确保了"阳光工程"的全面推行，形成了结构合理、科学有效的村级组织间的权力制约机制，增强了村干部为村民办事和廉洁高效的自觉性，为从源头上遏止腐败提供了有效方式和途径。

（三）"八郑规程"

2006年2月，嵊州市三界镇八郑村针对村级事务操作不透明、制度不健全、监督不到位和村级财务管理混乱等突出问题，提出了八郑村民主选举、民主决策、民主管理、民主监督等四个方面的八项重点制度和《八郑村村务公开》《村干部谈听评》等八个重点工作操作流程，构建了以"八项制度""八大流程"为主要内容，以自我管理和自我服务为形式，以主体认同、过程认同和结果认同为基础的新型乡村社会治理模式，即"八郑规程"。

"八郑规程"的价值主要体现在以下四个方面：一是理顺了村级组织关系。"八郑规程"的实施，使得干部权力更加透明化、公开化，村民看到了村干部为民办事的真实举措。同时,理顺了党支部、村委会、经济合作社、群团组织之间的关系,加强了村级组织间的相互协作,增强了村级组织功能,提高了工作效率。二是规范了干部权力,扩大了基层民主。八郑村从强化"四大民主"入手,通过制度、流程的建立,形成了一个依法建制、以制治村的民主自治机制。一方面,保障村干部权力合法行使,村重大财务支出必须经集体讨论通过,不仅体现了村务管理的公开性和民主性,而且也给村干部行使权力增加了一道监督"防线",进一步保证了村干部权力的规范行使。另一方面,"八郑规程"的内容充分体现了人民当家作主,进一步建立和健全了民主决策机制。三是维护了农村社会的稳定。通过"八项制度"的建立,村干部普遍增强了群众意识,自觉把规程作为办事的准绳,把村民满意作为议事处事的出发点和归宿。四是改变了农村治理理念。规程的制定一方面规范了农村各项事务管理,在尊重农民群众知情权的基础上,真正体现了民主、公开;另一方面通过规范各项制度,也倒逼着农村治理理念和方式的转变。

(四)"四不出村"工作法

2010年,绍兴市上虞市(今上虞区)新戴家村村"两委"按照"便民、利民、富民、安民、乐民"的服务宗旨,确定了以"为民服务不出村,纠纷调解不出村,信息咨询不出村,致富求助不出村"为主要内容的"四不出村"工作法。在全面摸排梳理的基础上,根据群众生产生活中的热点、难点问题,确定了四大服务领域:一是开展公益事业服务,确保群众办事不出村。主要包括建房上报审批,计划生育上报审批,身份证领取,企业证照代办及文书、契约代写服务,有线电视、电话安装申请及维修服务,自来水管道等村级基础设施的建造、维修,环境卫生的保洁服务等。二是开展民事调解服务,确保矛盾调处不出村。主要包括家庭成员之间的抚(赡)养、继承纠纷,邻里之间的债务、宅基地、口舌是非等纠纷,劳资、工伤和交通事故等方面的纠纷,由村里负责协商解决。三是开展咨询服务，确保信息咨询不出村。主要包括土地政策、法律、农村医疗、社保、农技知识、市场信息、劳动力需求信息等方面的咨询。对一些村里难以答复的咨询，便民服务室要及时与上级有关部门联系，帮助做好答复工作，力求让群众满意。四是开展致富服务，确保致富求助不出村。主要针对农民"有田无人种，有人无田种"的情况，帮助做好土地流转工作；针对缺技术、缺销路、缺资金的实际情况，提供优良品种引进、农产品推介促销、生产资金贷款服务，并定期邀请农业技术人员对农户进行培训；对找不到工作的人员，村里帮助介绍工作，为农民致富创造条件。为确保"四不出村"便民服务措施落到实处，村党总支、村委会建立健全了四项服务制度：便民轮流值班制、全程代办制、承诺服务制、督查考核制。

"四不出村"便民服务体系的建立，为进一步转变村干部工作作风、密切干群关系提供了一个切实有效的工作平台。代办服务、方便于民已成为新戴家村党员、干部的重要职责，使村级组织在群众中的影响力、凝聚力得到了有效提升。同时，新戴家村的"四不出村"工作法也成了新农村建设和乡村振兴的助推器。

"乡村典章""夏履程序""八郑规程""四不出村"工作法，是绍兴践行习近平同志关于绍兴党建工作"要创新和完善基层民主政治制度建设"重要指示精神的生动实践。四种模式虽各有偏重，但都体现了制度治村。其中，"乡村典章"实现了法治和德治的融合，"夏履程序"注重民主监督，"八郑规程"更加突出监督，而"四不出村"工作法则突出强调为民服务。

二、党建引领乡村振兴"五星 3A"工作与"三驻三服务"活动

（一）党建引领乡村振兴"五星 3A"工作

为了贯彻落实习近平同志关于绍兴党建工作的重要指示批示精

神,2017 年绍兴在农村全面开展"五星 3A"(党建星、富裕星、美丽星、和谐星、文明星及国家 3A 级景区村)工作。这项工作把党的领导贯穿于农村发展的各方面、全过程,把群众对美好生活的向往全面融入成效标准,以变化见成效,不断增强群众获得感、幸福感、安全感、品质感,全域提升基层党建质量,引领农村各项事业全面发展,打造乡村振兴绍兴样本。2017 年,在北京举办的第十二届中国全面小康论坛上,这项工作机制荣获 2017 年度中国十大社会治理创新奖。

"五星 3A"工作具有丰富的内涵:一是把"五星 3A"作为"两个高水平"建设的创新实践,以全方位的目标规划彰显基层党建引领作用,统筹农村生产生活生态。二是把"五星 3A"作为全面提升组织力的有益探索,以标准化体系持续深化创建工作,推动农村各项工作全面进步、全面过硬。从"基层党建全域提升""农村工作全面提升"两个层面构建成效标准,集成党建、经济、环境、社会等各类指标。三是把"五星 3A"作为治理重心下移的重要抓手,以"一盘棋"方法整合各种资源力量,形成倒逼牵引农村发展的聚合效应。把能整合的各项资源都统筹起来,坚持"应整尽整"。四是把"五星 3A"作为践行"以人民为中心的发展思想"的有效载体,以全覆盖服务体系解决群众实际问题,以变化见成效。五是把"五星 3A"作为"全面从严治党"的"一号工程",以常态化督查层层压实"书记抓、抓书记"的基层党建主体责任。六是把"五星 3A"作为各级书记"一号工程"、首责主业,推动各级书记落实好管党治党政治责任,全面实行县乡村书记责任清单制。

随着"五星 3A"工作的不断推进,以党风政风引领乡风民风,以党建力量推动农村发展,不断提升党的建设质量,农村各项事业开始呈现全面发展之势,既检验了基层党建工作成效,也让群众真切感受到了基层党建带来的新风正气,共享到了农村全面发展带来的丰硕成果,初步形成了农村经济社会的良性发展、良性循环。基层党组织和党员作用有效发挥,党组织的组织力和凝聚力明显提高。基层党组织和党员在"五星 3A"中唱主角,充分发挥战斗堡垒作用,以"两学一做"

学习教育常态化制度化为契机，积极开展支部主题党日活动，深化"亮旗"行动，推行党员责任岗、示范区，深入开展党员志愿服务。如今，在基层一线各自领域、各条战线，到处活跃着党员干部热火朝天投身创建工作的身影，农村基层党组织真正成为贯彻党的决定、团结动员群众、推动改革发展的坚强战斗堡垒。农村基层环境面貌发生了较大改变，老百姓的幸福感和获得感明显增强。随着整治环境卫生、拆除危旧房、整修道路为主的环境综合治理行动的全面铺开，原来乱堆乱放、乱搭乱建、杂草丛生的小树林、荒地，如今成了红色记忆公园、乡贤主题公园，农村环境面貌正在发生翻天覆地的变化。农村各项事业呈现全面发展的势头，基层党建的引领力和带动力明显提高。党建引领下的新农村示范带不断呈现。

同时，党建引领基层治理"五星"系列还延伸到城市基层治理、"两新"组织发展等领域。一是以"五星达标、和美家园"共建引领城市基层治理。坚持以基层党建引领城市基层治理全面提升，构建城市基层党建"1＋3＋X"制度体系，全面部署开展"党建＋民主、文明、和谐、美丽""五星争创"工作，建设和美家园。二是以"五星示范、双强争先"引领"两新"组织发展。在"两新"组织开展"党建＋实力、人才、文化、和谐""五星"示范争创，建设"双强"示范带，推动"两新"组织全面发展。三是全面推动其他领域"五星"系列创建。以"五星"系列创建为牵引，全面开展市直机关"五星双优"、教育系统"五星三名"、国有企业"五星双强"、卫健系统"五星三名"等创建工作，有效推动全市党建全面加强。

(二)党建引领"三驻三服务"活动

2020 年，绍兴抓住疫情防控常态化契机，总结凝练疫情防控和复工复产过程中形成的经验做法，全面深化习近平总书记指示批示过的驻村指导员、"民情日记"、党建引领社区"契约化"共建等制度，与浙江省"三服务"活动深度融合，创造性地推出干部驻村驻社驻企全覆盖的

"三驻三服务"活动,为充分展示党建引领基层治理的制度优越性贡献了绍兴样本。

"三驻三服务"活动从坚持群众路线、干部角色定位、数字赋能、制度机制建设等方面入手,扛起"重要窗口"担当,探索走好新时代的群众路线。2020年3月29日至4月1日,在考察浙江期间,习近平总书记赋予了浙江全面展示中国特色社会主义制度优越性"重要窗口"的新定位新使命。各级党政机关理应自觉强化窗口意识,扛起窗口担当,全面展示新时代群众路线的制度优越性。绍兴市在"最多跑一次""基层治理四平台"等技术性治理变革的基础上,推动疫情防控和复工复产经验常态化,把驻村指导员制度拓展到驻社、驻企领域,从市域、县域、镇域三级机关干部中统筹选派有培养潜力的年轻干部和经验丰富的老同志下沉乡镇基层。"三驻"干部时刻扎根在群众身边,让群众时刻看得见干部、遇事随时找得到干部。早在2003年,绍兴兰亭就带头贯彻落实时任省委书记习近平同志的指示精神,根据转型期农村经济社会发展需要,率先试点从机关干部中选派驻村指导员制度。2004年,习近平同志批示肯定了兰亭做法。驻村指导员成为基层党委政府联系服务群众的桥梁纽带,驻村指导员制度也从"一镇之计"上升为"一省之策"。实践证明,把机关干部驻村制度延伸拓展到驻社、驻企领域,为重塑新时代党群干群鱼水关系提供了基于绍兴实践的"一站式"解决方案,推动了干部角色回归,激发了为民服务的本源初心和内生动力。

"三驻三服务"强调把矛盾问题解决在萌芽状态、化解在基层的实践创新。伴随基层党委政府服务意识的增强,逐渐形成了村事乡管的基层治理格局,基层党委政府对原本属于村社自治范围内的事务大包大揽,基层干部压力很大。"首问责任制"等制度创新在强化部门和干部责任意识的同时,也让一些干部产生了畏难情绪和心理恐惧。对此,绍兴坚持过程导向与结果导向相结合,推动基层党委政府职能和干部角色回归,把原本就不属于基层党委政府职能和干部权责范围的事务剥离出去，让村社和企业负担起该负担的任务，从根本上激发了"三驻"干部为民服务的本源初心和内在驱动力。"三驻"干部积极充当党建指导员、政策宣讲员、民情调研员、问题协调员、项目培育员等"五大员"角色，走访服务、宣讲政策、搜集情况、解决问题，变"被动坐等群众上门"为"主动上门服务"。数字赋能基层治理，让干部服务群众的过程更智慧更聪明。动态及时地收集信息、发现问题，科学精准地分析研判社（企）情民意，不仅是增进群众感情、为民办实事解难事的基本要求，而且是提升基层治理科学性、有效性的前置条件。建立健全制度机制，推动制度优越性向治理优势转变。绍兴市抓紧抓牢民（企）情收集、民（企）情交办、民（企）情反馈三个环节，经过市域、县域、镇域三级相关部门多轮磋商和修改完善，构建起事件闭环运行流转处置机制，成功实现小事由村企一线解决、大事由镇街（部门）协商解决、难事由领导认领解决，确保件件有着落，事事有回应。

　　"三驻三服务"活动取得了明显成效。机关干部派驻村（社区）实现派驻全覆盖。市级机关干部重点选派到市定经济薄弱村、越城区"契约化"共建重点社区和重点规上企业，县（市、区）机关干部重点选派到经济薄弱村、软弱落后村、重点社区和规上企业，乡镇（街道）干部负责兜底选派，每个村（社区）、规上企业都有指导员（服务员）。绍兴全市 2191 个村（社区）已实现派驻全覆盖。党员结对服务活动有声有色。2019 年以来共推动全市 1243 家驻区单位与社区缔结"双向认领、双向服务"契约，实施契约共建项目 518 个，统筹解决小区停车、环境卫生、课后托管、健身娱乐等普遍问题。全面落实机关在职党员"两地报到、双岗服务"，组建各类党员义工队伍，常态化开展"组团式服务""微心愿认领"等活动。全市共有 4 万余名机关党员到社区报到，认领解决契约项目近 3 万个。听民意、知民情、解民难成效显著。截至 2020 年 12 月，绍兴市 7115 名"三驻干部"记录"民（企）情日记"14.56 万篇，报送问题需求 47736 个，其中现场解决 41000 个，提交镇级层面协商解决 5721 个，提交县级以上层面研究解决 1015 个，回应率、解决率分别达到 100％、99.45％。

三、农村党员进出口机制与干部社会化考评

（一）农村党员进出口机制

为贯彻落实习近平同志关于绍兴党建工作要加强党员先进性、纯洁性建设的重要指示精神，2011 年绍兴开始探索农村党员进出口机制。这项工件机制主要包括亮分制管理、界定不合格党员标准、落实不合格党员教育帮扶措施等内容。

1. 探索亮分制管理

这主要是指在农村党员中全面实施以"分层量化、考评结合、全程亮分"为主要内容的亮分制管理办法。根据农村党员年龄、职务、身体状况和工作特点，以村党组织为单位，将其划分为主职干部党员、"两委"干部党员、在家无职党员、流动党员、年老体弱党员等五种类型，进行分类管理。同时，把农村党员在理想信念、履职承诺、参与党内事务和联系服务群众等方面的目标要求，细化为基本要求、先锋模范、消极失责等三大类考核指标，进行量化考核。通过分类管理、量化考核，把对党员抽象的党性要求变成清晰的目标要求，使广大农村党员行有目标、管有标尺。全程亮分，严格考评程序。坚持个人自评与组织审核相结合。强化党员自我管理，引导党员按照亮分标准，随时做好自我亮分，合理记录个人表现。

2. 界定不合格党员标准

针对不合格党员标准过于宽泛、难以界定的问题，各试点单位按照党章及有关党内法规要求，结合各自实际，经过广泛征求意见，将连续两年评定为警示型党员和无正当理由连续 6 个月不参加党的组织生活，不交纳党费，不落实党组织分配的任务，故意拖延、阻挠集体公益事业和项目建设，煽动或带头参加越级上访、非正常上访，经多次教

育仍不改正的党员，确认为不合格党员。根据有关规定，按照"调查核实情况、提出处理建议、听取本人申辩、支部大会表决、上级党委审批、宣布处理结果"等步骤，对其进行劝退、除名处置。

3. 落实不合格党员教育帮扶措施

坚持"惩前毖后、治病救人"的方针，对每名不合格党员都落实切实有效的教育帮扶措施，如建立乡镇（街道）党员教育中心，负责做好不合格党员的审核认定、教育诫勉、整改帮扶、提出处置意见和受理党员申诉复查等工作，使不合格党员教育转化工作有主体、有平台。如嵊州市对不合格党员实行申诉复查、谈心谈话、集中学习、书面诫勉、联系帮扶"五段法"整转，增强了党员教育帮扶工作的实际效果。完善不合格党员处置办法。绍兴市在探索打通农村党员"出口"通道的试点时，建立健全包括评议评定、审核审批、教育诫勉、整改帮扶、申诉复查等在内的五项机制，使过失党员有改过自新的机会，对那些问题严重、屡教不改的落后分子坚决清除出党员队伍，确保党员队伍的纯洁性和先进性。试行处置不合格党员票决制。通过"亮分制"和不合格党员标准的界定等一系列举措，能够较为客观、准确地确定不合格党员对象。在处置不合格党员过程中全面推行"一人一票"的无记名投票表决，以"票决制"代替"举手制"，通过票决的"程序民主"来推动"结果民主"。

绍兴构建不合格党员退出机制的探索取得了一定成效，明显增强了各级党组织"党要管党"的意识，也增强了党员的组织观念和党性意识，提高了党员履行义务和行使权利的自觉性，激发了党员先锋模范作用的发挥，密切了党群关系，提升了农村基层党组织的凝聚力、战斗力。

（二）干部业绩社会化评价考核

为了深入贯彻习近平同志关于加强干部队伍建设的重要指示精神，促进干部履职担当、激情干事、务实为民，从 2013 年开始，绍兴探索对领导干部业绩实行社会化评价考核。

领导干部业绩社会化评价在市级部门和下属县(市、区)两个层面进行。在市本级,49个市级部门的市管领导干部列入评价对象;在6个下属县(市、区),4套班子成员和法院院长、检察院检察长列入评价对象。为增强可比性,还将评价对象进行了分类处理。将49个市级部门的领导干部分成综合经济、公共事务、执法监督和其他服务4个大类,正职和副职分别排名;县(市、区)以各自班子为单位进行排名。在评议主体选择上,在市级和县(市、区)两个层面建立了两个不同的评委库。市级部门层面,建立由市"两代表一委员"、社会组织负责人、企业负责人、县(市、区)和城区有关单位及乡镇(街道)基层干部、村(社区)负责人、普通群众、新闻媒体人士等组成的总数在10000人左右的大评委库。对部门正职,从市级万人大评委库中随机抽取1800人,实行现场集中填表和上门调查问卷相结合的方式,由公众代表进行直接评价,最后由组织方根据评价情况折算成具体评价分值。对部门副职,采取间接评议的方式,以正职的社会化评价得分为基础,再由该部门正职及干部群众分别对其进行评分,3项分数折算成副职最终得分。县(市、区)层面,各地建立由各方面代表人士组成的1000人左右的大评委库。对纳入评价范围的4套班子成员和法院院长、检察院检察长采取"各级干部评"和"公众代表评"相结合的方式进行评价,按6:4比例加权计分。评价内容主要是领导干部贯彻绍兴市委、市政府决策部署、履行岗位职责、为民务实清廉、推进事业发展、完成年度各项目标任务所取得的实绩实效。对部门正职领导干部,按照承诺公开、实绩公示、社会公议和结果公告4个主要环节进行评价;对部门副职领导干部,采取间接评价的方式,在正职领导干部社会化评价的基础上,增加部门正职评价和所在部门干部群众评价两个环节。县(市、区)领导干部的社会化评价与年度考核工作结合起来进行。

干部业绩社会化评价的实施取得了一定成效。首先,传递了工作压力。社会评价以社会公众的满意度作为衡量领导干部履职情况的标杆,通过社会公众的外部压力,激励和倒逼领导干部不断改善内部管理、提高工作效能、转变工作作风、提升服务水平。其次,激发了公众热情。推行的社会化评价,通过领导干部公开承诺、媒体持续跟踪报道、电视评议现场互动等方式,较好激发了社会公众参与政府管理的意识。最后,提升了对话意识。通过社会化评价,干部听到了社会公众对一些工作的看法,看到了自己工作中的盲点和不足,有利于领导干部根据社会公众的所思所想、所需所求来不断调整工作思路,完善工作举措。

四、中心镇权力规制与乡镇(街道)纪检监察规范化建设

(一)绍兴中心镇权力规制

为深入贯彻习近平同志关于绍兴党建工作要加强党风廉政建设的重要指示精神,2008年4月,绍兴顺应扩权强镇改革需要,着力推进乡镇政府管理创新,探索开展了中心镇权力规制,通过科学分权、合理确权、公开用权、有效制权,努力探索"扩权不越权、到位不缺位、干事不出事、协调不失调"的乡镇治理与社会管理创新模式。2012年1月,绍兴中心镇权力规制获得第六届地方政府创新奖。

绍兴中心镇权力规制体系涵盖了基本要求、基本内容、具体做法三个方面,三者相互衔接,融为一体,为规制中心镇的权力提供了保障。其中,制度体系的基本要求是指有规则、有程序、有监控、有测评、有追究和公开化这"五有一化"。其精神实质,就是让权力在阳光下运行,保证权力按照既定的程序和规则运行,保证权力运行过程的公开透明。绍兴市规定,对于新下放的中心镇权力,必须按照这六条基本要求来行使。制度规范的基本内容是指在明确了权力行使基本要求的基础上,涉及决策规制、行权规制、信息规制、特例规制、道德规制和绩效规制等六个方面。无论是权力的常规运转还是特例,无论是制度规范还是道德规范,无论是权力的运行过程还是权力运行的结果和绩

效，都被纳入权力规制的范畴，从而保证了权力运行的规范化、有序化。制度规范的具体做法是指"三定三防"。"三定"即定权力内容、定权力规程、定权力责任，"三防"即岗位防控、轨迹防控和内源防控。

绍兴中心镇权力规制具有重要价值。一方面，权力规制使各方受益。首先是群众受益。无论是本地居民还是外来人口都从权力规制当中感受到了好的改变。由于建立健全了涉及群众办事、监督等工作制度和流程，并向群众全面公开，群众对相关制度更加熟悉，办事也更有效率，同时也有利于群众的公共参与和批评监督。其次是企业受益。无论是本地企业和外来投资者，都感受到了服务型政府的逐步成熟。由于权力运行一清二楚，办事程序一目了然，企业办事基本可以不出镇，大大缩短了办理时间，助推了经济社会发展。最后是中心镇政府和基层干部受益。中心镇权力规制的制度体系，推动了政府职能的转变，推进了服务型政府、廉洁政府、法治政府、责任政府、高效政府的建设，有效改善了发展软环境，有利于地方税收增长和劳动力就业，更好地促进了地方经济发展。正是因为权力运行流程化、规范化，才可以从源头上防范腐败，保护了干部服务百姓的积极性，树立了党和政府的良好形象。

另一方面，权力规制进一步提升了决策监督的科学性。规范乡镇权力运行，要求重大事项的讨论决定，必须事前告知议题，正式议题一般要求在会议前3天递交给各位班子成员（紧急情况除外），并要求班子成员在会议讨论过程中充分发表自己的意见、建议。纪委书记全程参与监督，会议中负责完成"纪委书记参加重大事项决策会议记录"，便于以后同"党委会议记录"相核对，并将决策结果输入市纪委"乡镇党委重大事项议决事即时上报系统"，确保责任追究和落实有据可查，避免了以往"集体决策、集体负责最后谁也不负责"现象的发生，这在当前行政问责风暴的大趋势下，显得尤为必要。党委书记在重大事项讨论中，必须末位表态，防止领导意图左右集体意识的现象发生，确保参与讨论成员个体意见的真实性，决策结果更加科学合理，会议效率效果进一步提升。进一步提升了选人用人的公信度。对拟提拔任用干部，在党委讨论前填写"拟提拔任用干部征求意见表"，函告纪委征求意见。纪委根据了解掌握的拟提拔任用干部在党风廉政建设方面的表现情况，认真审核，并通过纪委集体讨论后，形成书面意见，将意见表反馈给党委，最大限度地防止干部"带病上岗"情况的发生。进一步提升了财务管理的规范化。在工程招投标方面，对进入招投标的工程建设项目，明确报名、受理、押金交纳等，由一人负责；押金交纳落实"一户一行"原则。除参与投标不足三家外，所有班子成员不得过问招投标情况，既防止了信息泄露，又强化了责任落实。在财务开支上，严格执行四人签字原则，即每张发票必须由经办人、分管领导、财办主任、镇长签字；大额资金镇长、书记会签。

（二）乡镇（街道）纪检监察工作规范化建设

2019年以来，绍兴深入贯彻落实习近平总书记关于坚持和发展"枫桥经验"的系列重要指示精神，创造性地发展运用新时代"枫桥经验"，以"定规范、建硬件、强软件、重实效"为主线，在全国率先推进乡镇（街道）纪检监察工作规范化建设，推动基层监督治理现代化。相关做法多次获中央、省委领导批示肯定并在全省、全国推广。2020年11月，这项工作写入浙江省委十四届八次全会报告。

坚持把自上而下的专责监督与自下而上的群众监督结合起来，聚焦四级联动，推动基层监督从有形覆盖向有效覆盖迈进，以标准化、协同化、信息化、网格化"四化并举"，实现信访联办、案件联查、问题联解、监督联动"四效共振"，全面提高基层监督治理效能。一是市级层面定标准。在制度规范上，为乡镇（街道）纪（工）委、监察办量身制定5部"操作指引"；在场所硬件上，指导乡镇（街道）纪（工）委、监察办打造"五个有"（即统一挂牌有标识、独立办公有场所、谈话安全有保障、群众来访有窗口、廉政宣传有阵地）；在人员配置上，采取专兼结合，做到每个乡镇配备不少于6人的纪检监察干部队伍，其中专职不少于3

人,每个村居均建立村级监察工作联络站,并至少配有 1 名监察信息员。二是县级层面重协同。县级纪委监委牵头成立片区协调小组,定期会商研判,协同开展办信办案、交叉检查、联动监督。截至 2020 年底,绍兴 33 个片区协调小组共开展会商协作 1644 次,化解疑难信访453 件,联办案件 575 件,联动监督 721 次。三是乡镇层面抓平台。有机整合基层纪检监察资源,全面建成基层公权力监督信息平台,实现基层监察对象信息"一键查询",监督执纪问题信息"一网办理",监督数据分析、农村政治生态评估"一图成像"。绍兴乡镇(街道)纪(工)委、监察办通过日常监督发现问题 6214 个,同比增长 58.48%。四是村级层面建网格。全覆盖建成村级监察工作联络站,组建群众身边的监察信息员队伍,实行网格化管理,延伸监督触角,及时发现群众身边的不正之风和腐败问题,推动监察监督关口前移,全面消除基层监督空白,营造风清气正的政治生态。

乡镇(街道)纪检监察工作规范化建设取得较好成效。一是政治监督更加精准有效。通过四级联动,把政治监督覆盖到基层第一线。如在疫情防控监督的考场上,通过"片区协作"提高协同监督效能,用"监督信息平台"保证信息顺畅上传下达,形成了立体式疫情防控监督格局,累计督促整改疫情防控相关问题近 6000 个;在扶贫开发专项监督中,依托片区协作开展"三级联查",共走访低收入农户 4.84 万户,督促解决问题 201 个,使监督保障执行直达田间地头。二是基层监督难题有效破解。运用片区协作,有机整合基层纪检监察资源,乡镇纪委、监察办的作用得到更加充分的发挥,使基层监督由原来伸出去的"一根手指",变成了有力握紧的"一只拳头",主体责任层层递减、基层监督职责不清、基层监督质效不高等问题得到了有力解决。三是办信办案质效大大提升。通过规范化建设,一批疑难信访和复杂案件得到及时有效处置。2019 年至 2020 年底,绍兴市乡镇(街道)纪(工)委、监察办处置问题线索数量达 6187 件,同比增长 56.83%,受理信访举报2533 件,同比下降 21.09%;查处群众身边腐败和作风问题 540 起,其中党纪政务处分 2078 人，运用片区协作机制留置 31 人。四是风清气正氛围日益浓厚。通过强有力的监督和宣传，严的氛围在基层干部群众中逐渐扎根，清廉村居的底色更加鲜明，风清气正的政治生态与山清水秀的自然生态更加相得益彰。

第三节　基层党建贵在创新

党的十八大以来，习近平总书记从地位作用到功能定位，从目标要求到方法措施，从工作导向到检验标准，对基层党建提出了一系列新理念新观点新战略：治国安邦重在基层，党的工作最坚实的力量支撑在基层，最突出的矛盾和问题也在基层，必须把抓基层、打基础作为长远之计和固本之举；党的基层组织制度建设改革，着力点是使每个基层党组织都成为坚强战斗堡垒，它的政治功能要充分发挥；牢固树立大抓基层的鲜明导向，推动基层建设全面进步、全面过硬，让党的旗帜在每一个基层阵地上都高高飘扬起来；必须从最基本的东西抓起，从基本组织、基本队伍、基本制度严起，在打牢基础、补齐短板上下功夫，推进党建工作理念创新、机制创新、手段创新，让支部在基层工作中唱主角；要严格党员日常教育和管理，使广大党员平常时候看得出来、关键时刻站得出来、危急关头豁得出来，充分发挥先锋模范作用；党的二十大报告指出，要坚持大抓基层的鲜明导向，抓党建促乡村振兴，加强城市社区党建工作，推进以党建引领基层治理，持续整顿软弱涣散基层党组织，把基层党组织建设成为有效实现党的领导的坚强战斗堡垒。这些新理念新观点新战略与习近平同志在浙江工作时对绍兴基层党建工作重要论述的精神是一脉相承的，并且在绍兴基层党建实践中得到充分印证，显示了真理伟力、政治伟力、时代伟力。

一、强化政治引领，构建横向到底纵向到边的党建格局

习近平同志在浙江工作期间对绍兴基层党建工作重要论述中把扩大党的组织覆盖和工作覆盖作为基层党建的首要任务。到中央工作后，他强调要"推进党的基层组织设置和活动方式创新，加强基层党组织带头人队伍建设，扩大基层党组织覆盖面，着力解决一些基层党组织弱化、虚化、边缘化问题"①。2020年6月29日，习近平总书记在十九届中央政治局第二十一次集体学习时指出，基层党组织是贯彻落实党中央决策部署的"最后一公里"，要坚持大抓基层的鲜明导向，抓紧补齐基层党组织领导基层治理的各种短板，把各领域基层党组织建设成为实现党的领导的坚强战斗堡垒，充分发挥广大党员在改革发展稳定中的先锋模范作用。② 要增强党组织的政治功能和组织功能，坚持党对一切工作的领导，推动党建工作横向到底纵向到边是一项重大政治任务。

党的基层组织是确保党的路线方针政策和决策部署贯彻落实的基础，因而要突出基层组织的政治功能，把党的领导贯彻在基层组织，激活基层的创新活力和政治热情，把企业、农村、机关、学校、科研院所、街道社区、社会组织等的基层党组织建设成为宣传党的主张、贯彻党的决定、领导基层治理、团结动员群众、推动改革发展的坚强战斗堡垒。随着改革开放的推进，"党社关系"发生了结构性变化，由"党社同构"向"党社融合"的趋势发展。原来条块分割、封闭僵化、权责不一的基层党组织体系越来越难以适应市场经济条件下社会分化的现实，加之基层干部队伍建设滞后于经济社会发展，这些都不同程度地削弱了基层党组织的执政能力。

---

① 《习近平谈治国理政》(第三卷)，外文出版社2020年版，第51页。
② 《习近平在中央政治局第二十一次集体学习时强调贯彻落实好新时代党的组织路线　不断把党建设得更加坚强有力》，中国共产党新闻网，2020年6月30日，http://jhsjk.people.cn/article/31765095。

绍兴深入贯彻落实习近平同志关于绍兴党建工作的重要论述，不断探索创新党组织的领导方式和工作方式。经过多年的持续发力，绍兴的党建工作已实现从市级、县级、乡镇级党委向基层纵深延伸，并在横向覆盖机关、学校、村组、企业、社会组织，形成纵向到底、横向到边、合纵连横的"大党建格局"。从支部建在村居到支部建在产业上、建在市场上、建在网络上，基层党建工作逐渐由体制内部向体制外部拓展。同时，从各类组织的内部来看，党建工作逐步向精细化转变，党的组织与具体的业务组织呈现深度融合的发展态势，在各类组织内部实现了从纵横到边角，组织内部的全覆盖。党组织的设置方式不断创新，党的组织覆盖不断拓展，实现从组织覆盖到工作覆盖、从有形覆盖到有效覆盖，为实现党对经济社会全面有力的领导奠定了基础。绍兴强化党的全面领导，实现横向到底纵向到边，为浙江在高质量发展中奋力推进中国特色社会主义共同富裕先行和省域现代化先行贡献了绍兴力量。

一方面，实现基层党组织有形覆盖。绍兴各地基层党组织要在党委（组）的指导下，结合自身经济社会发展的实际情况，以服务群众需求为导向，打破原有不合理的组织设置，构建组织精简、服务高效的基层党组织体系。按照有利于加强党的领导、有利于开展党的组织生活、有利于党员教育管理监督的原则，探索创新党组织设置方式，把党建工作的链条延伸到每一个领域，让每个党员都能找到组织。比如，聚焦城市基层体系建设，构建"社区党组织—小区（网格）党支部—楼道党小组"三级组织架构，将党的组织拓展至小区、楼道，做到一体推进、整体建设。把非公企业和社会组织的"两个覆盖"，作为基层党建一项重要任务来抓。在深入调查摸底的基础上建立工作台账，对有3名以上正式党员的，单独建立党组织；对正式党员不足3人的，采取挂靠组建、区域或行业统建等方式建立党组。对目前没有党员的非公有制企业和社会组织，选派党建工作指导员，帮助做好培养入党积极分子和发展党员工作，着力实现"应建尽建、能建必建"的目标。

另一方面，实现基层党组织有效覆盖。加快理顺不同层级党组织之间以及基层党组织之间的权责隶属关系,强化基层党组织的政治领导功能、群众服务功能、利益协调功能、资源整合功能,以适应当前分化的社会对多元共治和利益协调的需要。比如,绍兴市在探索非公有制企业和社会组织党建工作的实践中,注重强化队伍、经费、阵地保障,紧密结合行业特点和队伍实际,因地制宜、灵活多样地开展党组织活动。注重把党的工作融入非公有制企业和社会组织业务发展的各环节、全过程,切实担负起职工群众中政治核心和企业发展中政治引领的功能,使党组织成为非公有制企业和社会组织发展的"红色引擎"。

二、注重守正创新,提升基层党建工作的整体质量

在浙江工作期间,习近平同志高度重视绍兴基层党建的效能问题。党建质量就是衡量党建效能的标准,党建质量以党章党规党纪为依据,以党的政治建设、思想建设、组织建设、作风建设、纪律建设和党建成效为基础模块,将制度建设贯穿其中,具体表现为党建工作的优劣程度。党建质量体现为一种衡量标准,需要基层党组织和党员来把握与评价,更是党的路线方针政策的重要体现,其不能背离党的理论政策要求,对基层党组织和党员要发挥一种正向的导向作用。而改革创新党建工作理念、机制和手段是提升党建质量的重要抓手。习近平总书记指出,必须从最基本的东西抓起,从基本组织、基本队伍、基本制度严起,在打牢基础、补齐短板上下功夫,推进党建工作理念创新、机制创新、手段创新,让支部在基层工作中唱主角。① 提升基层党建工作的整体质量,必须守正创新。党的二十大报告强调,守正才能不迷失方向、不犯颠覆性错误,创新才能把握时代、引领时代。

第一,加强党建与业务深度融合。在基层党建工作中遇到的最大

---

① 《全面从严治党向基层延伸——以习近平同志为核心的党中央抓基层强基础纪实》,《人民日报》2017 年 6 月 29 日。

的问题是党建工作和中心工作相脱离,形成"你抓你的、我干我的""两张皮"的现象。做好党建工作能够为业务工作提供坚强的政治保证与组织保障;各项业务工作的开展也为党建工作提供了丰富的载体、多样的形式,增强了党建工作的动力和活力。二者融为一体,相辅相成。在具体业务工作中强化党的建设,在党建活动中渗透相关具体业务工作,开展的工作才会丰富多彩、鲜活生动,各项活动才有凝聚力和影响力。实践证明,抛开具体业务工作谈党建,无疑是妄想建造党建的空中楼阁,必然会失去针对性和目的性;离开党建做具体业务工作,无疑是有悖于党的领导,工作失去政治保障,必将陷入混乱之中。为了更好地做好党建工作,提升业务工作水平,绍兴有效探索出党建工作与具体业务工作深度融合、相互促进、相辅相成的发展模式。例如,绍兴探索"五星"系列创建,党建引领"枫桥经验"就是生动的实践。

第二,实现标准化与信息化并举。长期以来,党建工作标准化的缺失导致党组织政治功能不强、组织软弱涣散、从严治党缺位。同时,随着移动互联网、信息技术的飞速发展,社会的开放性与流动性空前增强,传统的党建方式已经难以满足社会需求,信息化已成为当前党建工作的重要特色和创新点。绍兴市基层党建积极探索各领域党支部标准化、规范化建设,筑牢基层战斗堡垒。结合党支部标准化、规范化建设,坚持目标具体化、措施规范化、操作流程化的思路,编发基层党建规范性文件汇编和工作流程汇编,明确党支部各项工作、各个环节的质量标准,取得一定成效。从信息化建设来看,绍兴积极探索智慧党建平台,利用政府官网、手机短信、公众号等载体按照信息化、数据化、流程化、融合化的要求,探索出了一个"用数据说话、用数据决策、用数据管理"的数字赋能绍兴党建样本。党建工作的标准化让党员行为有了准则、行动有了依据、做事有了规范,巩固了党建工作成效,提升了党建科学化水平。同时,党建信息化为党务公开、理论宣传与理论学习等提供了便利条件,有助于上情下达、下情上传、密切联系群众。不仅如此,党建工作呈现标准化与信息化建设齐头并进、相互融合的发展趋势,信息化中有标准依据,标准化中有信息技术支撑,进一步开拓了党建工作发展的新局面。深入推进党建工作标准化和信息化建设必须注重两个方面。一方面,要稳步推进基层党建信息化建设。加大对互联网、信息化基础设施的投入。由于城市人口密集,人们活动频繁,信息化基础设施较好,要充分利用现有基础,在市级或者县级层面引进大数据、云计算等先进技术,打造基层党建云平台,增强党建数据的集成能力,以增强对基层党建的统领;在城市街道或社区建立小型党建信息系统,并与社区居民的终端加强对接和联系,增强基层党建的时效性、精准性和回应性。加大对乡村地区信息化基础设施的投入力度,夯实党建工作信息化的硬件基础;因地制宜创新基层党建信息化机制,推进信息技术进村庄,提高乡村地区互联网的普及率,让互联网党建惠及更多的农民。同时要加强地域之间、政府部门之间的数据协同和整合,不断消除数据壁垒,避免重复建设,提高数据的利用效率。另一方面,加快制定从严治党的地方标准体系并逐步向基层覆盖。彰显地方特色,制定地方标准,以此加强对基层党建的指导和统筹;基层党组织在参照"地方标准"的基础上,制定合适的标准体系,并加强党建标准化的执行力度。

第三,坚持制度规范引领。制度具有稳定性、规范性和刚性约束,良好的制度能够有效释放制度红利,规范人们行为,促进实践发展。党建制度建设的滞后导致了党建工作热闹一阵后重归冷清,影响了党建工作的可持续推进。绍兴各地在党的建设实践中高度重视制度建设,在形式创新的基础上,加强制度创新,制度建设成效显著。比如,"夏履程序"、"八郑规程"、"乡村典章"、"四不出村"工作法等制度治村"四大模式";党建引领基层治理"五星"系列创建;干部社会化考评与农村党员进出口机制;中心镇权力规制与乡镇(街道)纪检监察规范化建设。既有落实党建工作责任制,激发党组织领导人积极性与主动性的制度建设;也有建立"敢抓敢管"机制,破除基层党员干部"为官不为"现象的制度建设;还有重塑服务型党组织,实现党和人民群众密切互动，零距离服务的制度建设。这些制度建设从根本上推动了党建工作不断走向制度化、规范化和常态化，提高了党建工作的效能。

三、严格教育管理，推进党员先锋模范作用发挥

2013 年 6 月 28 日，习近平总书记在全国组织工作会议上指出："要严格党员日常教育和管理，使广大党员平常时候看得出来、关键时刻站得出来、危急关头豁得出来，充分发挥先锋模范作用。"[①]党的二十大报告强调，要坚持以严的基调强化正风肃纪。共产党员的先锋模范作用是党的先进性的具体体现。共产党员无论何时何地，在任何条件下，都要发挥先锋模范作用，这是对每个党员的基本要求。共产党员的先锋模范作用，在不同的历史时期有着不同的内容，具有鲜明的时代特征。党员的先锋模范作用集中体现在三个方面：一是带头作用。共产党员应处处以身作则，在各项工作和活动中走在群众的前面，处处给群众作出表率，成为群众学习的榜样，影响和带动人民群众为实现党的目标和任务而共同奋斗。二是骨干作用。共产党员在各项工作中应当成为群众的核心和中坚分子。对群众在工作、生活中的困难，主动帮助解决；对群众提出的各种问题，要正确地予以解释和回答；当群众的正当权益受到损害时，要敢于挺身而出，保护群众的利益。三是桥梁作用。共产党员是党和人民群众保持密切联系的中介，要成为党组织与人民群众相联系的纽带。

推动全面从严治党向纵深发展、向基层延伸，迫切需要从严教育管理，党员教育管理工作是党的建设的基础工作和长期任务。绍兴市各级党组织坚守初心使命，创新体制机制，搭建有效平台，强化教育管理，充分发挥先锋模范作用，取得显著成效，谱写了绍兴党员先锋模范作用新篇章，具体表现在以下四个方面。

---

① 中共中央文献研究室编：《十八大以来重要文献选编》（上），中央文献出版社 2014 年版，第 351 页。

第一，压实党建工作主体责任。建立层层抓落实的责任链条，强化党建工作的指导、考核作用。健全主要领导带头抓、分管领导具体抓、班子成员协同抓，构建全体党员人人参与的党建工作格局，以及层层抓落实的责任体系。党组织要根据不同领域、不同区域、不同行业的要求，分层分类建立党建工作责任清单，把各级党组织、党组织负责人以及党务干部抓党务工作的职责分工和具体任务，以"时间表""路线图""任务书"的形式确定下来。

第二，加强党员队伍素质建设。优化党员发展工作，抓好党员队伍"源头活水"。按照"控制总量、优化结构、提高质量、发挥作用"的总要求，正确处理质量与数量、规模与结构、"入口"与"出口"、积极与慎重、继承与创新以及稳定性、连续性与开放性之间的关系，不断改善党员队伍结构，提高党员队伍的整体素质，从源头上确保党员质量。

第三，创新党员教育培训。强化对党员的教育培训。坚持政治思想学习和专业知识学习相结合、定期培训和常态化学习相结合，把学习教育贯穿于各项工作之中，融合到思想引导、工作落实、文化建设等各个方面，强化思想教育和政治引导，内化于心、外化于行。优化党内学习方式。注重发挥"两微一端"等新媒体优势，及时发布权威学习资料，方便党员利用"碎片化"时间开展自学；定期组织支部内、跨支部、跨单位的专题读书会，促进学习交流；定期组织党员干部走进"红色基地"，强化党性教育。

第四，搭建有效的作用平台。采取"项目建党""模块建党""结对建支部""产业链党建""联合党支部"等方式，把党支部建设成为组织力的承接点、集合点、发力点。不断创新党组织活动方式，推动党组织活动载体、工作方式、运行机制等方面的理念创新、制度创新，推动党建活动更好地融入中心工作、融入党员需求、融入群众关切。分层分类开展创建活动。坚持"点上发力"与"面上推进"并进、区域与领域统建、底线与高线齐抓、党建与创建相融合的原则，分层分类开展党建品牌创建活动，将党建工作具体化为可量化、可考评的"党建项目"，比如

"党建红立方""党建红枫叶"，将党建项目打造成党建工作品牌。

四、坚持严管厚爱，营造风清气正干事创业的政治生态

贯彻党要管党、全面从严治党方针，必须扎实做好抓基层、打基础的工作，使每个基层党组织都成为坚强战斗堡垒。广大党员干部要增强纪律观念、底线意识，心存敬畏，手握戒尺，强化自我监督，校准思想之标，绷紧纪律之弦，调整行为之舵，自觉用党的纪律和规矩规范言行。基层党建工作的方式方法无论如何创新变化，党要管党、全面从严治党的方针不会变。中国共产党是中国特色社会主义事业的领导核心，党员干部，特别是领导干部是党和国家各项事业的中坚力量。他们只有贯彻和执行党的方针政策和路线，团结和动员群众一起艰苦奋斗，担当实干，才能最终实现奋斗目标。同时，干部队伍是执政党人格化的体现，执政党总体上是一个抽象的概念，人民群众感知党和了解党，最直观的方法就是观察身边的党员干部，其一言一行都关乎广大群众对中国共产党的评判。培养一支忠诚干净担当的基层干部队伍是基层党建的重要内容。

与此同时，习近平总书记十分关爱基层干部，指出各级都要重视基层、关心基层、支持基层，加大投入力度，加强带头人队伍建设，确保基层党组织有资源、有能力为群众服务。2004年8月24日，习近平同志在听取绍兴市经济社会发展工作情况汇报后指出，基层干部压力很大，要注意保护好广大干部的积极性。

绍兴市在坚持全面从严治党的前提下，坚持严管与厚爱结合、激励和约束并重，激励干部为事业担当、强化组织为干部担当，培育干部干事创业的良好政治生态。2002年以来，绍兴市先后探索了绍兴市中心镇权力规制、乡镇（街道）纪检监察规范化建设、《关于弘扬"胆剑精神"促进"两个担当"良性互动的若干意见》《关于建立健全党员干部容错免责机制的实施办法》等有效机制，使党员干部习惯在监督下

开展工作,时刻以事业为重,既要审慎运用手中的权力,也要敢作敢为、锐意进取,这样才能成为想干事、能干事、干成事、不出事的好干部。同时要为党员干部干事创业保驾护航。干事创业总是有风险的,不能期望每一项工作只成功不失败。通过完善考核评价和激励机制,既鼓励创新、表扬先进,也允许试错、宽容失败,营造想改革、谋改革、善改革的浓郁氛围。

展　望

2004 年 8 月，习近平同志来绍调研时指出，绍兴要继续发扬"胆剑精神"，使之成为加快发展的不竭动力。2020 年 11 月 18 日，浙江省委书记袁家军在参加浙江省委十四届八次全会绍兴组讨论时，赋予绍兴"率先走出争创社会主义现代化先行省的市域发展之路"这一重大使命和"率先走出腾笼换鸟、凤凰涅槃的智造强市之路，率先走出面向全国、走向全球的高效循环之路，率先走出人文为魂、生态塑韵的城市发展之路，率先走出全域覆盖、上下贯通的整体智治之路""四个率先"的殷切希望。2021 年 10 月 15 日，浙江省委书记袁家军专程到绍兴调研，在"四个率先"的基础上，结合共同富裕示范区建设新任务，又对绍兴提出了"率先走出以人为本、全面进步的共同富裕之路"的新要求。"十四五"发展期间，绍兴将坚持以习近平新时代中国特色社会主义思想为指导，学好用好习近平总书记对绍兴工作重要指示批示这一宝贵财富，立足新发展阶段，贯彻新发展理念，构建新发展格局，坚持稳中求进工作总基调，以高质量发展为主题，以数字化改革为牵引，以满足人民日益增长的美好生活需要为根本目的，忠实践行"八八战略"，奋力争做"两个先行"排头兵，秉持"胆剑精神"，聚焦"五个率先"，加快建设高水平网络大城市，全力打造新时代共同富裕地，率先走出争创社会主义现代化先行省的市域发展之路。

一、率先走出腾笼换鸟、凤凰涅槃的智造强市之路

如果因为资源条件受到约束，就索性"鸟去笼空"，是不可取的。

绍兴牢记习近平同志的嘱托,面向未来,坚定不移地念好"两业经",突出数字赋能、智能制造,推动传统产业和新兴产业协同发展、数字经济和实体经济深度融合,推动产业迭代升级,集中力量打造一批世界级产业集群,加快建设长三角先进智造基地,成为践行"腾笼换鸟、凤凰涅槃"理论的标杆地。

（一）深入实施人才强市、创新强市首位战略

第一,加快建设新时代"名士之乡"人才高地。深入实施"名士之乡"英才计划,全面推进"名士之乡"特支计划,通过"鲲鹏计划"等大力引进国际顶尖人才、科技领军人才、青年高层次人才和高水平创新团队,持续扩大高层次人才队伍;开展青年科学家、新时代绍兴工匠、科技越商、名师名医名家、工程师和高技能人才、乡村振兴"领雁"人才等培育行动,统筹推进各领域人才队伍建设。第二,全力打造高水平区域性创新策源地。高标准建设绍兴科创大走廊,对接全球创新资源,深化与G60、杭州城西、宁波甬江科创走廊的协作,实施创新平台提升、创新要素集聚、新兴产业示范、创新服务优化四大工程;对标一流建设镜湖科技城、滨海科技城、鉴湖科技城等引领性平台,统筹推进智汇芯城、金柯桥科技城、曹娥江科创走廊、G60诸暨创新转化港、剡溪创新带、新昌智造科创走廊等支撑性重点平台,谋划推进诸暨城西科技城、嵊州艇湖科技城建设,将绍兴科创大走廊打造成长三角重大科技成果转化承载区、杭州湾智能制造创新发展先行区、绍兴创新发展新引擎。第三,重点支持集成电路、新材料、生物医药、现代纺织等高能级实验室或技术创新中心创建。强化企业创新主体地位和主导作用,实施高新产业"壮群强链"工程,统筹抓好"雄鹰行动""凤凰行动""雏鹰行动",做大做强百亿规模创新龙头企业,加快培育更多"专精特新"企业,促进初创型高成长性科创企业发展;全方位优化全域创新生态系统,构建"产学研用金、才政介美云"十联动的创业创新生态系统,强化科技、人才、产业、金融、财政等各项政策协同,加大科技成果应用

和产业化的政策支持。

（二）大力推动新旧动能接续转换

第一，科学优化主导产业布局，形成科学分工、错位互补的产业一体化发展格局。积极引进和培育"链主"企业，提升产业链竞争力、控制力；深化传统产业改造提升，全面完成印染、化工产业跨区域集聚提升，基本形成现代纺织、绿色化工世界级制造业集群；支持黄酒、珍珠、丝绸等经典产业传承创新，打响"中国黄酒之都""国际珠宝中心""中国丝高地"品牌；发展工厂化制造、装配式建筑，做强现代住建产业体系；突出高端装备、新材料、电子信息、现代医药四大领域，聚焦集成电路、生物医药、高分子新材料，布局第三代半导体、超高清视频、氢能及燃料电池等前沿产业，发展壮大新兴产业；深化数字经济"一号工程"，发展工业互联网，分行业建设"产业大脑＋未来工厂"，全面推进企业智能化改造；积极发展信息、研发、数贸、金融、物流、文旅、健康等现代服务业，推动现代服务业和先进制造业深度融合发展。第二，实施质量提升行动，推动发展提质增效。

（三）全面构建现代化平台体系

深度融入沪杭甬湾区经济创新区，打造滨海新区、杭绍临空经济一体化发展示范区绍兴片区高能级战略平台，构建"2＋7＋N"开发区（园区）平台体系。支持诸暨、嵊州创建国家级经开区，支持新昌创建国家级高新区。实施制造业大平台能级提升行动，实现四大新兴产业领域"万亩千亿"新产业平台全覆盖。加快推动特色小镇迭代升级，推进小微企业园高质量可持续发展。深化开发区（园区）全域治理，提高土地节约集约利用水平。

二、率先走出面向全国、走向全球的高效循环之路

绍兴牢记习近平同志的嘱托，面向未来，抢抓构建新发展格局的战略机遇，以长三角一体化发展和浙江省"四大建设"为导向，坚定不

移唱好"双城计",完善更高能级现代城市体系,以"一线城市"标准打造城市核心功能,大力构建网络化都市区,加快形成"拥湾发展、中心引领、两翼提升、全域美丽"的市域总体发展格局,在服务构建新发展格局上争当节点。

（一）全方位融入长三角一体化发展

第一,深化融杭联甬接沪。深度参与"沪杭甬湾区经济创新区""数字长三角""美丽长三角""轨道上的长三角"建设,积极发挥杭甬"双城记"绍兴"金扁担"作用,高标准协办 2022 年杭州亚运会,合力共建沿湾主通道、创新主引擎、智造产业带、山海生态廊、精品文化轴、同城生活圈;主动融入和服务上海"五大中心""四大品牌"建设,全域承接上海的龙头辐射带动,建设上海制造协作区、上海服务拓展区、上海创新转化地、上海文化交融地。第二,加快建设一体化合作先行区。杭绍重点共建杭绍临空经济一体化发展示范区、杭绍一体化萧诸绿色发展先导区,形成柯诸萧协作区,构筑杭州都市区杭绍同城主中心;甬绍重点建设滨海新区—前湾新区高端产业协作联动区、四明山生态文旅休闲体验区、义甬舟开放大通道甬绍合作先行区,共同打造浙东唐诗之路精华地、嵊新奉特别合作区;推动杭绍、甬绍毗邻区域成为长三角南翼现代化都市区连绵带、杭绍甬高质量发展的重要增长极。

（二）全面提升城市能级和品质

第一,构建网络化大城市空间布局。优化绍兴市域发展总体格局,编制实施国土空间总体规划,构建"拥湾发展、中心引领、两翼提升、全域美丽"的市域发展总体格局。拥湾发展就是持续提升绍兴在杭州湾金南翼的支撑作用,高水平打造沿湾城市带、产业带、创新带,形成海洋经济发展和湾区经济发展新格局;中心引领就是全面加强中心城市的集聚、辐射、服务、创新和枢纽功能,加快市区融合发展,深化古城新城联动发展,加强交界区域开发建设;两翼提升就是坚持差异化定位和"内聚外联"导向,提升诸暨、嵊新两大组群能级,加快县域经济向城市经济转型,形成与绍兴市区紧密融合、协同发展格局;全域美丽就是依托绍兴自然生态绿色本底,构建"南山北水、串珠成链"的大花园空间形态,优化美丽城镇、美丽乡村空间布局,形成全域大美新格局。第二,完善立体高效综合交通网。构建"市域30分钟、杭甬30分钟、上海60分钟"交通圈,实现"县县通高铁、三区智慧路、镇镇联高速"。第三,全面提升城市核心功能。推动绍兴古城新城联动发展,实施镜湖国际化品质新城建设工程,优化综合交通枢纽、城市景观大道、中央商务区、城市阳台、绿道游憩网、高品质步行街等现代城市功能要素配置,打造长三角一流的中央活力区和大绍兴核心区;对标世界文化遗产标准,坚持"修旧如故"理念,实行古城全城保护,深化古城风貌保护、修缮和更新利用,实施非古城功能疏解、建筑拆改降层、街巷体系梳理,高品位推进"古城有机更新项目群"建设,打造以全城申遗为导向的历史文化传承地、以文创文旅为业态的时尚产业集聚地、以传统风貌为依托的宜居环境生活地;推进实施"千年古城"复兴计划,培育一批具有绍兴特色的现代版古越江南美丽城镇。

(三)积极融入高端要素循环

第一,增强国内大循环的内生动力。充分发挥绍兴经济内外兼修、区域"融杭联甬接沪"等优势,积极融入区域市场、资源、技术、人才、产业、资本等要素循环,打造"一带一路"、长三角一体化、浙江省"四大建设"的重要节点,成为沪杭甬资源要素的重要承载地和区域优质要素的重要引力场。第二,发展更高水平的开放型经济。打造新型贸易示范区,实施优进优出战略,巩固欧美日等传统市场,深化与共建"一带一路"沿线国家和地区的贸易合作,拓展东盟、非洲、拉美等新兴市场,构建"买卖全球"贸易格局。扩大纺织、机电及黄酒、茶叶、珍珠等优质特色产品海外市场份额,推动"两自一高"产品出口,谋划建设珍珠公用型保税仓。打造高质量外资集聚区,利用新区、开发区(高新区)等承接全球精准合作重大项目,主攻招引世界500强、龙头企业、

"独角兽"企业等,注重引进技术含量高的生态绿色项目和基地型、龙头型项目,实现重大外资项目突破,形成产业集聚倍增效应。打造国际合作先行区,有序有度引导企业布局全球市场,提升全球资源配置能力。鼓励在全球目标市场布点建设生产基地和境外经贸合作区,打造一批有国际影响力的品牌园区。实施新一轮跨国公司培育行动,支持优势企业跨国经营,支持企业重点到"一带一路"沿线国家和地区建立境外营销网络和基地,逐步形成"总部在绍兴、基地在海内外、营销在全球"的运营模式。

三、率先走出以人为本、全面进步的共同富裕之路

"我们说的共同富裕是全体人民共同富裕,是人民群众物质生活和精神生活都富裕,不是少数人的富裕,也不是整齐划一的平均主义。"①绍兴牢记习近平同志的嘱托,面向未来,以人的全生命周期需求为导向,扎实推动富民惠民安民,完善为民办实事长效机制,突出扩中提低、城乡协同、全域均衡,全域构建优质共享民生保障网,全面加强人口总量势能,放大结构红利和素质资本,着力构建高水平一体化的公共服务体系,加快建设共富共享优质生活圈,打造具有绍兴特质、"三生三宜"的人民城市。

(一)大力提高生活富裕水平

深入实施《奋力打造浙江高质量发展建设共同富裕示范区市域范例行动方案》,深化共同富裕示范区现代化基本单元、精神文明高地、缩小收入差距等领域试点,抓好扩中提低重点改革事项,确保城乡居民收入继续领跑全省全国,家庭年可支配收入达10万—50万元、20万—60万元群体比例持续高于全省平均,基本形成以中等收入群体为主体的橄榄形社会结构。实施更加积极的就业创业政策,支持多渠

---

① 习近平:《扎实推动共同富裕》,《求是》2021年第20期。

道灵活就业、重点人群就业，开展职业技能提升行动，构建"产教训"融合、"政企社"协同、"育选用"贯通的技能人才培育体系。健全生产要素参与分配机制，多渠道增加城乡居民财产性收入。完善收入分配制度，健全工资正常增长机制，实施农民收入万元新增工程，推动城乡低收入群体精准识别机制落地见效，确保共同富裕"不落一户、不落一人"。

（二）健全多层次社会保障体系

实施全民参保计划，健全新业态从业人员和灵活就业人员社会保障制度，实现企业职工基本养老保险、基本医疗保险法定人群全覆盖。做实基本医保市级统筹，支持发展商业补充医疗保险。完善低保标准动态调整机制。创新社会救助服务模式，大力发展公益慈善事业，打响"大爱绍兴"品牌。完善退役军人全生命周期服务保障体系。积极应对人口老龄化，建立健全三孩生育配套政策，服务好"一老一小"，构建老年友好型、育儿友好型社会，争创国家儿童友好城市试点。坚持精准调控，加快完善以公租房、保障性租赁住房和共有产权住房为主体的住房保障体系，保持房地产市场健康平稳发展。

（三）推动公共服务优质共享

坚持教育优先发展，深化"双减"工作，推进学前教育优质普惠、义务教育优质均衡、高中教育优质多元、职业教育产教融合、高等教育内涵提升、独立学院稳妥转设，支持和规范民办教育发展，全力创建绍兴大学，推动市域教育现代化水平位居全省前列。深化"三医联动""六医统筹"集成改革，完善城市医联体和县域医共体建设，建成投用一批高水平医院，推进公立医院高质量发展，重大疫情和突发公共卫生事件防控救治能力达到国内领先水平。联动实施公共文化体育惠民计划，打造新时代文化地标，建成新博物馆、美术馆、新传媒中心、越剧博物馆等标志性文化设施。加快建设"15分钟公共服务圈""15分钟品质文化生活圈"。深化国家体育消费试点城市、国家文化和旅游消费试点城市建设,创建全国全民运动健身模范市。高标准协办 2022 年杭州亚运会,办好"越马"等重大赛事,打造国际赛事目的地城市。

(四)推进乡村全面振兴

健全城乡融合发展机制,推动基础设施和公共服务向农村延伸。联动实施"双非"整治、"双强"行动,严格保护耕地,提升农业综合生产能力,保障粮食等重要农产品有效供给。统筹抓好全国农村宅基地制度改革整市试点、闲置农房激活改革、新时代乡村集成改革,完善农村产权流转交易市场体系,持续深化"三位一体"农合联改革,发展新型农村合作经济。开展低收入农户和村级集体经济"双增"攻坚行动,深化乡村经营,完善"两进两回"机制,促进城乡资源要素平等交换、双向流动。推动"五星 3A"迭代升级,以未来乡村建设为抓手,全域推进农村人居环境整治和新时代美丽乡村建设,打造整体大美格局。

四、率先走出人文为魂、生态塑韵的城市发展之路

"绍兴是历史文化名城,人文底蕴深厚,城市精神文明建设有着比较好的基础,理应在文化体制改革、文化事业和文化产业发展、'双建设、双整治'活动中走在全省的前列。"[1]"生态即产业,生态即经济,生态即资源。环境保护得好不吃亏,越保护得好就越有经营价值。因此,我们一定要重视环境保护,抓好生态建设,走循环经济、资源节约型的发展道路。"[2]绍兴牢记习近平同志的嘱托,面向未来,牢固树立"人民城市人民建,人民城市为人民"的理念,把最好的资源留给人民,擦亮历史文化名城、东亚文化之都"金名片",加快把文化资源厚度转化为产业发展高度,形成不易被模仿的优势和核心竞争力,全面提升绍兴市域生态颜值和环境品质,加快创建国家生态文明示范市。

---

① 《"胆剑精神"谱新篇》,《浙江日报》2017 年 8 月 21 日。

② 中央党校采访实录编辑室:《习近平在浙江》(上),中共中央党校出版社 2007 年版,第 250 页。

（一）大力发展文化事业文化产业

第一，创建全域文明城市。大力弘扬伟大民族精神、时代精神、红船精神，提炼新时代"绍兴精神"，塑造特色鲜明的城市气质。深入践行《绍兴市文明行为促进条例》，巩固提升绍兴市及诸暨市、嵊州市文明城市创建成果，推进新昌县争创全国文明城市，确保成为全域文明城市。第二，传承发扬经典文化。持续扩大文化知名度，大力弘扬大禹文化、古越文化、阳明文化、鲁迅文化、黄酒文化、书法文化、戏曲文化、清廉文化等，高水平办好兰亭书法节、公祭大禹陵、阳明心学大会等重大文化节会活动，举办南宋文化节、城市音乐节等富有江南特质、绍兴特色的文化艺术节，打造有全国影响力的文化节会城市。第三，大力发展文化产业。统筹实施文化产业倍增计划、骨干文化企业培育工程和文化产业数字化战略，推动文化资源厚度向文化产业高度转化。深入推进绍兴文创大走廊和浙东运河文化带、浙东唐诗之路文化带、古越文明文化带"一廊三带"建设，突出纺织、黄酒、珍珠、青瓷等产业文化创新，培育演艺游乐、数字出版、游戏动漫、书画工艺、创意设计等新兴文化业态，实现文化产业的跨界融合裂变，加快建设省级以上文化产业集聚区，创建全国文化金融改革试验区，打造千亿级文化产业集群。

（二）全面打造美丽环境

第一，全域优化美丽空间。共建山水林田湖草生命共同体，扎实做好中央环保督察反馈问题和长江经济带警示片披露问题整改，更大力度提升生态环境治理和生态保护修复水平。强化国土空间管控，划定并严守生态保护红线、永久基本农田、城镇开发边界等空间管控线，健全以生态保护红线、环境质量底线、资源利用上线和生态环境准入清单"三线一单"为核心的生态环境分区管控体系，加大重点生态功能区、生态环境敏感地区和脆弱区保护力度。第二，打好污染防治攻坚战。全力打造"无废绍兴"样板，深入推进固体废物治理专项行动，推广应用固废治理数字化平台,不断提高危险废物环境监管能力、利用处置能力和风险防范能力,加快形成五大类固废"减量化、资源化、无害化"综合管理绍兴模式;推进全域"无废城市"建设,深化"无废细胞"创建,加快实现塑料污染治理,推动产废无增长、资源无浪费、设施无缺口、监管无盲区、保障无缺位、固废无倾倒、废水无直排、废气无臭味;加快城市建成区重污染企业搬迁改造或关闭退出进程,持续压减淘汰落后和过剩产能;完善重污染天气监测预警体系和区域大气污染防治协作机制,严格执行大气污染物特别排放限值;深入实施碧水行动,推进城乡生活污水处理设施和工业园区污水集中处理设施提升改造,加强污水管网建设,实施老旧管网修复改造;推进土壤污染综合防治,深化全域土地综合整治,推进绿色矿山建设和废弃矿山综合整治。

（三）积极发展生态经济

第一,加强资源集约高效利用,落实能源和水资源消耗、建设用地等总量和强度双控行动,实行最严格的节约用地制度,全面推进亩产倍增行动计划,加快农村低效用地再开发步伐,建立存量土地盘活、土地产出效益与新增建设用地指标分配挂钩制度。第二,促进低碳经济发展,构建以低能耗、低污染、低排放为基础的低碳经济发展模式,积极推行企业清洁生产,全面推进美丽园区创建和循环经济产业园建设,开展新一轮园区绿色循环升级行动,推动园区产业循环链接和绿色升级,加快国家绿色制造系统集成项目建设,打造绿色制造标杆园区、企业和产品。第三,健全生态文明制度,完善生态文明目标评价体系和生态环境保护目标考核机制,实行生态产品价值实现机制,探索生态系统生产总值（GEP）核算地方标准体系。

五、率先走出全域覆盖、上下贯通的整体智治之路

绍兴牢记习近平同志的嘱托,面向未来,坚定不移打造"活力城",树立系统观念、整体思维,加快构建党建统领的整体智治体系,以数字

化改革撬动各领域各方面改革,着力打造市域治理现代化的样板城市和市场机制最活、营商环境最优的包容城市。

(一)纵深推进数字化改革

按照省委"一年出成果、两年大变样、五年新飞跃"的总体要求,更加注重数字化改革的系统性、整体性、协同性,持续放大数字化改革的含金量和牵引力。迭代升级数字化改革体系架构,统筹数据平台和各大系统应用开发,聚焦重点领域,强化"大脑"建设,开发重大应用,实现解决方案的整体智治、量化闭环,做到多跨协同的制度重构、流程再造、系统重塑。建成"掌上办事之市""掌上办公之市",实现群众企业办事"掌上办不用跑"。强化对城市整体状态的即时感知、全局分析和智能处置,建设"智慧城市",实现城市运行"一网统管"。

(二)打造一流营商环境

坚持以数字化改革为牵引、以优化营商环境为基础,全面深化各领域改革,构筑改革全景图。加快建设高标准市场体系,深化"亩均论英雄"改革、市场主体全生命周期改革、要素市场化配置改革、"一件事"集成改革、国资国企改革,推进极简审批许可、便利开办登记,打造市场机制最活、营商环境最优城市。深化融资畅通工程,壮大资本市场"绍兴板块"。深化文化金融改革,争创全国文化金融改革试验区。建立健全减负强企长效机制,完善"1+9"政策体系,深化"枫桥式"护企优商模式,推动企业"长高长壮"。

(三)坚持发展新时代"枫桥经验"

提升市域治理现代化水平,积极争取并高质量承办"枫桥经验"60周年纪念大会,在更高层次、更广领域不断深化新时代"枫桥经验"实践创新,丰富发展网上"枫桥经验",深化"枫桥式"系列创建,全方位系统性重塑市域治理体系。深化"县乡一体、条抓块统"改革,完善市县镇村四级治理体系,迭代推广"浙里兴村(治社)共富"应用,激活基层社区每一个细胞。深化社会治理综合指挥中心和运行体系建设,健全

"党建＋信访"工作体系,完善矛盾调解中心运行机制,持续加强社会矛盾纠纷多元预防调处化解。建设更高水平法治绍兴、平安绍兴,加强党对法治建设的统一领导,一体化推进法治政府、法治社会建设,加快形成"大综合一体化"行政执法新格局。拓展和运用数字法治改革成果,着力解决执法司法领域突出问题,让人民群众在每个案件中感受公平正义。完善风险闭环管控大平安机制,健全社会治安防控体系、反诈工作体系,常态化开展扫黑除恶行动,巩固深化政法队伍教育整顿成果,持续迭代现代警务体系,打造现代警务全国标杆。完善安全生产责任制,扎实开展消防隐患排查治理,构建"大安全、大应急、大减灾"应急管理体系,打造最具安全感城市。

回顾"十三五"发展历程,绍兴经济高质量发展取得突破性进展,人民生活品质不断提升,竞争力、影响力持续增强,城市经济综合实力持续提升,2021年绍兴城市经济综合实力位居全国第29位。展望"十四五"奋进新征程,绍兴将继续秉持"胆剑精神",破立并举,持续推进动能转换,念好"两业经"、唱好"双城计"、打造"活力城","跳出绍兴谋划绍兴、跳出绍兴发展绍兴",拥抱大湾区,聚焦一体化,实施"融杭联甬接沪"的城市发展战略。

第一,打造成为传承"名士之乡"气质、彰显科技创新实力的卓越城市。科技成果转化效率效益和各类创新主体积极性显著提升,原始创新、集成创新、协同创新向现实生产力转化的能力全面提升,区域创新实力不断增强,R&D经费支出占GDP比重达到3.3%,人才资源总量达到165万人,初步建成新时代"名士之乡"人才高地和高水平创新型城市。

第二,打造成为"靠改革吃饭""闯天下市场"的活力城市。高效率流通体系、高层次贸易体系、现代商贸服务体系、特色跨境电商发展体系基本构建,国家级开放平台能级进一步提升,以绍兴滨海新区和国家级开发区(高新区)为重点的高能级战略平台做强做优。消费潜力不断激发,社会消费品零售总额年均增速达到 8%,出口占全国份额 1.31%以上,实际利用外资每年保持 10%以上的速度增长,网络零售总额、服务贸易进出口总额实现倍增,面向全国、走向全球的高效循环体系加快构建。

第三,打造成为新旧动能接续转换、集群智造跨越升级的样板城市。现代产业体系基本建立,传统制造业核心竞争力全面重塑,产业基础高级化、产业链现代化水平显著提升,实现数字经济与实体经济、先进制造业与现代服务业、一二三产深度融合,战略性新兴产业增加值占规上工业增加值比重达到 50%左右,数字经济核心产业增加值占GDP 比重达到 10%以上,先进智造基地竞争力全面增强。

第四,打造成为"融杭联甬接沪"、杭州湾南岸一体化发展的枢纽城市。现代城市体系不断完善,杭州湾金南翼和大湾区核心城市地位进一步彰显,基本形成"杭州—绍兴"联合枢纽和"336"交通圈(市域 30分钟、杭甬 30 分钟、上海 60 分钟),实现"县县通高铁、三区智慧路、镇镇联高速",更大范围实现绍兴与长三角城市"一卡通行""一网通办",杭绍同城、甬绍一体、全面接轨上海协同发展格局基本形成,绍兴市域协同发展、大市区融合发展取得新的重大成效,努力形成具有"一线城市"标准的城市核心功能。

第五,打造成为文化守正创新、文商旅融合发展的标杆城市。城市文化体系有效重塑,文化形象更加饱满、文化辨识度更加鲜明、文明程度持续提升,文商旅加速融合,文化旅游目的地品牌更加深入人心,国际赛会目的地城市形象显现,文化产业增加值占 GDP 比重达到7.5%,旅游业总收入达到 2000 亿元以上,构建具有国际影响、中国气派、绍兴气质,古今辉映的文化繁荣发展新格局。

第六,打造成为独具江南水乡韵味、凸显全面绿色转型成效的美丽城市。自然生态体系持续优化,"绿水青山就是金山银山"转化通道进一步拓宽,国土空间开发保护"一张图""一盘棋"全面形成,资源能源利用效率大幅提高,绍兴市域生态颜值和环境品质全面提升,绍兴市 PM 2.5平均浓度稳定在 30 微克/立方米以内,设区城市空气质量优良天数比例达到 90％以上,县控以上水质断面Ⅰ—Ⅲ类比例和功能区达标率均保持 100％,生活垃圾无害化处理率达到 100％,绍兴市域完成无废城市建设,建成国家生态文明建设示范市。

第七,打造成为农业农村现代化、城乡发展一体化的先行城市。新型城镇化高质量推进,乡村振兴战略深入实施,农业基础更加稳固,城乡区域发展协调性明显增强,农村常住居民人均可支配收入持续增长,城乡收入比降低到 1.7 以内,常住人口城镇化率达到 75％,90％以上的农村达到新时代美丽乡村标准,形成城乡融合发展新格局。

第八,打造成为市场机制最活、营商环境最优的包容城市。高质量发展、高效能治理、高品质生活的体制机制更加完善,"整体智治、唯实惟先"的现代政府基本建成,数字化改革全面推进,各类主体活力迸发,营商环境国际化、法治化、市场化水平和社会信用体系建设水平持续提升,"掌上办事之市""掌上办公之市"全面建成,"掌上治理之市"建设成效明显,在更多领域争创地方改革样板。

第九,打造成为人民共同富裕、社会安定和谐的幸福城市。实现更加充分、更高质量就业,居民收入增长和经济增长基本同步并继续巩固提升全国领先地位,公共服务现代化发展走在前列,高质量教育体系、区域"医学高地"基本建成,社会保障和养老服务体系更加完善,人均预期寿命超过 82.5 岁,百姓全生命周期需求普遍得到更高水平满足。社会公平正义进一步彰显,重大风险防范化解能力、突发公共事件应急能力、防灾减灾救灾能力明显增强。

参考文献

［1］本书编写组编:《新浙江现象》,中国社会科学出版社 2019 年版。

［2］陈光金主编:《中国梦与浙江实践》(社会卷),社会科学文献出版社 2015 年版。

［3］《从"法治浙江"到"法治中国"》,《浙江日报》2018 年 7 月 22 日。

［4］《从"平安浙江"到"平安中国"》,《浙江日报》2018 年 7 月 25 日。

［5］丁如兴主编:《转型 创新 蝶变——绍兴改革开放 40 年研究》,浙江人民出版社 2018 年版。

［6］房宁主编:《中国梦与浙江实践》(政治卷),社会科学文献出版社 2015 年版。

［7］郭占恒:《"八八战略"思想与实践》,红旗出版社 2018 年版。

［8］何显明:《"八八战略"与习近平新时代中国特色社会主义思想在浙江的萌发》,《浙江学刊》2018 年第 5 期。

［9］何云伟、杨宏翔、罗新阳等编著:《绍兴蓝皮书——2020 年绍兴发展研究报告》,国家行政学院出版社 2020 年版。

［10］李崇富、赵智奎主编:《浙江经验与中国发展——科学发展观与和谐社会建设在浙江》(党建卷),社会科学文献出版社 2007 年版。

［11］李强编著:《政策创新与浙江发展》,浙江人民出版社 2009 年

版。

　　[12]《绿水青山就是金山银山——看山区小县新昌如何践行"绿色发展"》,《浙江日报》2014 年 4 月 8 日。

　　[13]《倾听人民呼声,回应人民期待——学习习近平总书记关于群众路线的重要论述》,《光明日报》2013 年 12 月 13 日。

　　[14]《绍兴:"五水共治"江南水乡焕新颜》,《浙江日报》2021 年 1 月 21 日。

　　[15] 王骏、厉佛灯等编著:《执政之魂——浙江党建新探索》,浙江人民出版社 2006 年版。

　　[16] 习近平:《干在实处　走在前列——推进浙江新发展的思考与实践》,中共中央党校出版社 2006 年版。

　　[17] 习近平:《坚定文化自信,建设社会主义文化强国》,《求是》2019 年第 12 期。

　　[18] 习近平:《决胜全面建成小康社会夺取新时代中国特色社会主义伟大胜利——在中国共产党第十九次全国代表大会上的报告》,人民出版社 2017 年版。

　　[19] 习近平:《用权讲官德　交往有原则》,《求是》2004 年第 19 期。

　　[20] 习近平:《之江新语》,浙江人民出版社 2007 年。

　　[21]《习近平科学的思维方法在浙江的探索与实践》,《浙江日报》2021 年 3 月 22 日。

　　[22]《习近平谈治国理政》(第一卷),外文出版社 2018 年版。

　　[23]《习近平谈治国理政》(第二卷),外文出版社 2017 年版。

　　[24]《习近平谈治国理政》(第三卷),外文出版社 2020 年版。

　　[25] 肖剑忠:《浙江基层党建:实践创新与理论思考》,浙江大学出版社 2015 年版。

　　[26] 谢地坤主编:《中国梦与浙江实践(文化卷)》,社会科学文献出版社 2015 年版。

［27］张江主编:《建设新时代社会主义文化强国》,中国社会科学出版社 2019 年版。

［28］浙江省社会科学院课题组编著:《践行"八八战略" 建设"六个浙江"》,社会科学文献出版社 2018 年版。

［29］中共浙江省委党校编:《全面从严治党的浙江实践与探索》,浙江人民出版社 2016 年版。

［30］中共浙江省委党校编写组:《建设伟大工程》,浙江人民出版社 2018 年版。

［31］中共浙江省委党校编著:《伟大思想从何而来?》,中共中央党校出版社 2019 年版。

［32］中共浙江省委政法委、绍兴枫桥学院编:《读懂新时代"枫桥经验"》,浙江人民出版社 2020 年版。

［33］中共浙江省委组织部编:《浙江党建研究报告(2010)》,浙江人民出版社 2011 年版。

［34］中共中央党史和文献研究院、中央"不忘初心、牢记使命"主题教育领导小组办公室编:《习近平关于"不忘初心、牢记使命"重要论述选编》,中央文献出版社、党建读物出版社 2019 年版。

［35］中共中央党校(国家行政学院):《习近平新时代中国特色社会主义思想基本问题》,人民出版社、中共中央党校出版社 2020 年版。

［36］中共中央文献研究室编:《十六大以来重要文献选编》(上),中央文献出版社 2005 年版。

［37］中共中央文献研究室编:《习近平关于社会主义生态文明建设论述摘编》,中央文献出版社 2017 年版。

［38］中共中央宣传部编:《习近平新时代中国特色社会主义思想学习问答》,学习出版社、人民出版社 2021 年版。

［39］中国法学会"枫桥经验"理论总结和经验提升课题组:《"枫桥经验"的理论构建》,法律出版社 2018 年版。

［40］《中国共产党简史》编写组编著:《中国共产党简史》,人民出

版社、中共党史出版社 2021 年版。

[41] 钟其主编:《浙江蓝皮书:2017 年浙江发展报告》(生态卷),浙江人民出版社 2017 年版。

[42] 钟其主编:《浙江蓝皮书:2018 年浙江发展报告》(生态卷),浙江人民出版社 2018 年版。

[43] 钟其主编:《浙江蓝皮书:2019 年浙江发展报告》(生态卷),浙江人民出版社 2019 年版。

[44] 钟其主编:《浙江蓝皮书:2020 年浙江发展报告》(生态卷),浙江人民出版社 2020 年版。

[45] 庄跃成主编:《党建创新看浙江》,浙江人民出版社 2008 年版。

后 记

按照浙江省习近平新时代中国特色社会主义思想研究中心、浙江省社会科学界联合会的统一部署,中共绍兴市委宣传部、绍兴市社会科学界联合会成立课题组,组织编写了本书。习近平同志在浙江工作期间多次到绍兴考察指导工作,对绍兴经济社会发展情况多次作出重要指示批示,强调绍兴要弘扬越王勾践卧薪尝胆、"十年生聚,十年教训"的精神,努力谱写新时期的"胆剑篇"。本书重温了习近平同志对绍兴作出的重要指示批示,全面呈现了绍兴在忠实践行"八八战略"中付出的不懈努力,集中展示了习近平新时代中国特色社会主义思想在绍兴的生动实践。

本书由中共绍兴市委宣传部牵头,由绍兴市社会科学界联合会组织相关专家合作撰写而成。本书写作分工如下:导论由赵杰艺负责;第一章、第二章由杨宏翔负责;第三章由应锋负责;第四章由戴大新负责;第五章由黄北大负责;第六章由袁海平负责;第七章由罗新阳负责;展望由黄北大负责。章越松参与了提纲的全程论证,并负责全书的统稿修改和审定工作。本书封面照片由袁云提供。

在本书写作过程中,绍兴文理学院和中共绍兴市委党校等部门的专家学者给予了多方面的指导、帮助和支持,对本书的写作提出了诸多宝贵意见和建议,杭州电子科技大学马克思主义学院团队参加了提纲的最后论证。在此,向所有支持和帮助本书编撰工作的领导、专家和同志表示由衷感谢。由于水平有限,本书难免存在不当和疏漏之处,请广大读者批评指正。

作 者

2023 年 6 月